国家社会科学基金青年项目
分类改革下国有企业利润全民共享的逻辑与路径研究（18CJL021）

国有企业利润全民共享的逻辑与路径

江剑平 著

湘潭大学出版社
XIANGTAN UNIVERSITY PRESS

图书在版编目（CIP）数据

国有企业利润全民共享的逻辑与路径 / 江剑平著.
湘潭 ：湘潭大学出版社，2025. 3. -- ISBN 978-7-5687-1484-6
Ⅰ. F279.241
中国国家版本馆 CIP 数据核字第 20246R22X5 号

国有企业利润全民共享的逻辑与路径

GUOYOU QIYE LIRUN QUANMIN GONGXIANG DE LUOJI YU LUJING

江剑平 著

策划编辑：唐姝莹
责任编辑：唐姝莹
封面设计：于　扬
出版发行：湘潭大学出版社
社　　址：湖南省湘潭大学工程训练大楼
电　　话：0731-58298960 0731-58298966（传真）
邮　　编：411105
网　　址：http://press.xtu.edu.cn/
印　　刷：长沙创峰印务有限公司
经　　销：湖南省新华书店
开　　本：710 mm×1000 mm 1/16
印　　张：15
字　　数：232 千字
版　　次：2025 年 3 月第 1 版
印　　次：2025 年 3 月第 1 次印刷
书　　号：ISBN 978-7-5687-1484-6
定　　价：68.00 元

前　言

国有企业属于全民所有，是推进中国式现代化、保障人民共同利益的重要力量，是我们党和国家事业发展的重要物质基础和政治基础。共享是中国特色社会主义的本质要求，共享发展成果是实现共同富裕的必然路径，推进国有企业利润全民共享是实现全民共同富裕的必然选择。本书在分类改革原则下研究国有企业利润全民共享的逻辑与路径，以期为“扎实推进共同富裕”提供一定的参考。

本书要解决的核心问题主要是三个：一是论证国有企业利润全民共享的逻辑，包括了理论逻辑、历史逻辑与实践逻辑三个维度，核心是要论证国有企业利润全民共享的合理性、必然性和可行性；二是梳理和总结国有企业利润全民共享的路径，包括现有路径及其效果，存在的问题有哪些，还可以从哪些路径去拓展；三是在分类改革原则下如何更好推进国有企业利润全民共享，包括如何进一步细化国有企业的分类标准，在此基础上提出国有企业利润全民共享的分类改革路径。本书的核心思想是要构建体现效率、促进公平的国有企业利润全民共享制度，既要持续做强做优做大国有企业和国有资本（体现效率），又要让全民更多更公平地共享国有企业改革发展红利（促进公平），最终实现效率与公平的有机统一。本书的主要研究结论如下：

第一，实现利润创造主体与利润分配主体的有机统一是国有企业利润全民共享的理论逻辑。价值和剩余价值都是由劳动者创造的，利润和剩余价值是一回事；由于生产资料的社会化使用和劳动过程的社会化必然是劳动成果的社会化，即产品是由参与生产的劳动者共同完成的，这也就意味着企业利润是由劳动者共同创造的；在社会主义制度下，商品生产所有权规律就转变为社会主义占有规律，即全社会共同占有劳动者生产的产品，这也就意味着社会主义国有企业的利润应由全体劳动者共同占有、共同享有，国有企业上缴利润的主要目的是满足人民群众日益增长的公共利益需要。

第二，利润在国家—企业—居民之间的交替运动构成了国有企业利润全民共享的历史逻辑。计划经济时期（1949—1978 年），国营企业利润分配制度主要实行统收统支政策，国营企业利润主要服务于重工业优先发展战略，为我国加快建立相对完整的现代化工业体系做出了重要的历史贡献。改革突破时期（1979—2007 年），国有企业利润分配从税利并存转向以税为主，企业利润主要用于企业自身发展，扭转国有企业严重亏损问题，国有企业经营管理不断改善，盈利能力不断提高。改革完善时期（2008 年至今），利润留存带来了国有企业普遍的良性发展，国有企业利润总额 2007 年首次突破万亿元，财政部和国资委经过统筹考虑后恢复了国有企业利润上缴制度，并建立了利润分类上缴制度，国有资本收益上缴公共财政并用于保障和改善民生的比重不断提高，国有企业利润全民共享进入了常态化制度建设时期。

第三，分类处理好国有企业自身发展与全民共享国有企业发展红利是国有企业利润全民共享的实践逻辑。国有企业利润全民共享的基本前提是国有企业处于盈利状态并且达到了一定规模，如果规模太小则其对保障和改善民生所能发挥的作用将非常有限。推进国有企业利润全民共享是一个长期过程，必须把握和遵循渐进共享原则，即国有企业上缴利润不应影响其正常发展，在不好把握“度”的条件下，国有企业利润最初应采取“从低”征收原则，随着试点经验的不断累积再逐步提高。由于分布于不同行业和领域的国有企业差异性较大，不能采取简单的“一刀切”做法，必须进行分类改革。

第四，上缴利润至公共财政与调整国有股至社保基金是国有企业利润全民共享的现行主要路径，目前其发挥的作用比较有限。一方面，通过将部分国有资本收益划归公共财政，再由公共财政统筹到民生支出。国有企业利润上缴比例在不断提升，国有资本收益不断增加，由最初的 116 亿元（2006

年）提高至当前的4774.55亿元（2020年），国有资本收益用于民生支出的比重从较低水平逐步提高至40.15%（2020年），超过了十八届三中全会提出的30%目标比例。总的来看，全国国有资本收益调入资金对全国财政社会保障支出的贡献率在不断提升，贡献率从2010年的0.11%提升至2020年的5.89%，但不到6%的贡献率还是偏低。另一方面，通过将减持国有股所获收益充实社保基金或将国有股划转至社保基金，划转国有股的收益主要是根据企业盈利情况而享受利润分红，然后将其利润充实到社保基金，再由全国社保基金理事会统筹资金用途。从实际情况来看，减持国有股充实社保基金的金额较少且不稳定，截至2020年末累计国有股减持收益为971.59亿元，转持境内外国有股累计金额为1872.12亿元，两者合计2843.71亿元，对社保支出的贡献率比较低。当前，这两种路径所能发挥的作用还比较有限，远不能满足社保支出需要。

第五，“一不全、二不高、路径少”是国有企业在利润全民共享方面存在的主要问题。“一不全”是指中央国有资本经营预算实施范围还未实现全覆盖，尤其是还有较多中央金融企业未实质性纳入，导致有较大规模的利润未能纳入国有资本经营预算，例如仅五大国有银行2018年至2020年拨备后的净利润之和均超过了1万亿元，利润相当可观。“二不高”，一是国有企业利润上缴比例总体不高，按照净利润作为分母来计算的利润上缴比例从2012年的9.5%提高至2020年的19.28%，低于上市公司30%—40%的分红比例；二是国有资本收益中用于民生支出的比重不高，2012年至2020年，该比重从4.67%提高至40.15%，完成了国家提出的30%目标比例，但原则上上缴的国有资本收益都应用于民生支出。“路径少”是指国有企业利润全民共享的路径还不够丰富，目前普遍认同的主要是上缴利润至公共财政与调整国有股至社保基金，今后还需进一步拓宽全民共享国有企业利润的多样化路径。

第六，划拨国有股充实社保基金模式主要适用于经营相对稳定的商业类国有企业。公益类国有企业以保障民生、服务社会、提供公共产品和服务为主要目标，其更加注重社会效益，国有资本收入权较弱，可先保障提供优质的公共产品和服务，如有余力可划拨部分利润充实社保基金。商业类国有企业以增强国有经济活力、放大国有资本功能、实现国有资本保值增值为主要目标，更加注重经济效益，其国有资本收入权强于公益类国有企业，尤其是金融类国有企业和垄断性国有企业资本回报率高、企业盈利能力强且收益稳定，适宜划拨部分国有股充实社保基金。

第七，股票分红方式应以垄断性和资源型国有企业为主、以竞争性国有企业为辅，目前主要体现为国有股划转社保基金的形式。进行股票分红的前提是企业一直有良好的经营状况和发展前景。处于竞争性领域的国有企业，由于市场竞争环境比较激烈，商品市场波动较大导致企业很难一直稳赚不亏，甚至随时面临技术落后被淘汰、发展状况极不稳定、风险较大等局面，可能不会拥有较稳定的收益，因此该类型国有企业一般不适宜普遍参与股票分红，可以选取那些从长期发展历史来看经营状况相对较稳定的企业来实施股票分红模式。垄断性国有企业和资源型国有企业因其在某一特定市场占有支配性地位，因而可享受垄断利润和资源收益，其经营状况比较稳定，具有实施股票分红的优势条件，并且企业分红还有利于抑制投资过热的现象。不过目前直接采取股票分红方式的条件还不成熟，而当前推行的划转国有股至社保基金与股票分红的逻辑较为相似，即全国社保基金理事会代表全民持有国有企业股票，并享有所持股票的分红权，最后再将分红收益用于保障和改善民生。

第八，以价格机制为中介让全民共享发展红利是目前适合大部分国有企业的利润共享方式。物价稳定是政府宏观调控的重要目标之一，也是保持居民生活质量稳步提升的重要路径。价格机制是指直接将国有企业提供的产品或服务价格保持在一个低于市场均衡价格的水平，这相当于直接让利于民，对于稳定物价、维持民众实际生活水平不下降等将发挥基础性作用，又或者国有金融企业在给居民和实体经济中的企业发放贷款时实施较低利息政策，大幅降低居民和企业融资成本，增加居民和企业收益。国有企业至少要在以下两个方面发挥价格机制的调节作用：一是在关系民生的基础性行业和领域，国有企业要在物价稳定方面发挥基础性作用，例如在粮食、电力、通信、交通、住房等影响劳动力再生产和企业再生产的领域还可进一步降低成本；二是要重点发挥中央国有银行对实体经济的价格让利功能，创新企业投融资模式，充分发挥大数据技术的授信功能，进一步降低实体经济企业投融资成本，增强经济内生发展动力。

第九，直接提供公共产品和服务是国有企业当前和今后需要进一步加强的重点领域。公益类国有企业以保障民生、服务社会、提供公共产品和服务为主要目标，不以盈利为目标，而是强调企业的社会效益，这与商业类国有企业及非公有制企业的以经济效益为主要目标的要求有着重大区别。当前我国社会主要矛盾已转化为人民日益增长的美好生活需要和不平衡不充分发展之间的矛盾，这也意味着人民对公共产品和服务的需求会更多，这一重任主要由公益类国有企业承担，商业类国有企业也要适当加大公共产品和服务的供给力度，增强两类企业的协同效应。例如，当前党中央反复强调的“房住不炒”理念，实际上是注意到了住房的准公共产品属性，国有企业可以在实现居民住有所居方面积极作为，提供更多廉租房和保障性住房，进一步降低居民的居住成本或购房成本。另外，那些发展不充分的落后地区也很难得到以盈利性为目标的非公有资本的“关照”，而国有企业则可以通过完善落后地区的基础设施、帮助农村因地制宜发展产业，进而吸引更多资本来投资，缩小区域之间、城乡之间的发展差距。

要实现国有企业利润全民共享路径的多样化组合。国有企业利润全民共享的不同路径不是相互替代的关系，而是相互补充、相互完善的关系，在条件允许的情况下同一国有企业可以同时采取其中的两种或多种共享路径，总的方向就是要让全民更多更公平地共享国有企业发展成果，扎实推进共同富裕。

目 录

第1章　引　言

国有企业属于全民所有，是推进中国式现代化、保障人民共同利益的重要力量，是我们党和国家事业发展的重要物质基础和政治基础。收入分配是民生之源，是改善民生、实现发展成果由人民共享最重要最直接的方式。国有企业收入分配制度改革，尤其是国有企业利润分配制度改革是全面深化改革的重要组成部分，长期以来受到社会各界的广泛关注。经过多年改革，国有企业各方面发展质量和效益都有很大提升。截至2022年底，全国国有资产总额（不含国有金融企业）达到了339.5万亿元，国有金融企业资产总额达到了400.9万亿元，两者合计740.4万亿元，是同期我国GDP的6.1倍，营业收入规模超过82.6万亿元，利润规模达到4.3万亿元。如何在国有企业做强做优做大的同时让全民更多更公平地共享国有企业发展红利，切实增强人民的获得感、幸福感和安全感是党和国家关注的重点议题。共享是中国特色社会主义的本质要求，共同富裕也是社会主义的本质要求，共享发展是实现共同富裕的必然路径，必须“大力发挥公有制经济在促进共同富裕中的重要作用”①，国有企业作为践行共享发展理念和推进共同富裕的重要力量，理应发挥更加重要的作用。

① 习近平．扎实推动共同富裕［J］．求是，2021（20）：4-8.

1.1 研究背景

1.1.1 利润分配是深化国有企业改革的重要内容

新中国成立以来，国有企业先后经历了“统收统支、利润留成、利改税、承包制、税利分流、国有资本经营预算、分类改革”等一系列改革，从计划经济体制下利润几乎全额上缴的统收统支阶段到改革开放后以利润留存、利改税、承包制等为核心的放权让利阶段，再到围绕建立现代企业制度而允许国有企业留存税后利润的税利分流阶段，然后到国有企业因内部拥有大量留存收益而进入了发展“快车道”，国有企业利润总额在2007年首次突破万亿元，社会各界关于重新恢复国有企业利润上缴的呼声越来越高。2007年12月，财政部联合国资委颁布的《中央企业国有资本收益收取管理暂行办法》恢复了国有企业利润上缴制度，建立了国有资本经营预算制度，结束了国有企业13年不上缴利润的历史。党的十八届三中全会通过的《中央中央关于全面深化改革若干重大问题的决定》提出“划转部分国有资本充实社会保障基金。完善国有资本经营预算制度，提高国有资本收益上缴公共财政比例，二〇二〇年提到30%，更多用于保障和改善民生。”① 2015年《中共中央 国务院关于深化国有企业改革的指导意见》提出“分类推进国有企业改革”②，自此国有企业进入了分类改革的新时期。十八届五中全会进一步强调“逐步提高国有资本收益上缴公共财政比例，划转部分国有资本充实社保基金”。2017年11月，国务院印发的《划转部分国有资本充实社保基金实施方案》明确指出要“使全体人民共享国有企业发展成果，增进民生福祉”③。从新中国经济社会发展历史的演变来看，国有企业利润分配对我国经济社会发展、科技进步、国防建设、民生改善等都发挥了非常重要的作用，研究国有企业利润分

---

① 中共中央关于全面深化改革若干重大问题的决定［N］.人民日报，2013-11-16（001）.

② 中共中央国务院关于深化国有企业改革的指导意见［N］.人民日报，2015-09-14（006）.

③ 国务院印发《划转部分国有资本充实社保基金实施方案》［J］.预算管理与会计，2018（01）：5-7.

配制度具有重要的理论价值和现实意义。

1.1.2 共享是中国特色社会主义的本质要求

党的十八届五中全会提出了“创新、协调、绿色、开放、共享”发展理念，其中“共享是中国特色社会主义的本质要求”。中国特色社会主义社会之所以不同于资本主义社会，就在于我们维护的是全体人民的利益而非少数大资本家的利益，我们努力实现的是全体人民共同富裕而非少数人富裕、多数人贫困，我们强调发展成果全民共享而非少数人享有，我们着力不断缩小收入差距、避免两极分化而不是默认和纵容收入差距的持续扩大，我们努力改善弱势群体和弱势地区的贫穷落后面貌、不断增强其获得感和幸福感而不是任其自生自灭，这些都是中国特色社会主义的制度优势。习近平总书记对共享发展内涵的阐释主要体现在四个方面，即全民共享、全面共享、共建共享、渐进共享①，全民共享强调的是共享的对象不是某少数人或少数利益集团，而是全体人民；全面共享强调的是共享的内容不仅仅是经济上的，还有政治、文化、社会、生态等方面的成果；共建共享强调人人参与、人人尽力和人人享有，而不是“等、靠、要”的消极索取，共建才能共享；渐进共享强调共享发展要经历一个从低级到高级、从不均衡到均衡的过程，并且在达到很高水平时仍会有差别。2022 年，我国经济总量达到了 121 万亿元，世界排名第二，人均 GDP 达到 1.27 万美元，世界排名第 63 位，已步入中等偏上收入国家行列。但也要清醒地意识到，我国目前要实现较高水平的共享还有难度。卫兴华（2016）在以上基础上还提出了共享发展的第五个内涵：共享而非均享②，即不能要求每个人都是无差别地共享，共享依然可以根据人的能力、贡献和需求等差异而实现保持合理差距的共享，但不是根据生产资料所有权的差异来分配，因为在生产资料公有制的前提下每个人都是平等的，谁也不能凭借生产资料所有权来剥削其他人，本书将其归纳为合理的差异化共享，即

① 习近平．在省部级主要领导干部学习贯彻党的十八届五中全会精神专题研讨班上的讲话［N］．人民日报，2016-05-10（02）．

② 卫兴华．共享发展：追求发展与共享的统一［N］．人民日报，2016-08-17（06）．

共享可以是有差异的，而不是大家都一样，但差异也不可以过大，而是需要保持在合理的范围内。

党的十八大以来，我国出台的一大批惠民举措落地见效，教育事业全面发展，就业状况持续改善，城乡居民收入增速超过经济增速，收入差距进一步缩小，社会保障体系建设进一步完善，绝对贫困人口2020年全部脱贫，等等，人民的获得感、幸福感和安全感显著增强。党的二十大报告强调“共同富裕是中国特色社会主义的本质要求”，并提出到2035年“人的全面发展、全体人民共同富裕取得更为明显的实质性进展”①，而要实现共同富裕就必定要坚定落实共享发展理念。共享发展理念的提出解决了发展依靠谁、发展为了谁、发展成果由谁享有的基本问题，即发展要依靠人民，发展是为了人民，发展的成果要由全体人民享有。共享发展理念阐明了进入新时代的中国特色社会主义，必须更加注重经济发展与社会发展的协调性，不能一味追求经济效率而忽视了社会公平，当然也不能走向盲目追求社会公平的极端，而应实现公平与效率的最优组合。

1.1.3 国有企业利润全民共享是扎实推进共同富裕的重要路径

共同富裕是社会主义的本质要求和经济社会发展的最终目标。国有企业作为生产资料公有制的重要实现形式，其最终目标就是要服务于全民共同富裕。作为市场主体，国有企业固然要追求经济效益，但如果把经济效益作为其唯一目标，那么国有企业就失掉了中国特色社会主义的人民属性的底色。作为实现全民共同富裕目标中坚力量的经济基础，国有企业承担了经济效益之外的社会效益职能，而这一职能是国有企业发展基因中的内在使命。按照马克思主义的设想，共产主义社会必须建立在生产力高度发展、物质财富极大丰富的前提下，因此国有企业要实现共同富裕的目标就要大力发展生产力，同时在发展到一定阶段后就要逐步实现利润全民共享，不能说等到物质极大

① 习近平．高举中国特色社会主义伟大旗帜 为全面建设社会主义现代化国家而团结奋斗［N］．人民日报，2020-10-26（01）．

丰富才开始共享，按照共享发展中的共建共享、渐进共享、差异化共享等要求，国有企业利润全民共享也是一个共建共享、渐进共享、差异化共享的过程，尤其是要遵循渐进共享原则，逐步探索出既能不影响国有企业进一步发展壮大、实现保值增值，又可以让全民在共建过程中更多更公平地共享国有企业改革发展红利，最终实现效率与公平的有机统一。

就目前而言，学术界关于国有企业利润全民共享存在一些争议，核心问题是如何处理好利润全民共享（社会公平）与国有企业做强做优做大（经济效率）的矛盾关系？国有企业利润全民共享固然能促进社会公平（白重恩，2016①；张春霖，2010②），但也不能因为利润全民共享而限制国有企业发展壮大（林岗等，2013③；孟建民，2011④），否则就是杀鸡取卵，这是不可取的。因此，这就需厘清国有企业利润全民共享的改革逻辑，尤其是要在分类改革的指导思想下处理好利润全民共享与国有企业做强做优做大的关系，同时探索出国有企业利润全民共享的多种实践路径，使各类国有企业既能确保自身长远发展，又能让人民群众更多更公平地共享其发展成果，最终建立一种体现效率、促进公平的国有企业利润全民共享制度。本书正是在此背景下展开研究。

1.2 研究价值

1.2.1 学术价值

第一，从理论逻辑、历史逻辑、实践逻辑三个维度较为充分地论证国有企业利润全民共享的合理性、必然性和可行性，为国家进一步深化国有企业利润分配制度改革提供依据。在理论逻辑方面，现有研究并未从根本上说明

① 白重恩. 综合实施 合理促进民间投资［J］. 经济界，2016（05）：7-10.

② 张春霖. 有效约束、充分自主：中国国有企业分红政策进一步改革的方向［R］. 世界银行，2010.

③ 林岗，张晨. 关于进一步推进国有经济改革发展的一些意见［J］. 经济理论与经济管理，2013（02）：5-15.

④ 孟建民. 完善国有资本经营预算工作增强中央企业核心竞争力［J］. 国有资产管理，2011（1）：7.

国有企业利润全民共享的来龙去脉，而只是在某个既定的前提下来探讨企业利润共享的合理性和必要性，例如企业股利政策理论、社会分红理论、共同富裕理论等，本书根据马克思主义的劳动价值论、剩余价值论、生产社会化理论、社会扣除理论等阐述了国有企业利润全民共享的理论必然性。在历史逻辑方面，本书根据新中国成立以来国有企业利润分配制度的改革发展历史来阐述国有企业利润全民共享的历史必然性，论证了国有企业利润实现全民共享符合历史发展规律。在实践逻辑方面，本书阐明了国有企业利润全民共享与共同富裕的内在关系，总结了推进国有企业利润全民共享需要满足的基本条件，提出了推进国有企业利润全民共享需遵循的基本原则及需要处理好的关系等。

第二，丰富和充实了国有企业利润全民共享制度建设的一般框架。本书在分类改革下从权利配置和行业性质构建国有企业利润全民共享的理论框架，权利配置包括国有资本参与权、国有资本收入权、全民保障权三个维度，行业性质从公益类与商业类、金融类与非金融类、垄断与竞争、国内与国际四个维度进行了划分，并提出了权利配置要匹配的理念，即：国有企业的参与权要与国家对国有企业的收入权相匹配、国有企业员工的参与权与其收入权相匹配、国家对国有企业的收入权与全民保障权相匹配。这一理论框架为构建体现效率、促进公平的国有企业利润全民共享制度提供了参考。

1.2.2 应用价值

第一，有利于进一步改革和完善国有资本经营预算制度，将更多国有资本收益用于保障和改善民生，促进社会公平正义。国有资本经营预算制度自2007 年建立以来就在不断调整和完善，但仍然存在四大问题：一是中央国有资本经营预算实施范围还未实现全覆盖，尤其是还有较多中央金融企业未实质性纳入，导致有较大规模的利润未能纳入国有资本经营预算；二是国有企业利润上缴利润规模总体偏小，上缴比例总体较低，低于上市公司的一般分红水平；三是国有资本收益体制内循环比例总体仍偏高，主要用于解决历史遗留问题、国有企业资本金注入、产业发展规划等；四是国有资本收益中用于民生支出的比重仍然偏低，理论上上缴的国有资本收益应全部用于民生支出。本书的研究为进一步改革和完善国有资本经营预算制度提供了参考，有利于进一步体现中国特色社会主义的制度优越性，增强全体人民的获得感、幸福感和安全感。

第二，有利于进一步丰富和拓展国有企业利润全民共享的实践路径。目前，全民共享国有企业发展红利主要有利润上缴公共财政、划转国有股权至社保基金等形式，而在实践中并未普遍意识到的两种共享模式分别是价格机制与提供公共产品和服务。我们根据利润产生与利润实现将国有企业利润全民共享路径分为事前调节与事后调节两大类。事前调节指的是利润最终形成之前的调节，即利润产生与利润实现是不一致的，利润产生的量要大于利润实现的量，两者的差额被让利给消费者和其他市场主体了；事后调节指的是利润产生与利润实现是一致的，对最终实现的利润进行调节，拿出一定比例的利润用于全民共享。根据这种分类标准，国有企业利润上缴公共财政与划转国有股至社保基金均属于事后调节，而发挥国有企业的价格调节作用与直接提供公共产品和服务则属于事前调节。价格机制调节与直接提供公共产品和服务这两种共享路径实际上对有效稳定和发展国民经济、提高广大人民群众的获得感、幸福感和安全感的影响可能比利润上缴公共财政与划转国有股至社保基金这两种共享路径的作用还要更显著。

1.3 国内外研究动态

1.3.1 国有企业利润全民共享的必要性

对于国有企业利润全民共享的必要性主要从国企性质、对企业自身发展、对社会影响三个角度展开分析。

1. 国有企业性质决定国有企业利润全民共享是应有之义

国有企业，是指国务院和地方人民政府分别代表国家履行出资人职责的国有独资企业、国有独资公司以及国有资本控股公司，包括中央和地方国有资产监督管理机构和其他部门所监管的企业本级及其逐级投资形成的企业。[①]按照我国宪法规定，我国国有企业是全民所有制企业，国有资本归全民所有，其产权属性是全体人民共同所有。政府只是代理全体国民行使出资人的职责。在马克思主义政治经济学中，剩余价值是商品价值 W 扣除物化劳动补偿 C 和活劳动补偿 V 即生产成本 K（K=C+V）后的剩余部分，当人们不把剩余价值看作是可变资本的产物，而把它看成为全部垫付资本的产物或增加额时，剩余价值便取得了另一个形态，即利润。可见，利润和剩余价值本质上是同一种东西。国有企业利润即国有企业劳动者和出资人作为一个整体共同生产出的剩余产品价值的转化形式，全体国民有权享有基于所有权基础上的剩余索取权，因此国企利润理应全民共享。

2. 国有企业利润全民共享对于企业自身和社会发展的影响

高路易等（2005）从政府、企业、社会三者的维度出发，通过对国有宏观经济布局、政府公共服务、国有股东的收益分享权的解读表明了国有企业利润全民共享的必要性。首先，若国企内部留存大量利润，而企业内部的资源配置又无法得到有效监管，可能导致过度投资行为，进而低效率利用资源，不利于公共财政资源的整体配置；其次，政府在国有企业改革中承担了大部分的重组成本、改革成本，承担了本该国企承担的社会责任，也正是国企社会责任的剥离使得国企快速发展，如今国企已有能力支付起这些成本，政府股东有权得到“补偿”；最后，国企利润全民共享有助于提升居民的消费水平，由消费拉动经济增长减少对投资、出口的依赖，优化我国经济发展结构，符合我国经济发展目标[②]。魏明海、柳建华（2007）选取 2001—2004 年国有上市公司为样本，研究了国有上市公司的现金股利政策、治理因素与企业投

---

① 《国有企业境外投资财务管理办法》8 月 1 日起正式实施，中国经济网，http：//www.chinadaily.com.cn/interface/zaker/1142842/2017-08-02/cd_ 30333954.html

② 高路易，高伟彦，张春霖．国企分红：分多少？分给谁？［J］.中国投资，2006（04）：47-49.

资行为之间的关系，实证结果支持了国有上市公司的低现金股利政策促进了过度投资的假说。在外部融资市场不发达的情况下，支付现金股利减少了企业内部可自由支配的现金流，从而制约了国有上市公司内部人利用内部可自由支配现金从事过度投资的行为。若国有企业利润能够全民共享必然会减少企业内部可自由支配的现金流，这不仅有利于减少过度投资行为、有效避免社会资源的浪费，也给企业长远发展创造了有活力、有效率的社会环境[①]。罗宏和黄文华（2008）以委托—代理理论为基础，选取了2003—2006年A股上市公司作为研究样本，检验了我国国有上市公司分红政策、企业高管的在职消费与公司绩效的关系，实证得出：相对非国有最终控制的公司而言，国有最终控制公司高管人员的在职消费程度与公司业绩负相关，而支付现金股利可以显著降低高管人员的在职消费程度，减少代理成本。这表明国有企业支付现金股利不仅能减少代理成本还可以提升企业绩效。而代理成本问题在国有企业中表现尤为突出，因为对于国有企业而言，产权所有人不是自然人，企业所有权与经营权天然处于分离状态，委托代理天然存在、不可避免。国有企业的所有者——全体公民不能参与企业管理，由政府代表全体公民行使所有权，但政府也不是直接管理企业而是将其委托给特定的管理者，这就形成了国有企业多重委托代理关系。国企利润全民共享既有利于解决国企代理成本问题，又有利于增强国民的主人翁意识进而加强对国企的监管。[②] 汪平（2008）基于现代财务理论认为，我国应当建立起以资本成本为基础、以政府股东财富最大化为理财目标的国有企业利润分红制度，兼顾企业可持续发展和保障政府股东合理报酬率要求的利润分配制度，可以实现国有企业经营微观效用与宏观效用的双赢，对我国经济做出巨大贡献。[③] 王雨飞和丁浩（2012）基于凯恩斯的绝对收入消费理论和弗里德曼的持久性收入消费理论，建立国企全民分红对拉动内需的直接和间接影响模型，实证表明国有企业全

---

① 魏明海，柳建华．国企分红、治理因素与过度投资［J］．管理世界，2007（04）：88-95.

② 罗宏，黄文华．国企分红、在职消费与公司业绩［J］．管理世界，2008（09）：139-148.

③ 汪平．基于现代财务理论的中国国有企业利润分红问题研究［J］．首都经济贸易大学学报，2008（02）：9-16.

民分红对改善我国需求结构、拉动内需增长具有重要作用，并且认为合理的国企分红制度有利于发挥国企在国民经济中的支撑和带动作用。① 张涛（2015）从企业经营绩效、政府股东、治理结构三个角度分析了国企利润分红的现实必要性。②

总之，众多学者一致认为，国有企业利润全民分红是十分必要的。经过长期改革发展，国企自身盈利和积累已经具备了上缴税后利润的条件，当前我国正处于全面开启社会主义现代化国家建设新征程，教育、医疗、社会保障等关乎社会民生方面急需大量资金，国企应主动承担起属于自己的社会责任，表现出共和国“长子”的担当。

1.3.2 国有企业利润全民共享的相关理论

国有企业利润全民共享问题实际上就是如何分配国有企业税后利润从而达到让全体公民共享国有企业改革发展带来的红利的目的，其实质就是要制定合理完善的股利政策，让国有企业的所有者得到应有的回报，最终为实现共同富裕做出国有企业应承担的责任。

1. 关于企业股利政策理论

股利政策一般是指关于企业是否发放股利、发放多少股利、以何种方式发放股利等问题的一系列解决方针，在发放股利过程中，企业要权衡对其收益进行分配的比例和留存收益以备扩大再生产的比例，以达到既保持企业资产保值增值，还可以满足股东最低要求报酬率的目的。20 世纪 60 年代美国学者 Miller 和 Modigliani 提出了“股利无关论”，此后股利政策受到了众多学者的关注，西方学者们纷纷从不同角度、不同方法对股利政策进行了研究和实证分析，提出了不同的股利理论，虽然互相之间没有达成共识，但也形成了较为完整的研究框架、相对系统的理论体系。Miller 和 Modigliani（1961）基

① 王雨飞，丁浩．国有企业全民分红对国内需求的影响分析［J］. 经济问题探索，2012（03）：98-102.

② 张涛．国有企业利润分配问题思考：理论与实践［J］. 会计之友，2015（16）：2-7.

于完美资本市场、理性行为、完全确定性等三个严格的假设条件提出了 MM 股利无关论，认为一个公司在投资决策给定的情况下，其股利政策不会影响其股票价格和股东的收益，公司价值或股票价格只受投资决策所决定的获利能力的影响。但 MM 股利无关论的假设条件过于理想化，与现实资本市场情况严重不符，以致其结论与现实情况相差较大。虽然 MM 理论过于理想化而不能解决现实问题，但它为股利政策提供了进一步深入研究的基础，此后学者们纷纷在放宽这些假设条件的情况下展开研究，代表性理论主要是“在手之鸟”理论、狭义税收差异理论、信号传递理论、代理成本理论。①

“在手之鸟”理论。最早关于股利政策的理论是通过 Williams（1938）、M. Gordon（1963）等人的研究发展形成的“在手之鸟”理论，该理论认为，股利政策和公司价值具有正相关性。留存收益再投资给投资者带来的收益具有较大的不确定性，而且随着时间的推移，投资风险将增大。相对于将留存收益再投资以获得资本利得，投资者更偏好于“实实在在”的现金股利，公司支付的股利越多则其股价就越高，公司价值也就越大。②

狭义税收差异理论。在 MM 股利无关理论放宽无税假设之后，形成了狭义税收差异理论，该理论一般情况下认为资本利得的所得税税率低于股利的所得税税率，并且资本利得税的纳税时间选择上更加灵活。理性的投资者更倾向于选择低派现从而延迟资本利得的获得而延迟缴纳所得税。在其他条件不变的情况下，投资者往往偏好资本利得，反对现金股利。Farrar 和 Selwyn（1967）通过讨论公司将全部自有资金以股利形式支付给股东和以资本利得形式支付给股东这两种情形，得出当资本利得的税率小于股利所得税率时，不管取值为正的息税前利润、利率以及个人或公司债务额的大小如何，税后资本利得必大于税后股利所得，所以对于股东来说更偏好资本利得。③ Brennan

① Modigliani M F. Dividend Policy, Growth, and the Valuation of Shares [J]. The Journal of Business, 1961, 34 (4): 411-433.

② Gordon M J. Optimal Investment and Financing Policy [J]. Journal of Finance, 1963 (18): 264-272.

③ 朱南苗．我国上市公司股利政策研究 [D]. 西南财经大学，2008.

（1970）在前者研究基础上，针对现金股利提出了一个股票价值评估模型，认为对于实现公司价值最大化的股利政策是不发放股利。总之，实现公司和股东二者利益最大化的股利政策就是少派现、多盈余。但有个问题值得思考，如果现实中真如狭义税收差异理论所说，那么公司为什么还有股利政策，股东为什么还那么关心股利政策，可见狭义税收差异理论与现实也是有失偏颇的，并不能完美地解释现实问题。①

信号传递理论。在 MM 股利政策理论基础上放松信息对称这一假定就形成了信号传递理论。该理论起源于 Lintner（1956）所阐述的平稳化股利观点，Fama、Fisher、Jensen 和 Roll（1969）通过研究股票拆细对股票价格的影响，证明了股利政策具有信息传递效果。Bhattachary（1979）等人认为，股利是管理当局向外界传递企业内部信息的一种手段，使得投资者获得无法通过其他途径得到有关企业价值的信息，有助于投资者通过股利政策传递的信息判断企业的价值。② 综上，众多学者均认为股利政策对企业价值是有影响的，如果管理者预期公司发展前景良好，未来盈利将有大幅增长的可能，就会通过提高股利支付率将此利好信息传递给股东和潜在投资者；反之，如果管理者预计公司发展前景不理想，就会维持甚至降低现有股利支付率，股东和潜在投资者就会立刻得知此利差信息。当公司提高股利支付水平时，股票价格上升，企业价值升高，反之下降。但在我国较为特殊，李常青（2004）实证得出我国上市公司的股利政策也有向市场传递公司当年盈利情况的功能，但大多数上市公司发放股利主要是为了再筹资或为大股东套取现金，股利政策的传递信号作用被局限了。③

随着市场经济的发展壮大，企业规模也越来越大，经营一家企业所要投入的精力也越来越多，对经营者能力的要求也越来越严格。此时，企业所有

---

① Brennan M J. Taxes, Market Valuation and Financial Policy [J]. National Tax Journal, 1970, 23: 417-429.

② Bhattacharya S. Imperfect Information, Dividend Policy and " The Bird in the Hand" Fallacy [J]. Bell Journal of Economics, Spring, 1979, 10 (1): 259-270.

③ 李常青. 西方现代股利政策理论的演进与评价 [J]. 财会通讯，2004 (12): 59-61+40.

者会选择外部专业人士经营企业，从而导致所有权和经营权的分离。两权分离总体上提高了企业经营效率，但也产生了代理成本问题，由于经营者处于一线经营场所，熟知企业各项问题，所有者退至二位，从而导致二者之间存在严重的信息不对称问题，并且经营者不持有公司股份，其辛勤工作创造的利润完全由所有者占有，经营者只能得到约定的报酬，这导致经营者利用内部信息做出有利于自身利益而损害企业所有者利益的事情。Jensen 和 Meckling（1976）将代理成本定义为监督成本、约束成本和剩余损失三类之和。Rozeff（1982）第一次将代理成本理论应用到股利分配政策，通过对 1974—1980 年 64 个行业的 1000 家企业的研究分析得出，增加股利支付会减少经理层可控制的自由现金流量，使得外部融资相应增加，从而吸引债权人对企业的监管，有利于降低代理成本，但同时会增加外部融资成本，所以最优的股利分配政策应该是使得代理成本和外部融资成本之和最小化①。这也给本书解决国有企业利润上缴比例问题带来了一定的启发性。我国国有企业产权所有人不是自然人，而是政府代表全体公民行使所有权，但政府又不会参与国有企业的日常运营，而是将国有企业托付给特定的管理人，这就造成国有企业所有权和经营权天生分离，不可避免出现了“内部人控制”现象。王元芳和马连福（2014）基于内部人控制视角，研究了国有企业基层党组织是否可以作为制约内部人控制的重要平衡力量、有效降低代理成本，研究发现，党委会的“双向进入、交叉任职”可以通过影响代理成本提升公司价值。因此，深入了解代理成本问题及解决方案对国有企业发展治理能起到关键作用。②

2. 关于社会分红理论

1936 年英国经济学家 James Meade 在《经济分析与政策导论》一书中首次提出“社会分红”的构想：国家将从投入社会化企业的资本和土地获得利

① Rozeff M S. Growth, beta and agency costs as determinants of dividend pay out ratios [J]. The Journal of Financial Research, 1982 (3): 249-259.

② 王元芳，马连福．国有企业党组织能降低代理成本吗？——基于“内部人控制”的视角 [J]. 管理评论，2014，26 (10)：138-151.

润，它可以将利润的一部分作为社会分红无条件分给消费者，将另一部分作为对社会化企业的再投资。通过社会分红让全体公民获得公共资源带来的红利。1938 年 James Meade 在《消费者信贷和失业》一书中将“社会分红”作为“反周期”的政策工具，在经济萧条时期可以起到扩大消费、促进就业、促进经济增长的作用。从宏观经济学角度把“社会分红”与消费、就业、经济增长联系起来。James Meade 的社会分红理论被各国用于实践，对我国国有企业利润全民共享也具有重要的启发和借鉴意义。高路易等（2005）认为我国国有企业已经有能力进行社会分红，并且国有企业分红对我国发展至关重要，不仅有利于提高国有企业留存收益的再投资效率，而且还对我国改善公共财政资源的整体配置起到有利作用。①

学者们认为我国国有企业利润应进行社会分红。李燕和唐卓（2013）认为国有资本是公共资本的重要组成部分，全体公民作为国有资产的真正所有者理应获得其经营成果的收益权，其经营成果全民共享是必然的、合法的。②李学通（2014）研究发现国有企业利润全民共享可以通过促进社会公平、解决民生问题进而提高社会的总福利效应。③ 池若梅（2016）基于全民分红视角，认为国有企业利润进行社会分红并倾向于养老保障，可缓解目前我国面临的养老金缺口压力。

不少学者对国有企业利润如何全民共享提出了不少解决方案。崔之元（2006）提出将 166 家中央企业利润的 50%用于组建“中国人民永久信托基金”，再把基金会投资收益的 50%作为社会分红发给全体公民，让全民享受国有企业发展红利④。陈志武（2009）提出通过在全国和 31 省市分别设立国民

---

① 高路易，高伟彦，张春霖．国企分红：分多少？分给谁？［J］．中国投资，2006（04）：47-49.

② 李燕，唐卓．国有企业利润分配与完善国有资本经营预算——基于公共资源收益全民共享的分析［J］．中央财经大学学报，2013（06）：7-12.

③ 李学通．国有企业利润全民合理共享的社会福利效应分析［J］．山西财政税务专科学校学报，2014，16（05）：10-14.

④ 池若梅．国企利润分红向养老保险倾斜探析——基于全民分红视角［J］．莆田学院学报，2016，23（06）：41-47.

权益基金，把国民权益基金股份分给13亿公民，以达到全民共享国企红利的目的。[①] 谢伟杰和陈少晖（2019）提出将国有上市公司股权直接划拨到社保基金，提高公民的社会保障水平。[②] 江剑平（2023）提出将国有企业利润用于直接提供基本公共产品和服务。[③]

3. 关于共同富裕理论

共同富裕理论是邓小平理论的重要组成部分。龚云（2012）分别从过程、结果和意义三个角度阐释了邓小平关于共同富裕的含义。从过程上来看，共同富裕是让中国人民都有追求富裕的权利和机会，全中国人民共同发展实现富裕，是"全民共同富裕""让全国人民都发财"；从结果上来看，共同富裕是不带有阶级性的，是全中国人民的整体富裕，正如邓小平所说"我们是社会主义国家，国民的收入分配要使所有人都得益，没有太富的人，也没有太穷的人，所以日子普遍好过"，但共同富裕并不意味着平均主义；从意义上来看，邓小平在1992年提出："社会主义的本质，是解放生产力，发展生产力，消灭剥削，消除两极分化，最终达到共同富裕"，社会主义财富属于人民，社会主义的致富是全民共同致富，"社会主义最大的优越性就是共同富裕。"[④] 程恩富和刘伟（2012）认为共同富裕是从历史发展规律得出的科学结论，是科学社会主义创始人关于社会主义社会的基本规定和发展目标。马克思虽然没有明确提出"共同富裕"这一概念，但从马克思关于未来社会的思想可以看出，共同富裕首先是作为"两极分化"的对立面出现的。马克思曾提出，在新的社会制度中，"社会生产力的发展将如此迅速，……生产将以所有的人富裕为目的"。可见马克思看待问题具有前瞻性、战略性，在当时已经把共同

① 陈志武．该将国有资产股份分给公民，实现"全民所有"了［J］.上海国资，2009（03）：84.

② 谢伟杰，陈少晖．共享理念视角下国企利润社会分红的国际模式与借鉴价值［J］.亚太经济，2019（03）：106-112.

③ 江剑平．利润全民共享：国有企业扎实推进共同富裕的逻辑与路径［J］．当代经济研究，2023（10）：38-55.

④ 龚云．论邓小平共同富裕理论［J］.马克思主义研究，2012（01）：46-55.

富裕看作社会主义实践的一个重要旗帜。① 唐任伍（2015）认为习近平精准扶贫思想是共同富裕理论在实践中的体现，其生成的理论基础是“共同富裕”根本原则，现实基础是“全面建成小康社会”的宏伟目标。从马克思、恩格斯富有远见地提出到邓小平具体提出共同富裕这一概念，再到以习近平同志为核心的党中央通过具体的政策践行共同富裕理论，共同富裕这一理论在我国逐渐生根发芽，指导着我国社会主义事业的发展。②

1.3.3 国有企业利润上缴比例

2007 年 12 月，经国务院批准，财政部与国资委发布了《中央企业国有资本收益收取管理暂行办法》，该办法明确要求 151 家中央企业自 2006 年起按照 5%—10%的比例向国家财政上缴国有资本收益。这表明自 1994 年分税制改革以来，根据当时市场环境和经济发展态势所作出的过渡性制度安排，国有企业只纳税而不向国家上缴税后利润的历史至此终结。围绕国有企业是否应该向国家上缴税后利润的争论也随之告一段落，众多学者对国有企业利润分配的研究转入对这部分上缴利润的上缴比例问题的探讨。

1. 大部分学者认为当前我国国有企业上缴比例偏低

王娟（2009）根据出资份额，把国有企业分为国有独资企业、国有控股企业和国有参股企业三类，并进一步把国有独资企业分为垄断企业和非垄断企业，她认为垄断企业理应将获得利润全部上缴国家，非垄断企业由于存在竞争性，可参考同行业上市公司的现金分红比例，一般竞争性国有独资企业在集团公司合并会计报表净利润的 10%—20% 以内的分红比例是比较合理的。③ 汪平和李光贵（2009）以股利理论、资本成本理论与可持续增长理论分析为基础，选取了 2002—2006 年沪深 A 股第一类中央企业控制的公司作为

---

① 程恩富，刘伟．社会主义共同富裕的理论解读与实践剖析［J］.马克思主义研究，2012（06）：41-47+159.

② 唐任伍．习近平精准扶贫思想阐释［J］.人民论坛，2015（30）：28-30.

③ 王娟．我国国有企业分红比例问题探讨［D］.西南财经大学，2009.

样本企业，构建了国有企业可持续分红比例估算模型（SPOR），从企业保值增值的角度出发得出：当样本企业留存收益再投资报酬率正好补偿股权资本成本时，所允许支付的最低分红比例为42.94%。① 匡贤明和梅东海（2011）从公共服务短缺时代的现实背景出发，首先明确国有企业分红的“锚”，测算国有企业分红应达到的总量规模，再倒算出合理的分红比例的方法，并以“十二五”为例进行了测算，指出若以未来5年初步实现基本公共服务均等化为战略目标，那么国有企业分红的合理比例应为25%—35%。② 文宗瑜（2011）认为当前可适当提高国有企业利润分配比例，但也要考虑到企业的可持续性发展，不宜过快、过高，应循序渐进。③ 纪新伟（2012）以分红比例为解释变量、总资产收益率为被解释变量，实证得出会计业绩达到最优的分红比例为40%—60%。④ 杨兰品和郑飞（2013）以我国电力行业为例，通过研究并借鉴其他国家国有垄断行业的利润上缴比例，计算得出我国电力行业利润上缴比例的合理区间为35%—55%。⑤ 刘钟元（2013）则认为垄断性行业中的资源垄断型国有企业凭借垄断地位及垄断资源获取的超额利润应全部上缴，目前对于垄断性国有企业利润上缴比例15%是偏低的，对于技术垄断型国有企业中的航天军工类型企业其超额利润水平较高，目前5%的利润上缴比例也是相对偏低的，应适当提高该比例。⑥

总之，对于国有企业利润上缴比例，学者们众说纷纭，未能达成一致的观念，但主流观点还是认为我国当前上缴比例偏低，应根据企业类型、发展情况、市场环境等因素适当提升国有企业利润上缴比例。

---

① 汪平，李光贵．资本成本、可持续增长与国有企业分红比例估算——模型构建及检验［J］．会计研究，2009（09）：58-65+97.

② 匡贤明，梅东海．公共产品短缺时代国有企业合理分红比例研究［J］．中南财经政法大学学报，2011（04）：46-52.

③ 文宗瑜．国有资本经营预算管理改革的继续深化［J］．地方财政研究，2011（04）：9-11+23.

④ 纪新伟．国有企业合理分红比例研究［D］．南开大学，2012.

⑤ 杨兰品，郑飞．我国国有垄断行业利润分配问题研究——以电力行业为例［J］．经济学家，2013（04）：66-73.

⑥ 刘钟元．国有资本收益上缴比例研究［D］．复旦大学，2013.

2. 部分学者为利润分配比例问题提出了估算模型和遵循原则

闫甜（2008）以资本成本问题为导向，基于 CAPM 模型与 WACC 方法，以上市公司分行业资本成本估算结果为基础，对我国国有企业的资本成本进行估算，得出了样本上市公司的权益成本与综合资本成本，并进行对比分析推导出样本国有企业的权益资本成本与综合资本成本，为国有企业利润上缴比例提供了较好的参考标准。[①] 汪平和李光贵（2009）以股利理论、资本成本理论与可持续增长理论分析为基础，选取了 2002—2006 年沪深 A 股第一类中央企业控制的公司作为样本企业，构建了国有企业可持续分红比例估算模型（SPOR），通过检验分析得出，国有企业在样本期间股东权益报酬率即留存收益再投资收益率，总体能够满足国有股东必要报酬率即股权资本成本的要求，适度留存利润将有利于国有企业的价值创造。[②] 张涛和曲宁（2009）认为若既要考虑企业的可持续性发展，又要满足股东最低报酬率，那么合理的分红应该遵循剩余股利分配原则。如果政府股东的当期报酬率大于国有企业的资本成本即政府股东的要求报酬率，那么这种分红则是有效的、合理的。[③] 匡贤明和梅东海（2011）与大多数学者测算出的最优上缴比例不同，他们首先明确国有企业分红的“锚”，测算国有企业分红应达到的总量规模，再倒算出合理的分红比例的方法。该方法为后来者研究利润上缴比例问题开阔了新道路。[④] 周炜等（2011）认为对于利润上缴比例如何确定这一问题应根据“净资产利润率越高、利润上缴比例越低”的原则，把基准收益率作为基准，以企业实际净资产收益率作为依据，制定国有企业净利润的上缴比例。

---

① 闫甜．上市公司与国有企业资本成本估算及对比分析——基于 CAPM 的资本成本估算［J］．财会通讯（综合版），2008（04）：86-89.

② 汪平，李光贵．资本成本、可持续增长与国有企业分红比例估算——模型构建及检验［J］．会计研究，2009（09）：58-65+97.

③ 张涛，曲宁．基于股东报酬率的国有企业分红问题研究［J］．山东财政学院学报，2009（03）：25-29.

④ 匡贤明，梅东海．公共产品短缺时代国有企业合理分红比例研究［J］．中南财经政法大学学报，2011（04）：46-52.

若国有企业的净资产收益率低于其适用的基准收益率时，政府股东以要求企业上缴全部利润并且减少投资的方式退出企业；若国有企业的净资产收益率高于其适用的基准收益率时，将大量净利润留存在企业则更有利，从而降低上缴比例，使留存利润创造更大的价值。[①] 纪新伟（2012）以2006—2009年所有央企上市公司和所有A股公司为样本，以使会计业绩最大化时的分红比例为研究对象，以分红比例为解释变量、总资产收益率为被解释变量，构建了多元线性回归模型，通过实证分析得出了使会计业绩最大化时的最佳分红比例。[②] 汪立鑫和刘钟元（2014）通过对内部代理成本与外部融资成本的权衡确定中央企业利润最优上缴比例，构建相应的回归方程对2007—2011年竞争性行业中央企业的最优利润上缴比例进行估算，结果表明对于竞争性行业的中央企业，绝大多数企业利润应全部留存最有利，并进一步分析得出国有企业利润分配应首先考虑垄断性行业国有企业的利润上缴问题，这部分企业的利润超过社会平均资本成本部分应全部上缴。[③]

1.3.4 国有企业上缴利润去向

一些学者从社会福利最大化的角度研究国有企业分红应如何应用。李重华和李真男（2008）基于全社会福利最大化视角，认为国企分红应主要用于国有企业创新支出和教育支出，毕竟最根本的方法还是加快发展经济，社保资金缺口填补、医疗保障支出、新农村建设都是治标不治本，无法从根本上解决问题，使广大群众生活得更好。[④] 汪立鑫和付青山（2009）认为应以全民福利最大化为原则，通过比较国有资本收益用于经营投资性支出与公共福利性支出对全民福利的边际贡献，来决定国有资产支出结构。如果经营投资性支出的边际贡献较大，则应提高国有资本收益中经营投资性支出的比例，

① 周炜，宋晓满，白云霞．国有企业利润分配制度研究［J］．财会月刊，2011（22）：3-5.

② 纪新伟．国有企业合理分红比例研究［D］．南开大学，2012.

③ 汪立鑫，刘钟元．竞争性行业中央企业利润最优上交比例：内部代理成本与外部融资成本的权衡［J］．中国工业经济，2014（02）：84-96.

④ 李重华，李真男．国企分红纳入国家财政预算问题研究［J］．经济经纬，2008（05）：129-131.

反之则应降低这一比例。而在我国公共福利支出已严重落后于经济发展和社会公共需要，政府公共支出对全民福利的边际贡献比较高，应逐步向教育、医疗、社会保障等公共福利性支出倾斜。①

一些学者从公平角度研究国企红利如何应用。吴国玖（2007）认为国有资产本质上属于全民所有，国有资本收益分红应确立“全民共享”的目标模式，不应当刻意选择特定的人群，相关部门应为全体公民设立“全民分红账号”，委托银行直接把个人应获得的国有资本收益打入个人账户。国有资本收益分红只有将全体国民作为受益对象，让全体国民享受统一、均等的分红额度才能充分彰显国有资本的全民性。② 刘春波和韩丽（2008）认为国有资本收益应充实社保基金、用于公共事业、补充企业国有资本金、弥补国有企业改革成本等。③

一些学者认为国企红利应“取之于民，用之于民”，而不是国企体内循环。林裕宏（2012）认为目前我国国有企业征缴后的红利主要流向了国企内部，在体制内循环，并没有做到“取之于民，用之于民”，不少学者与他观点相同。林裕宏从民生财政视角下分析了国企红利的流向问题，他认为根据国企经营目标的“公共性”原则，国企分红应扩大民生分配的比例，做到还民于利，逐步建立国有资本经营预算制度，妥善处理好国有资本经营预算和公共财政预算的关系。④ 李燕和唐卓（2013）认为国有企业利润上缴并不代表就能实现全民共享，目前从国有资本经营预算支出去向来看，基本上还属于在国有企业内部体内循环，中央国有资本经营预算中用于经济类的支出比例仍然较大，所以要建立公共资源收益全民共享机制，实现以公共产品供给为

---

① 汪立鑫，付青山．转型期国有资本收益的公共福利性支出［J］．财经科学，2009（01）：103-110.

② 吴国玖．全民分红理论及实践的国际比较和借鉴［J］．企业家天地下半月刊（理论版），2007（12）：80-81.

③ 刘春波，韩丽．基于公平的国有企业利润分配问题研究［J］．上海商学院学报，2008（01）：63-65.

④ 林裕宏．民生财政视角下国企红利征缴和流向问题探析［J］．上海金融学院学报，2012（01）：110-117.

重点的再分配，将国有资产收益科学、公平、合理地花到老百姓身上，让老百姓感受到国企发展带来的红利。[①]

1.3.5 国有企业利润全民共享配套措施

1. 建立国有企业财务信息披露机制

綦好东等（2013）认为充分、及时、公开、持续的信息披露是提高非上市国有企业治理有效性的关键，[②] 乔丽（2016）认为建立正式的信息披露制度，并辅之以相应的处罚和监督措施，可以提高国有企业财务信息披露透明度，[③] 有利于国有企业利润全民共享政策的实施。

2. 建立激励约束机制

吴海民（2007）设计了一个具有良好激励约束功能的国有企业红利上缴制度。他根据盈利情况不同把国有企业分为三类：正常赢利型、正常赢利且无隐瞒真实利润型、微利且不足以分配红利型或亏损型，并制定了不同的分红方案，目的是让国有企业在正常条件下（如赢利）的红利上缴和在非正常条件下（隐瞒利润导致的微利或亏损）的股息上缴是无差异的，消除企业的套利空间，从制度上降低了企业隐瞒真实利润的动机。[④] 陈少晖（2010）认为出于效用最大化的经济人动机，要求国有企业上缴利润必然会使企业利用信息不对称进行“内部人控制”，从而通过种种途径将利润从末端转移到前端来规避利润的上缴，所以他也认为应当设计一个具有良好激励约束功能的红

---

① 李燕，唐卓．国有企业利润分配与完善国有资本经营预算——基于公共资源收益全民共享的分析［J］．中央财经大学学报，2013（06）：7-12.

② 綦好东，王斌，王金磊．非上市国有企业信息公开披露：逻辑与事实［J］．会计研究，2013（07）：20-27+96.

③ 乔丽．国有企业利润分配的理论与实践研究［D］．福建师范大学，2016.

④ 吴海民．国有企业红利上缴：理由、原则与制度设计［J］．中外企业家，2007（08）：67-71.

利收缴制度，其方案和设计目的与吴海明类似，按照各企业赢利情况收取红利。①

3. 建立公开、透明、完备的财政预算制度

廖添土（2012）认为国有企业“全民分红”的资金来源范围广泛，要建立一个透明的财政预算制度才能准确统计资金总额和使用去向。② 只有公开、透明的财政预算制度才能让全体公民清楚国有企业上缴的红利如何应用，有效避免贪污腐败现象的发生。卢馨等（2016）认为应该不断加强国有资本预算制度的建设，形成对国有企业管理层的有效约束，使管理层的决策目的由实现自身利益最大化转变为实现企业价值最大化，有效避免其过度投资、盲目投资等既浪费资源又不利于企业发展的决策。③

1.4 研究思路和研究方法

1.4.1 研究思路

本书研究分类改革下国有企业利润全民共享的逻辑与路径，要解决的核心问题主要是三个：一是论证国有企业利润全民共享的逻辑，包括了理论逻辑、历史逻辑与实践逻辑三个维度；二是梳理和总结国有企业利润全民共享的路径，包括现有路径及其效果，存在的问题有哪些，还可以从哪些路径去拓展；三是在分类改革下如何推进国有企业利润全民共享，包括如何进一步细化国有企业的分类标准，在此基础上提出不同类型国有企业采取不同的利润共享路径。本书的核心思想是构建体现效率、促进公平的国有企业利润全

① 陈少晖．国有企业利润上缴：国外运行模式与中国的制度重构［J］．财贸研究，2010，21（03）：80-87.

② 廖添土．国企红利“全民分红”的改革探析［J］．湖北经济学院学报，2012，10（05）：77-81.

③ 卢馨，丁艳平，唐玲．国有企业利润去哪儿了？［J］．经济与管理研究，2016，37（05）：41-49.

民共享制度，既要持续做强做优做大国有企业和国有资本（体现效率），又要让全民更多更公平地共享国有企业改革发展红利（促进公平），最终实现效率与公平的有机统一。

首先，本书论证了国有企业利润全民共享的理论逻辑、历史逻辑与实践逻辑。在理论逻辑方面，笔者根据马克思主义的劳动价值论、剩余价值论、生产社会化理论、社会扣除理论等阐述了国有企业利润全民共享的理论必然性。在历史逻辑方面，笔者将新中国成立以来国有企业利润分配制度变迁划分为计划经济时期、改革突破时期、改革完善时期三个阶段，总结了不同阶段的利润分配特征及利润用途，最后阐述了国有企业利润全民共享的历史必然性。在实践逻辑方面，笔者阐明了国有企业利润全民共享需要满足的基本条件，提出了推进国有企业利润全民共享需要遵循的基本原则，得出了实行国有企业利润全民共享的可行性。

其次，本书对国有企业利润全民共享的现行路径进行了梳理并对其效果进行了分析。根据现行政策，国有企业利润全民共享的路径目前主要是两个方面：一方面是通过将部分国有资本收益划归公共财政，再由公共财政统筹到民生支出；另一方面是通过减持国有股所获得的收益充实社保基金或将国有股划转至社保基金，划转国有股的收益主要是根据企业盈利情况而享受利润分红，然后将其利润充实到社保基金，再由全国社保基金理事会统筹资金用途。笔者对这两种共享路径进行效果分析后发现，由于中央国有资本经营预算实施范围还未实现全覆盖、国有企业利润上缴规模总体偏少、国有资本收益体制内循环比例总体仍偏高、国有资本收益中用于民生支出的比重仍然偏低、国有股减持及转持份额不多等原因，国有企业利润全民共享的效果还不够显著。

再次，从效率与公平相结合的角度，本书分析了进一步提高国有企业利润上缴比例的可能性，并通过国际比较分析了拓宽国有企业利润全民共享路径的可行性。本书认为，在社会主义初级阶段，国有企业在分配利润时既要考虑满足股东的权益（公平），也要考虑企业的可持续发展（效率），国有企业利润上缴比例的估算应在这两种考虑（效率与公平相结合）的基础上最终确定“分多少”。通过构建模型进行估算后得出国有企业利润上缴比例还可以进一步提高。在詹姆斯·米德1936年提出的“社会分红”理论的影响下，世界各国越来越多地把国有企业利润全民分红作为“反经济周期”、调节收入差距和贫富差距的工具，在国际经验的基础上，本书对现金分红、股票分红、充实社保基金、价格机制等四种共享路径在中国的可行性进行了论证。

最后，本书在分类改革原则下从权利配置和行业性质两个维度构建了国有企业利润全民共享的一般框架。权利配置包括参与权、收入权、保障权三个方面，行业性质包括公益类与商业类、金融类与非金融类、垄断与竞争、国内与国际四个层次，并提出权利配置要匹配的理念，即国有企业的参与权要与国家对国有企业的收入权相匹配、国有企业员工的参与权与其收入权相匹配、国家对国有企业的收入权与全民保障权相匹配。本书提出要从进一步做强做优做大国有企业和国有资本、分类提高国家对国有企业的收益权、创新国有企业利润全民共享的多样化路径、完善国有企业利润全民共享的评价体系、建立国有企业利润全民共享的保障措施等五个方面来构建体现效率、促进公平的国有企业利润全民共享制度体系。

1.4.2 研究方法

历史唯物主义方法贯穿于整个课题研究过程中。本书研究方法中的基础性工具是马克思历史唯物主义分析方法。社会主义初级阶段所具有的重大理论与现实问题都应当实事求是地去研究。本书研究始终坚持“以问题为导向，以现实为基础，以理论为支撑，以历史为借鉴”的原则，对国有企业利润全民共享的逻辑与路径进行较为系统、全面地阐述和论证。在解决课题研究的重点难点问题时，本书还采用了以下研究方法。

论证国有企业利润全民共享的逻辑时主要采用了逻辑法、逻辑与历史相统一的方法。本书从理论逻辑、历史逻辑、实践逻辑三个维度研究了国有企业利润全民共享的逻辑，采用的方法主要包括逻辑法、逻辑与历史相统一的方法。在理论逻辑方面，本书结合劳动价值论、剩余价值理论、生产社会化理论、所有制决定分配理论、社会扣除理论，采用层层递进、环环相扣的逻辑法对国有企业利润全民共享的理论逻辑进行了阐述，得出了国有企业利润全民共享的合理性；在历史逻辑方面，本书采用逻辑与理论相统一的方法对不同发展阶段国有企业利润的主要用途进行了分析，得出了国有企业利润全民共享的必然性；在实践逻辑方面，本书根据历史唯物主义的实事求是原理对实质性推进国有企业利润全民共享需要满足的条件、遵循的基本原则和基本规律、要处理好的几大关系等进行了阐释，论证了国有企业利润全民共享的可行性。

估算国有企业利润上缴比例时采用了 CAMP 模型和可持续增长模型分析方法。关于股权资本成本的估算有多种方法，比如资本资产定价模型（CAPM）、戈登股利增长模型、债券收益加风险溢价法、剩余收益价值模型（RIM）、GLS 模型、CT 模型、OJ 模型、PEG 模型等，其中 CAPM 模型应用最为广泛，尽管 CAPM 模型存在一些缺陷，但其具有简单、实用性等优点，应用比较广阔，已经日益成为在股权资本成本估算方面较为成熟和广泛运用的一种方法。因此，本书也选取了 CAPM 模型来估算样本企业的股权资本成本。另外，在估算国有企业的可持续增长率时，本书则采用了 Higgins（1981）的可持续增长模型。Higgins（1981）从财务的角度出发提出“可持续增长率是指在不需要耗尽财务资源的情况下公司销售所能增长的最大比率”，它基于三个假设条件：①公司意图以市场条件所允许下的增长速度来发展；②管理者不可能或不愿意发售新股；③公司已经有且打算维持一个目标资本成本结构和目标股利政策。Higgins（1981）认为公司的可持续增长率就是股东权益的增长率，并提出了可持续增长模型。

在探索国有企业利润全民共享的路径时采用了国际比较分析方法。国有企业并非只有社会主义国家独有。在以私有制经济为主的资本主义国家，一些私营经济不愿涉足或无力涉足的领域，政府为了弥补市场失灵和市场缺陷，满足社会需求，通常也会采取建立国有企业的方式。在詹姆斯·米德 1936 年提出的“社会分红”理论的影响下，世界各国越来越多地把国有企业利润全民分红作为“反经济周期”、调节收入差距和贫富差距的工具，比如美国、挪威、新加坡、蒙古等国的国有企业利润全民分红实践越来越普遍，并取得了一定成效。我国作为社会主义国家，国有资产属于全民所有，全民共享国有企业利润是其合法权利。我国国有企业利润全民共享目前尚处于探索阶段，世界其他国家国有企业利润分红的有益实践经验可作为参考和借鉴，丰富我国国有企业利润全民共享的多样化路径，探索出适合我国国情的共享效益最佳的模式和路径。

1.5 研究的创新之处

第一，国有企业利润全民共享的理论逻辑、历史逻辑与实践逻辑具有内在统一性，核心是处理好效率与公平的关系。国有企业要实现利润创造主体与利润分配主体的有机统一，让创造价值和剩余价值的全体劳动者在国有经济框架内更多更公平地共享国有企业改革发展成果，将国有资本收益更多用于保障和改善民生，满足人民日益增长的公共利益需要，这是理论逻辑；根据我国所处历史时期，国有企业利润在国家、企业、居民之间的交替运动为促进我国迎来站起来、富起来、强起来的伟大飞跃作出了不可磨灭的历史性贡献，共同富裕也被摆在更加重要的位置上，而国有企业利润全民共享是实现共同富裕的必然选择，这是历史逻辑；国有企业利润全民共享的基本前提是国有企业盈利并且达到了一定规模，推进国有企业利润全民共享是一个长期过程，必须把握和遵循渐进共享原则，利润上缴不应影响国有企业自身正常发展，利润上缴比例应随着试点经验的不断累积再逐步提高，并应根据国有企业不同行业和领域的差异性而采取分类改革原则，这是实践逻辑。这三者统一于效率与公平的关系处理上。国有企业利润全民共享固然能促进社会公平，但也不能因利润全民共享而限制国有企业发展，要使各类国有企业既能确保自身长远发展，又能让人民群众更多更公平地共享其发展成果，实现效率与公平的有机统一。

第二，划拨国有股充实社保基金模式主要适用于经营相对稳定的商业类国有企业。公益类国有企业以保障民生、服务社会、提供公共产品和服务为主要目标，其更加注重社会效益，国有资本收入权较弱，可先保障提供优质的公共产品和服务，如有余力可划拨部分利润充实社保基金。商业类国有企业以增强国有经济活力、放大国有资本功能、实现国有资本保值增值为主要目标，更加注重经济效益，其国有资本收入权强于公益类国有企业，尤其是金融类国有企业和垄断性国有企业资本回报率高、企业盈利能力强且收益稳定，适宜划拨部分国有股充实社保基金。

第三，以价格机制为中介让全民共享发展红利是目前适合大部分国有企业的利润共享方式。物价稳定是政府宏观调控的重要目标之一，也是保持居民生活质量稳步提升的重要路径。价格机制是指直接将国有企业提供的产品或服务价格保持在一个低于市场均衡价格的水平，这相当于直接让利于民，对于稳定物价、维持民众实际生活水平不下降等将发挥基础性作用，又或者国有金融企业在给居民和实体经济中的企业发放贷款时实施较低利息政策，大幅降低居民和企业融资成本，使金融回归服务实体经济的本质，进而增加居民和企业收益，这不仅可以促进居民消费，还能增强经济内生发展动力和市场主体活力，使就业和税收都能得到更好保障。具体地，国有企业至少要在以下两个方面发挥价格机制的调节作用：一是在关系民生的基础性行业和领域，国有企业要在物价稳定方面发挥基础性作用，例如在粮食、电力、通信、交通、住房等影响劳动力再生产和企业再生产的领域还可进一步降低成本；二是要重点发挥中央国有银行对实体经济的价格让利功能，创新企业投融资模式，充分发挥大数据技术的授信功能，进一步降低实体经济企业投融资成本，增强经济内生发展动力。把产品做好、把服务搞好、把价格放低，把“不能仅以实现企业利润最大化为企业经营发展的主要目标，还应在保障企业可持续发展的情况下把社会福利最大化作为己任”当作企业发展理念，始终牢记国有企业发展的社会属性，毫不动摇地兜底公益性服务，履行好自己的社会责任，发挥带头示范作用，引领私人企业积极履行社会责任。

第四，直接提供公共产品和服务是国有企业当前和今后需要进一步加强的重点领域。公益类国有企业以保障民生、服务社会、提供公共产品和服务为主要目标，不以盈利为目标，而是强调企业的社会效益，这与商业类国有企业及非公有制企业的以经济效益为主要目标的要求有着重大区别。当前我国社会主要矛盾已转化为人民日益增长的美好生活需要和不平衡不充分发展之间的矛盾，这也意味着人民对公共产品和服务的需求会更多，这一重任主要由公益类国有企业承担，商业类国有企业也要适当加大公共产品和服务的供给力度，增强两类企业的协同效应。例如，当前党中央反复强调的“房住不炒”理念，实际上是注意到了住房的准公共产品属性，国有企业可以在实现居民住有所居方面积极作为，提供更多廉租房和保障性住房，进一步降低居民的居住成本或购房成本。另外，那些发展不充分的落后地区也很难得到以盈利性为目标的非公有资本的“关照”，而国有企业则可以通过完善落后地区的基础设施、帮助农村因地制宜发展产业，进而吸引更多资本来投资，缩小区域之间、城乡之间的发展差距。

第五，人口基数大、利润规模小等因素决定了现金分红模式目前还不宜普遍推行。2012—2020 年，人均国有企业利润、人均国有企业净利润、人均国有资本收益、人均民生支出分别从 1621.8 元、1216.3 元、116.2 元、5.4 元逐步提高至 2424.1 元、1753.9 元、338.2 元、135.8 元，占居民人均可支配收入的比重分别从 9.7%、7.3%、0.7%、0 变化至 7.9%、5.7%、1.1%、0.4%。在人口基数大、可共享利润规模不大的情况下，现金分红模式在我国还难以全面大规模推行。若强行将国有企业净利润全部拿来分红，对于居民收入提高有一定帮助，这种分红方式虽然做到了公平，但难以体现效率。把国有企业净利润全部发给全体公民，相当于利润在生产性用途方面投入为零，这将严重影响企业生产率，不利于国有企业生产效率的提升及其可持续发展。

第六，股票分红方式应以垄断性和资源型国有企业为主、以竞争性国有企业为辅，目前主要体现为国有股划转社保基金的形式。进行股票分红的前提是企业一直有良好的经营状况和发展前景。处于竞争性领域的国有企业，由于市场竞争环境比较激烈，商品市场波动较大导致企业很难一直稳赚不亏，甚至可能随时面临技术落后被淘汰、发展状况极不稳定、风险较大等局面，全民可能不会拥有较稳定的收益，因此，该类型国有企业一般不适宜普遍参与股票分红，可以选取那些从长期发展历史来看经营状况相对较稳定的企业来实施股票分红模式。垄断性国有企业和资源型国有企业因其在某一特定市场占有支配性地位，因而可享受垄断利润和资源收益，其经营状况比较稳定，具有实施股票分红的优势条件，并且企业分红还有利于抑制投资过热的现象。不过目前直接采取股票分红方式的条件还不成熟，而当前推行的划转国有股至社保基金与股票分红的逻辑较为相似，即全国社保基金理事会代表全民持有国有企业股票，并享有所持股票的分红权，最后再将分红收益用于保障和改善民生。

第 2 章　国有企业利润全民共享的理论逻辑

当前，国有企业利润全民共享似乎是一个不证自明的命题，例如按照西方产权学派的观点，国有企业属于全民所有，国有企业的一切权益和收益都应归于全体人民。但产权学派这个理论观点的说服力还是不够，如果仅仅是凭借所有权就能获得企业全部利润，这种不劳而获的食利者将受到社会大众的批判；或者地方国有企业是地方财政出资建立的，那么其利润是否也要实现全民共享呢？不可否认，现有研究对国有企业利润全民共享的理论分析提出了一些有启发的观点，例如企业股利政策理论、社会分红理论、共同富裕理论等，这些理论都能在一定程度上指明国有企业利润全民共享的合理性，但这些理论并未从根本上说明国有企业利润全民共享的来龙去脉，而只是在某个既定的前提下来探讨企业利润共享的合理性和必要性，例如共同富裕理论给定的前提就是国家要实现全民共同富裕，为了实现全民共同富裕这一目标就要实现国有企业利润全民共享，社会分红理论与企业股利政策理论也具有相似的道理。本书根据马克思主义政治经济学基本原理，结合劳动价值论、剩余价值论、生产社会化理论、社会扣除理论等阐述了国有企业利润全民共享的理论必然性。简言之，国有企业的利润是全体劳动者共同创造的，全体劳动者理应共享国有企业利润。国有经济是一个大系统，因此全民共享指的是全体劳动者，而不是某个具体企业的劳动者，这主要是由于生产社会化中的生产资料使用的社会化和劳动过程的社会化，导致生产产品的社会化，全民对国有企业利润都做出了贡献，全民理应共享其利润。

2.1 劳动价值论：劳动是价值而非财富的唯一源泉

劳动价值论并非马克思的发明或发现，它最早是由威廉·配第提出的，随后亚当·斯密、大卫·李嘉图又进一步发展了劳动价值论，但古典学派的学者并未根本解决什么劳动创造价值及怎样创造价值的问题。马克思在以往学者的基础上，对古典学派的劳动价值论进行了革命性改造，创立了科学的劳动价值论。

科学的劳动价值论是理解马克思主义政治经济学的枢纽。马克思的劳动价值论科学解决了什么劳动创造价值以及劳动如何创造价值的重大问题。马克思指出，商品之间之所以可以交换是因为不同商品含有相同的“质”，而这种可交换的相同的“质”（即交换价值）并不体现在商品具有的不同用途（即使用价值），因为不同商品的用途是不一样的，不具有可比性，例如笔是用来写字的，而杯子是用来喝水的，这两种商品的使用价值具有不同的“质”。“作为使用价值，商品首先有质的差别；作为交换价值，商品只能有量的差别，因而不包含任何一个使用价值的原子。”① 因此，商品之间能够交换并非由于使用价值，而是因为它们都是劳动产品，生产这些商品都需要耗费人的体力、脑力、肌肉和神经的损耗等，这些损耗都可以抽象为“无差别的一般人类劳动”，而这种相同的人类劳动在商品中的凝结和物化就形成了商品的价值。由此，马克思得出了商品是使用价值和价值的统一体。商品具有使用价值和价值二因素是由于生产商品的劳动具有二重性，即劳动分为具体劳动和抽象劳动，具体劳动（例如木匠劳动、纺纱劳动等）创造了商品的使用价值，但不能形成商品的价值，而在实施具体劳动的过程中都会同时耗费人的脑力和体力，而这就是抽象劳动，不同具体劳动所同时产生的抽象劳动只具有量的差别，而不具有质的差别，由此构成了商品交换的基础，这也就意味着抽象劳动的耗费形成了商品的价值。马克思的劳动价值论表明，只有人

① 马克思恩格斯文集（第 5 卷）[M].北京：人民出版社，2009：50.

类的活劳动才是商品价值的唯一源泉，土地、机器、设备等物的东西是不能创造价值的。这里需要区分的是财富和价值。使用价值构成社会财富的物质内容，这也就是说土地、机器、设备等物的东西参与了物质财富的创造，也是价值形成的必要条件，但是它们不是形成价值的源泉。价值是商品的社会属性，反映的是劳动者之间的社会联系，使用价值反映的是商品的自然属性，而商品的交换实际上是劳动者之间的劳动的交换，因此，价值是商品的本质属性。

进一步地，商品的价值量则是由劳动时间的长短决定的，劳动时间越长则凝结在商品中的价值量就越多，劳动时间越短则凝结在商品中的价值量就越少。劳动时间的长短并非个别劳动者生产某种商品所花费的劳动时间，而是社会必要劳动时间，即“在现有的社会正常的生产条件下，在社会平均的劳动熟练程度和劳动强度下制造某种使用价值所需要的劳动时间”①。由此可见，一个社会新增的价值量是由参与劳动的人数及工作日长度决定的，参与劳动的人数越多则新增的价值量也就越多，参与劳动的人数越少则新增的价值量也就越少，这也是为何一个国家要把就业作为保障和改善民生的头等大事来推进，就业率的高与低在很大程度上决定了一个国家创造价值的能力，我国近些年强调的“大众创业万众创新”也正是基于这个道理；此外，劳动者的工作日长度也很关键，劳动者工作日过短则创造的价值量也就很有限，而劳动者工作日过长则会损害劳动力的再生产，因此劳动者的工作日长度应保持适度。总而言之，整个国家的新增价值是由全体劳动者创造的，虽然不同劳动者身处不同岗位，不同职业劳动的复杂程度不一样，但是在商品经济大力发展的时代背景下，劳动者的劳动要看成一个总体劳动，“产品从个体生产者的直接产品转化为社会产品，转化为总体工人即结合劳动人员的共同产品。总体工人的各个成员较直接地或较间接地作用于劳动对象。”② 因此，随着社会分工和企业分工的进一步深化，劳动者“只要成为总体工人的一个器

① 马克思恩格斯文集（第5卷）[M].北京：人民出版社，2009：52.
② 马克思恩格斯文集（第5卷）[M].北京：人民出版社，2009：582.

官，完成他所属的某一种职能就够了”①，劳动者也不需要都在生产一线劳动，有些劳动者主要从事脑力劳动，有些劳动者则主要从事体力劳动，因此，劳动者可直接或间接地参与劳动过程，但是“对于作为整体来看的总体工人始终是正确的”②。因此，这就为我们分析共享发展提供了理论依据，由于新增价值都是由全体劳动者创造的，从价值创造与价值分配相匹配的视角来看劳动者共享改革发展成果也就顺理成章了。

2.2 剩余价值理论：剩余价值源自劳动者剩余劳动创造的价值

货币转化为资本的前提是劳动力成为商品。资本的货币流通公式为 G—W—G′，资本在流通环节投入一定量的货币 G 去购买商品 W，然后再经过流通环节将商品 W 卖出去获得增值的货币 G′（G′=G+△G），由此就给人一种假象，好像资本增值是在流通领域实现的。但是商品在市场中进行交换时要遵循等价交换原则，否则就是不等价交换，而无论是买者或卖者都可以利用不等价交换权利，那么最后大家都没有多得或少得，从整体来看还是遵循等价交换原则，即“流通或商品交换不创造价值”③，因此从 G 到 G′就产生了矛盾，这就需要从流通环节之外去寻找答案。要解决资本总公式的矛盾，关键是要买到一种特殊的商品，这种特殊商品的使用价值要“具有成为价值源泉的独特属性”④，这种特殊商品就是劳动力。劳动力作为商品具有价值和使用价值二因素的特性，劳动力价值是由“生产从而再生产这种独特物品所必要的劳动时间决定的”⑤ 或者也可归结为“一定量生活资料的价值”⑥，劳动力

---

① 马克思恩格斯文集（第 5 卷）［M］.北京：人民出版社，2009：582.
② 马克思恩格斯文集（第 5 卷）［M］.北京：人民出版社，2009：582.
③ 马克思恩格斯文集（第 5 卷）［M］.北京：人民出版社，2009：190.
④ 马克思恩格斯文集（第 5 卷）［M］.北京：人民出版社，2009：195.
⑤ 马克思恩格斯文集（第 5 卷）［M］.北京：人民出版社，2009：198.
⑥ 马克思恩格斯文集（第 5 卷）［M］.北京：人民出版社，2009：200.

的使用价值是可以生产商品和创造价值，并且劳动力的使用不但能创造价值，还能创造出比劳动力价值更大的价值，这就是剩余价值，也即价值增值的部分△G。因此，资本流通公式的相对完整表达形式应为 G—W · W′—G′，即资本家购买总价值为 G 的商品后，劳动力的使用创造了新的商品，其价值总额为 W′，W′是已经增值了的价值，通过流通领域的等价交换获得货币 G′，因此剩余价值不是在流通领域中产生的，但是又不能离开流通领域。

可变资本是剩余价值的唯一源泉。马克思根据生产资料和劳动力在生产剩余价值中的不同作用，将生产资料抽象为不变资本、劳动力抽象为可变资本，原料、辅助材料、劳动资料等生产资料的价值会等额转移进新的商品中，其价值额前后未发生变化，因此称为不变资本；劳动力作为一种特殊的商品，其使用价值就体现在它不仅能创造出劳动力价值，还能创造出剩余价值，并且剩余价值的大小将根据劳动时间的长短而可大可小，是一个可变量，因此称为可变资本。这也就意味着剩余价值是由可变资本创造的，不变资本为剩余价值的生产提供了物质基础，可变资本使剩余价值的生产成为现实。生产资料由于劳动力的使用，虽然其使用价值丧失了，但其价值却被保存下来了，并且获得了新的使用价值。因此，“在劳动过程中，在有生产资料丧失它的独立的使用价值同时也丧失它的交换价值，价值才从生产资料转移到产品上。生产资料转给产品的价值只是它作为生产资料而丧失的价值”①。

剩余价值的多寡取决于剩余劳动时间的长短。根据劳动价值论，商品之所以有价值，是因为有人类劳动的凝结，凝结的劳动时间越多则新增价值就越多。雇佣工人的劳动时间可以分为两个部分：必要劳动时间和剩余劳动时间。雇佣工人在必要劳动时间内生产劳动力价值，在剩余劳动时间内生产剩余价值，剩余劳动时间越长则剩余价值就越多，剩余劳动时间越短则剩余价值就越少。剩余价值的生产主要包括通过延长工作日长度来增加剩余价值的绝对剩余价值生产方式和提高劳动生产率来降低必要劳动时间以增加剩余价值的相对剩余价值生产方式。不管是绝对剩余价值的生产还是相对剩余价值

① 马克思恩格斯文集（第 5 卷）[M].北京：人民出版社，2009，235-236.

的生产，其共同指向都是要增加剩余劳动时间。[①]

利润本质上就是剩余价值。在马克思主义政治经济学中，利润和剩余价值是一个东西，二者的区别在于剩余价值是对可变资本而言的，利润则是对全部预付资本而言的。利润本质上是剩余价值，只不过是在外观上表现为整个预付资本的产物，当资本家把预付资本当作生产成本时，不变资本和可变资本对价值增值的不同作用也就被抹杀了。因此，利润共享就是剩余价值的共享，而剩余价值是全体劳动者共同创造的，全民共享利润或剩余价值也是理所当然的。

2.3 生产社会化理论：生产资料的社会化使用和劳动过程的社会化引起生产成果的社会化

生产社会化是马克思和恩格斯对资本主义生产力发展的理论概括，也是社会主义经济建立的客观依据和逻辑前提[②]。生产社会化理论揭示了资本主义基本矛盾的固有弊病及其不可克服性，阐明了资本主义生产资料私有制必然向社会主义生产资料公有制演进的客观规律。马克思是从劳动的社会化和生产资料的社会使用来阐释生产社会化，“一旦资本主义生产方式站稳脚跟，劳动的进一步社会化，土地和其他生产资料的进一步转化为社会的使用的即公共的生产资料，从而对私有者的进一步剥夺，就会采取新的形式”[③]，而资本积累的过程就是劳动社会化和生产资料社会化使用程度的进一步加深，“随着这种集中或少数资本家对多数资本家的剥夺，规模不断扩大的劳动过程的协

---

① 从现实当中来看，有些企业的劳动者可能只创造了 M1 的剩余价值，但是却获得了多余 M1 的剩余价值 M2，这里面可能是因为某企业的个别劳动时间低于社会必要劳动时间，因而同样的劳动时间可以创造更多的新增价值，即超额剩余价值。在供求平衡的前提下，不同部门的利润率趋近于平均利润率，但部门内部的企业之间还是有差异的，有些企业的利润率要高于平均利润率，有些企业的利润率则要低于平均利润率，还有些企业的利润率等于平均利润率。

② 高泽华．生产社会化理论的本源与分析框架——对于马克思主义经典作家相关论述的总结和阐释［J］．政治经济学评论，2017，8（06）：9-38.

③ 马克思恩格斯文集（第 5 卷）［M］．北京：人民出版社，2009：873.

作形式日益发展，科学日益被自觉地应用于技术方面，土地日益被有计划地利用，劳动资料日益转化为只能共同使用的劳动资料，一切生产资料因作为结合的、社会的劳动的生产资料使用而日益节省，各国人民日益被卷入世界市场网，从而资本主义制度日益具有国际的性质”①。

生产社会化的内涵主要包括三个方面。第一，生产资料的社会化。在资本主义制度产生以前，商品经济并不占主导，而是以小生产者为主体的自然经济占主导，生产资料是分散使用的，这种生产方式“是以土地和其他生产资料的分散为前提的。它既排斥生产资料的积聚，也排斥协作，排斥同一生产过程内部的分工，排斥对自然的社会统治和社会调节，排斥社会生产力的自由发展。它只同生产和社会的狭隘的自然产生的界限相融”②，而这种分散生产的劳动生产率是比较低的，进而很容易在市场竞争中处于劣势，因为“竞争斗争是通过使商品便宜来进行的。在其他条件不变时，商品的便宜取决于劳动生产率，而劳动生产率又取决于生产规模。因此，较大的资本战胜较小的资本”③。随着商品经济的发展和生产力要求进一步发展时，将生产资料进行集中使用就成为必要，“资产阶级要是不把这些有限的生产资料从个人的生产资料变为社会化的即只能由一批人共同使用的生产资料，就不能把它们变成强大的生产力”④。

第二，劳动过程的社会化。与以自然经济为主的社会相比，商品经济占主导的社会分工越来越细化，过去单个劳动者就可以生产的商品现在需要由很多人共同完成，这就是协作，“许多人在同一生产过程中，或在不同的但互相联系的生产过程中，有计划地一起协同劳动，这种劳动形式叫作协作”⑤，社会协作克服了单个人生产的一些缺陷，尤其是当劳动过程很复杂时，“只要有大量的人共同劳动，就可以把不同的操作分给不同的人，因而可以同时进

① 马克思恩格斯文集（第5卷）［M］.北京：人民出版社，2009：874

② 马克思恩格斯文集（第5卷）［M］.北京：人民出版社，2009：872.

③ 马克思恩格斯文集（第5卷）［M］.北京：人民出版社，2009：722.

④ 马克思恩格斯选集（第3卷）［M］.北京：人民出版社，2012：799.

⑤ 马克思恩格斯文集（第5卷）［M］.北京：人民出版社，2009：378.

行这些操作，这样，就可以缩短制造总产品所必要的劳动时间”①，因此，通过结合劳动发挥的作用“要么是单个人劳动根本不可能达到的，要么只能在长得多的时间内，或者只能在很小的规模上达到。这里的问题不仅是通过协作提高了个人生产力，而且是创造了一种生产力，这种生产力本身必然是集体力”②，因此，与生产资料的社会化使用一样，劳动过程本身“也从一系列的个人行动变成了一系列的社会行动”③。

第三，劳动产品的社会化。由于生产资料的社会化使用和劳动过程的社会化，劳动产品已经不再是个人产品了，而是从“个体生产者的直接产品转化为社会产品，转化为总体工人即结合劳动人员的共同产品”④，“现在工厂所出产的纱、布、金属制品，都是许多工人的共同产品，都必须顺次经过他们的手，然后才变为成品”⑤。因此，劳动产品的社会化是生产资料和劳动过程社会化的必然结果，单个人不需要完成产品的所有环节，而是“只要成为总体工人的一个器官，完成他所属的某一种职能就够了”⑥。这也就意味着劳动产品是全社会的集体贡献，而不是某个人或某少数人的贡献，不能过分夸大某个人或某少数人的贡献。劳动者之间主要存在分工的差异，由于劳动的复杂程度而存在劳动贡献的差异，但是劳动者之间的贡献差异不能被无限夸大。因此，如果按劳动贡献分配则劳动者之间的收入差距不应无限扩大，而应保持在合理的范围内。

概括来说，生产社会化是以企业分工协作的发展和相应生产资料的社会使用即集中下的共同使用为主要特征，资本主义社会化大生产相对小生产在劳动方式上最主要的区别就是其发达的专业化分工协作，及由此带来的生产

① 马克思恩格斯文集（第 5 卷）［M］. 北京：人民出版社，2009：380.
② 马克思恩格斯文集（第 5 卷）［M］. 北京：人民出版社，2009：378.
③ 马克思恩格斯选集（第 3 卷）［M］. 北京：人民出版社，2012：656.
④ 马克思恩格斯文集（第 5 卷）［M］. 北京：人民出版社，2009：581-582.
⑤ 马克思恩格斯选集（第 3 卷）［M］. 北京：人民出版社，2012：656.
⑥ 马克思恩格斯文集（第 5 卷）［M］. 北京：人民出版社，2009：581-582.

之间普遍的技术联系[①]。生产社会化带来了资本主义生产力的高度发展，但也带来了两个结果：一是生产资料的集中度越来越高，并逐渐发展成垄断，“国内同一工业部门的大生产者联合为一个‘托拉斯’……正因为如此，它们就趋向于更加集中的社会化：整个工业部门变为一个唯一的庞大的股份公司，国内的竞争让位于这一个公司在国内的垄断”，[②] 而这种垄断最终会发展成国家垄断，“国家终究不得不承担起对生产的管理”[③]。但是国家垄断并未改变资本主义逐利的本性，“无论向股份公司和托拉斯的转变，还是向国家财产的转变，都没有消除生产力的资本属性。……它越是把更多的生产力据为己有，就越是成为真正的总资本家，越是剥削更多的公民。……资本关系并没有被消灭，反而被推到了顶点”[④]。由此导致了第二种结果，即劳动人民的生活水平并未从生产力的高度发展中得到同步提高，其受剥削的程度反而日趋加深，“随着那些掠夺和垄断这一转化过程的全部利益的资本巨头不断减少，贫困、压迫、奴役、退化和剥削的程度不断加深”[⑤]，这进一步导致社会财富两极分化，资产阶级占有社会大部分财富，而无产阶级只占有很少一部分财富，造成无限扩大的商品供给与无限缩小的消费需求难以达成平衡，引发生产相对过剩危机，阻碍了生产力的进一步发展和人民生活水平的普遍改善。

马克思由此分析出了资本主义生产力与生产关系矛盾运动的最终结果，“资本的垄断成了与这种垄断一起并在这种垄断之下繁盛起来的生产方式的桎梏。生产资料的集中和劳动的社会化，达到了同它们的资本主义外壳不能相容的地步。这个外壳就要炸毁了。资本主义私有制的丧钟就要响了，剥夺者就要被剥夺了。”[⑥] 后人据此将资本主义的基本矛盾概括为“生产社会化和生

---

① 高泽华．生产社会化理论的本源与分析框架——对于马克思主义经典作家相关论述的总结和阐释［J］．政治经济学评论，2017，8（06）：9-38.

② 马克思恩格斯选集（第3卷）［M］．北京：人民出版社，2012：808-809.

③ 马克思恩格斯选集（第3卷）［M］．北京：人民出版社，2012：809-810.

④ 马克思恩格斯选集（第3卷）［M］．北京：人民出版社，2012：810.

⑤ 马克思恩格斯文集（第5卷）［M］．北京：人民出版社，2009：874.

⑥ 马克思恩格斯文集（第5卷）［M］．北京：人民出版社，2009：874.

产资料资本主义私人占有之间的矛盾”[①]，而这一矛盾在资本主义制度内部是无法根本解决的，也为资本主义制度种下了经济危机基因，随着经济社会的发展而不定期爆发。因此，要解决这一矛盾，就必须用生产资料公有制替代私有制，“这种生产方式日益迫使人们把大规模的社会化的生产资料变为国家财产，因此它本身就指明完成这个变革的道路。无产阶级将取得国家政权，并且首先把生产资料变为国家财产”[②]。国有企业作为生产资料公有制的重要实现形式，其作用正是要解决资本主义基本矛盾，[③] 让全体人民共同占有生产资料，消灭剥削、消除两极分化，最终实现共同富裕，迈入共产主义社会。

按照生产社会化理论逻辑，生产资料公有制适应了生产力的社会化性质，因此在生产力具有社会化性质的国家和地区，公有制经济就能够为推动国家和地区经济发展提供强大的生产力[④]。反之，在生产力不具有社会化性质或生产社会化程度较弱的情况下，单一的公有制经济对于全面推动生产力发展则会显得力量单薄，生产力发展速度不快。这就提示我们，从生产社会化理论可以推导出生产资料公有制取代生产资料私有制的历史必然性，但前提是生产力已经具有了社会化性质。若这一前提不满足，则生产资料公有制要全面取代生产资料私有制则仍需时日。要最终实现共产主义社会，也需要满足一系列严格的前提条件，例如生产力水平远远超过资本主义社会，公有制经济在各个方面的效率都比非公有制经济高，等等。

---

① 马克思主义基本原理概论［M］. 北京：高等教育出版社，2015：188.

② 马克思恩格斯选集（第 3 卷）［M］. 北京：人民出版社，2012：812.

③ 张晨，张宇. “市场失灵”不是国有经济存在的依据——兼论国有经济在社会主义市场经济中的地位和作用［J］. 中国人民大学学报，2010，24（05）：38-45.

④ 周新城. 中国社会主义建设中生产关系一定要适应生产力的发展［J］. 改革与战略，2018，34（03）：1-5.

2.4 所有制决定分配理论：国有企业利润实现全民共享的合理性

马克思主义基本原理指出，生产决定分配。因为“一定的分配关系只是历史地规定的生产关系的表现”①，“分配本身是生产的产物，不仅就对象说是如此，而且就形式说也是如此。就对象说，能分配的只是生产的成果，就形式说，参与生产的一定方式决定分配的特殊形式，决定参与分配的形式”②，这也就是说，分配关系从属于生产关系，生产关系决定分配关系。生产关系最本质和最基础的是生产资料所有制，讨论分配问题必须重视生产资料所有制的决定性作用。脱离所有制谈分配或就分配谈分配，就会犯马克思所批判的拉萨尔主义错误。

根据劳动价值论、剩余价值论和生产社会化理论可以得出，价值是一种社会关系，反映的是劳动者之间的社会联系，全社会的价值和剩余价值都是由全体劳动者共同创造的，但由于生产资料所有制的差异，价值生产与价值分配产生了偏离。在资本主义生产资料私有制下，劳动者只能获得劳动力价值，而资本家则获得剩余价值。但实际上，资本是“集体的产物，它只有通过社会许多成员的共同活动，而且归根到底只有通过社会全体成员的共同活动，才能运动起来。因此，资本不是一种个人力量，而是一种社会力量”③，资本把生产资料和劳动者组织起来，其中付给劳动者的仅仅是劳动力价值，而劳动者由于协作而共同创造的合作剩余则被资本家不费分文地占有了，马克思以资本家购买了 100 个劳动力为例进行了说明，资本家“支付的是 100 个独立劳动力的价值，而不是 100 个结合劳动力的价值”，这 100 个工人的“协作是在劳动过程中才开始的，但是在劳动过程中他们已经不再属于自己

① 马克思恩格斯文集（第 7 卷）[M].北京：人民出版社：2009：998.
② 马克思恩格斯文集（第 8 卷）[M].北京：人民出版社：2009：19.
③ 马克思恩格斯文集（第 2 卷）[M].北京：人民出版社，2009：46.

了”，资本家获得了这 100 个工人一定时期的劳动力的使用价值，因此，资本家只要“把工人置于一定的条件下，劳动的社会生产力就无需支付报酬而发挥出来”，[①] 资本获得了这 100 个工人创造的全部合作剩余。事实上，资本是集体的产物，资本“只有通过社会许多成员的共同活动，而且归根到底只有通过社会全体成员的共同活动，才能运动起来”，因此，当我们把“资本变为公共的、属于社会全体成员的财产，这并不是把个人财产变为社会财产。这里所改变的只是财产的社会性质。它将失掉它的阶级性质”[②]，这意味着当生产资料公有制取代生产资料资本主义私有制后，合作剩余将归属于全体劳动者，而不是归属于原来的资本家。因此，公有企业的分配中经济剩余不归任何个人和集团所有，它在本质上属于社会所有的公共积累，一部分以利税的形式上缴社会，一部分留给企业扩大再生产，经济剩余的这种公共性是生产资料公有制在分配关系上的集中体现。[③]

此外，马克思进一步指出，在资本主义社会中，商品所有权规律会转变为资本主义占有规律，虽然商品是劳动者生产出来的，但却并不归劳动者所有，而是归资本家所有。由此我们可以推断，在社会主义社会中，由于生产资料的所有权归全体劳动者所有，商品所有权规律就会转变为社会主义占有规律，即全社会共同占有劳动者生产的产品。这也就意味着社会主义国有企业的利润应由全体劳动者共同占有、共同享有。

2.5 社会扣除理论：社会扣除为公共利益提供保障

任何一个社会要正常运转都需要公共支出，国家越发展、社会联系越紧密、人口日益增多等则意味着要面临的公共事务就越多，进而需要的公共支出就越多。而公共开支就需要公共收入，公共收入需要全社会共同承担，因

① 马克思恩格斯文集（第 5 卷）[M].北京：人民出版社，2009：386-387.
② 马克思恩格斯文集（第 2 卷）[M].北京：人民出版社，2009：46.
③ 张宇．论公有制与市场经济的有机结合 [J].经济研究，2016，51（06）：4-16.

此在分配之前就需要从社会总产品中先拿出一定比例用于公共事务的支出。马克思是在《哥达纲领批判》中提出，自由人联合体的集体劳动所创造的社会总产品要进行以下扣除："第一，用来补偿消费掉的生产资料的部分。第二，用来扩大再生产的追加部分。第三，用来应付不幸事故、自然灾害等的后备基金或保险基金。"此外，在以上扣除之后，剩下的产品将作为消费资料进行分配，但还需进行进一步的扣除，主要包括："第一，和生产没有直接关系的一般管理费用。和现代社会比起来，这一部分将会立即极为显著地缩减，并将随着新社会的发展而日益减少。第二，用来满足共同需要的部分，如学校、保健设施等。和现代社会比起来，这一部分将会立即显著增加，并将随着新社会的发展而日益增加。第三，为丧失劳动能力的人等设立的基金。总之，就是属于所谓官办济贫事业的部分。"[①] 从以上论述可以看出，要有效保障社会全体成员的共同利益或公共利益则需要从社会总产品中进行必要的扣除，共同利益或公共利益越大则社会扣除就越多，尤其是当人民的物质文化需要日益增长的时候所需要的公共开支也就越大。当前，国家公共开支的收入来源主要是税收，从国家整体来看税收主要来源于全体劳动者创造的社会总产品。进一步地，在假设生产资料和劳动力价值都得到补偿的前提下，税收来源于剩余价值或利润。马克思在分析平均利润率时指出，"'社会需要'，……，第二是由剩余价值所分成的不同部分（利润、利息、地租、赋税等等）的比率决定的"[②]，这也就是说：在剩余价值量既定前提下，剩余价值要分配给不同利益主体，产业资本家获得利润，借贷资本家获得利息，土地所有者获得地租，国家获得税赋等，国家将税赋的一部分用于教育、医疗、养老等领域，那么劳动者在教育、医疗、养老等方面的支出就可以减少。因此，根据前面的论述，国有企业利润上缴公共财政之后，再由公共财政统筹用于社会公共支出，服务于社会公共利益的需要，让全民更多更公平地共享国有企业改革发展红利。

---

① 马克思恩格斯文集（第 3 卷）[M].北京：人民出版社：2009：432—433.

② 马克思恩格斯文集（第 7 卷）[M].北京：人民出版社：2009：202.

2.6 本章小结

本书根据马克思主义政治经济学基本原理，结合劳动价值论、剩余价值论、生产社会化理论、社会扣除理论等阐述了国有企业利润全民共享的理论必然性，其核心思想是利润创造主体要与利润分配主体实现有机统一。根据劳动价值理论和剩余价值理论，价值和剩余价值都是由劳动者创造的，利润和剩余价值是一回事，当剩余价值被看作是全部预付资本的产物时，剩余价值转化为利润，因此利润也是由劳动者创造的。根据生产社会化理论，由于生产资料的社会化使用和劳动过程的社会化必然是劳动成果的社会化，即产品是由参与生产的劳动者共同完成的，这也就意味着企业利润或剩余价值是由劳动者共同创造的。根据所有制决定分配理论，在资本主义制度下，商品生产所有权规律转变为资本主义占有规律，即资本家占有了劳动者生产的产品；而在社会主义制度下，商品生产所有权规律就转变为社会主义占有规律，即全社会共同占有劳动者生产的产品。这也就意味着社会主义国有企业的利润应由全体劳动者共同占有、共同享有。根据社会扣除理论，社会扣除（国有企业上缴利润或通过其他形式让全民共享其利润）的主要目的是满足人民群众日益增长的公共利益需要，这也就为国有企业利润全民共享的路径指出了方向。

第 3 章　国有企业利润全民共享的历史逻辑

国有企业利润分配制度自 1949 年至今已经历七十余年的改革发展。国有企业利润分配关系到国家、企业和全民等主体的核心利益，长期以来受到社会各界的持续关注。第 2 章我们已经根据马克思主义的劳动价值论、剩余价值论、生产社会化理论等论述了国有企业利润全民共享的理论必然性，本章将根据新中国成立以来国有企业利润分配制度的改革发展历史来阐述国有企业利润全民共享的历史必然性，即论证国有企业利润实现全民共享符合历史发展规律。本章采用的叙述方法为逻辑与历史相统一的方法，首先我们从逻辑上分析国有企业利润全民共享需要符合的发展规律，然后再总结新中国建立以来国有企业利润分配制度改革发展的历史演变过程，最后将逻辑推断与历史演变进行结合，得出国有企业利润全民共享的历史必然性。

3.1 国有企业利润全民共享的逻辑前提

从理论上来说，国有企业利润全民共享具有合理性，但是从历史发展视角来看，国有企业利润全民共享并非是无条件的，只有相应条件逐步趋于成熟时才能实现全民共享。因此，有必要先从逻辑上对国有企业利润全民共享需要满足的条件进行分析，以探究国有企业利润全民共享的一般规律。

3.1.1 明确国有企业改革发展的时代定位

首先，我们要明确国有企业在我国经济社会发展中的定位和作用，这是进一步分析国有企业利润全民共享的基本要求：第一，国有企业要服从和服务于国家发展战略。国有企业与私营企业有很大区别，国有企业要优先保障国家利益不受损，而这就意味着国有企业不能像私营企业一样以追求经济利益最大化为目标，而是要服从和服务于国家发展大局，有时还要放弃经济利益，并承担由此带来的经济损失。第二，国有企业要合理遵循企业发展的一般规律。国有企业作为企业的一种，具有企业发展的一般性和特殊性。国有企业的一般性体现在自主经营、自负盈亏、自担风险、自我约束、自我发展等方面，国有企业的特殊性体现在自觉坚持党的领导和社会主义制度，自觉维护人民利益，自觉维护我国主权、安全、发展利益，自觉防范各种风险等方面，我们既不能过分强调国有企业发展的一般性而忽视特殊性，也不能过分强调国有企业发展的特殊性而忽视一般性，而国有企业的一般性与特殊性最终都要服从和服务于国家发展战略和全民共同富裕这两个大前提。第三，国有企业要服从和服务于全民共同富裕这个总发展目标。与资本主义国家相比，社会主义国家追求的是全民共同富裕而不是少数人富裕、多数人贫困，国有企业作为体现社会主义国家性质的主要载体，必然也要以全体人民的共同富裕为价值追求，始终坚持以人民为中心的发展思想，始终代表最广大人民的根本利益，始终坚持为全民共同利益而奋斗。

3.1.2 明确国有企业利润全民共享的物质基础

明确国有企业利润全民共享的物质基础是判断国有企业是否具备利润共享的实力。第一，国有企业要处于盈利状态。国有企业如果是亏损的，那么国有企业利润全民共享就是一句空话。国有企业只有处于盈利状态才具备利润共享的现实条件。第二，国有企业发展处于成熟阶段，利润保持相对稳定增长。处于初创期和成长期的国有企业，利润是国有企业扩大再生产的必要条件，如果此时将国有企业利润进行全民共享，则国有企业要进一步做大做强做优就会变得很困难，尤其是在激烈的市场竞争中会处于相对劣势地位，甚至还很有可能会被市场淘汰。如果国有企业破产倒闭了，那么国有企业利润全民共享也会成为空谈。因此，符合利润全民共享条件的国有企业一般是那些已处于或即将处于成熟阶段的国有企业，这些企业经历过初创期和成长期的磨炼后，企业规模和盈利能力都较以往有很大提升，市场的认可度也较高，形成了相对稳定的市场份额和收入来源，融资成本也会相对较低，因此这类国有企业进行利润全民共享并不会对企业自身产生严重的负面影响，反而很可能会由于积极承担社会责任而获得进一步的发展空间。因此，国有企业利润全民共享必须处理好积累与消费的关系。第三，国有企业要在数量规模上和质量上保持优势。国有企业利润全民共享要求国有企业的利润达到很大规模，否则就只能是低水平的利润共享，对于最终实现全民共同富裕目标也将毫无助益。这就要求国有企业在数量上还要保持相当的规模，在质量和效益上要保持在行业前列，始终处于国民经济的主导地位，尤其是国有企业必须分布在关系国家安全、国民经济命脉的重要行业和关键领域。没有一定的规模，国有企业的控制力、影响力、抗风险能力是缺少支撑的；没有较高的质量和效益，仅仅依靠国有企业的规模也很难发挥其对其他所有制企业的控制力、影响力等。因此，必须既要重视将国有企业的数量保持在较大规模，也要持续不断提高国有企业的发展质量和效益。

3.2 国有企业利润分配制度改革发展的历史演变

3.2.1 计划经济时期（1949—1978 年）：国营企业利润以统收统支为主

经历多次战争而建立的新中国满目疮痍、百业待兴，国民经济发展水平低下，经济基础薄弱。在这种特殊的历史时期，中央政府把根据地的公营企业、改造后的官僚资本主义企业、征用外资和接收苏联移交的企业、政府自身投资兴建的企业，由政府统一调配，在政府管理下生产经营。当时国家财政收入的来源有限，财政收支成为决定国营企业利润分配的首要因素，国营企业利润在满足国家财政需要的基础上，企业可自留利润。虽然在这一时期，国营企业利润分配制度有一些调整，具体形式有所不同，但还是基本为满足国家财政服务。根据国营企业利润分配的具体形式不同，从 1949—1978 年大致可分为四个阶段。

1. 新中国成立初期（1949—1957 年）：统收统支、企业奖励基金制度和超计划利润分成制度

为了恢复国民经济、缓解财政困难，1949—1951 年国营企业利润全部上缴给国家，由国家统一调配。由于政府在全国范围内进行统一调度，极大地减少了因信息不对称带来的资源浪费，提高了资源配置效率，缓解了当时的财政困难。但统一调配使国营企业无法专注于自身发展，一定程度上损害了国营企业生产经营的积极性，不利于企业绩效提升。为了提高员工积极性和企业生产效率，更好地为国家财政增加收入，国营企业内部实施了奖励基金制度和超计划利润分成制度，奖励基金根据国家计划指标完成情况，分别按计划利润的 2.5%—5% 和超计划利润的 12%—20% 在利润中提取作为企业的奖励基金，具体比例各年之间可以有所变化。政策实施效果如表 3.1 所示，1952—1957 年，国营企业生产经营状况逐步好转，资产总量从 1952 年的 470.7 亿元增长到 1957 年的 1055.5 亿元，企业主营业务收入从 1952 年的 392.1 亿元增长到 1957 年的 1054.5 亿元，利润总额从 1952 年的 56.7 亿元增长到 1957 年的 146.0 亿元，企业上缴利税从 1952 年的 43.9 亿元增长到 1957 年的 110.8 亿元，国营企业上缴利税占财政收入的比例从 1952 年的 25.24% 上升到 1957 年的 36.54%①。可见，企业奖励基金制度和超计划利润分成制度对于企业绩效的提升、国家财政的增长是有帮助的。

虽然企业奖励基金制度和超计划利润分成制度一定程度上提高了国营企业生产经营的积极性和经营绩效，为国民经济复苏作出了一定贡献，并且为建立国营企业利润分配制度迈出了第一步，但其分配制度仍然在国家的统收统支范围内，国营企业仍然没有自主经营决策权，其经营目标是提高国家财

① 若无特殊说明，本章所用 1949—2019 年有关国有企业经营状况的数据来源于：徐传谌、彭华岗等著，《中国国有经济发展报告 1949—2002》，经济科学出版社；徐传谌、彭华岗等著，《中国国有经济发展报告 2003—2012》，经济科学出版社；李政、彭华岗等著，《中国国有经济发展报告 2013—2019》，经济科学出版社；中华人民共和国财政部官网；中华人民共和国中央人民政府官网；国务院国有资产监督管理委员会官网。

政收入，可以视为隶属于国家的生产部门或者说生产车间。

表 3.1　1952—1957 年国营企业经营状况　　（单位：亿元、%）

年份	资产总额	主营业务收入	利润总额	上缴利税	财政收入	财政收支差额	利润占比	上缴利税占比
	(1)	(2)	(3)	(4)	(5)	(6)	(7)	(8)
1952	470.7	392.1	56.7	43.9	173.94	1.87	32.60	25.24
1953	564.0	645.1	83.8	58.8	213.24	-5.97	39.30	27.57
1954	693.1	857.1	99.4	76.4	245.17	1.06	40.54	31.16
1955	805.1	901.4	111.0	93.8	249.27	-13.46	44.53	37.63
1956	920.2	1056.8	132.8	102.8	280.19	-18.33	47.40	36.69
1957	1055.5	1054.5	146.0	110.8	303.20	7.25	48.15	36.54

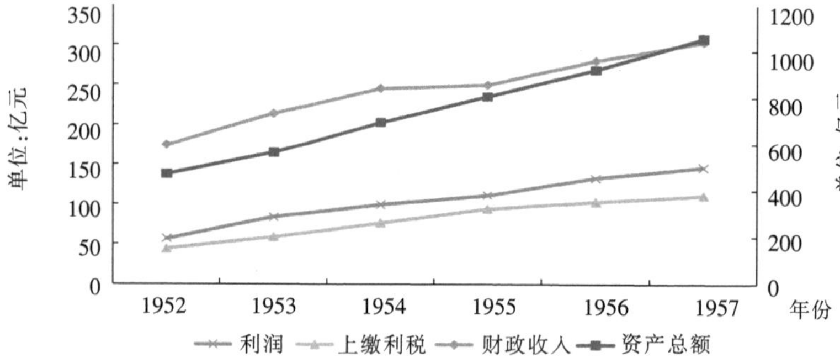

图 3.1　1952—1957 年国营企业经营状况

2. “大跃进”时期（1958—1960 年）利润留成制度

随着经济的进一步发展，经济管理体制中管得过严、国营企业自主经营权缺失、分配调度过于统一、国营企业之间的差异被忽略等因素导致国营企业生产积极性不高等弊端开始显现。为了调动企业生产积极性、搞活经济、推动国营企业更好发展，1958 年政府开始改变企业利润大部分上缴国家、亏损全部由国家补贴的统收统支状况，开始实施利润留成制度，规定企业留成比例为 13.2 %。利润留成制度增强了国营企业对利润的支配程度，进一步调动了企业生产发展的积极性。如表 3.2 所示，相比 1957 年，1958 年国营企业的资产总额增长了 22.06%，企业主营业务收入增长了 51.06%，利润总额增长了 97.33%，上缴利税增长了 64.44%，上缴利税占财政收入比重也从 36.54%增长到 48.00%。在实施利润留成制度的 1958—1960 年，国营企业资产总额、主营业务收入、利润总额、上缴利税、上缴利税占财政收入的比重均稳步提升，资产总额、利润总额、上缴利税、财政收入几乎平行增长。虽然利润留成制度效果显著，但结合当时历史发展时期可以发现 1958—1960 年正处于“大跃进”期间，国家制定了一些不太符合实际的发展目标，使得国有企业一味追求产量增长，而忽略了产品本身质量的提升和企业生产技术的进步，使得国营企业发展偏离了正常经营轨道。因此，1958—1960 年国营企业经营指标的改善并非全部得益于利润留成制度的实施和企业综合实力的提升，也与当时国家的政策大方向息息相关。总的来说，利润留成制度虽然使得企业提高了对利润的支配程度，调动了企业生产发展的积极性，但其仍属于高度集中的计划经济体制范畴内一些细微调整，其经营目标没有改变，仍然是为满足国家财政收入服务，对于改善企业经营效率的作用有限。

表 3.2　1958—1960 年国营企业经营状况　（单位：亿元、%）

年份	资产总额	主营业务收入	利润总额	上缴利税	财政收入	财政收支差额	利润占比	上缴利税占比
	(1)	(2)	(3)	(4)	(5)	(6)	(7)	(8)
1958	1288.3	1592.9	288.1	182.2	379.62	-20.74	75.89	48.00
1959	1652.2	2133.3	418.7	277.0	487.12	-56.05	85.95	56.86
1960	1937.3	2317.6	492.8	316.4	572.29	-71.39	86.11	55.29

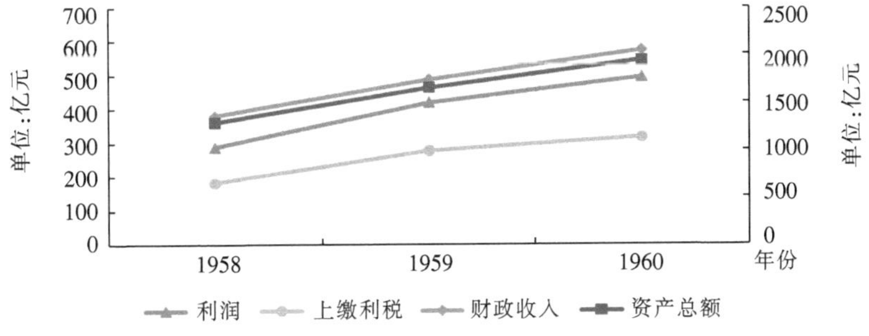

图 3.2　1958—1960 年国营企业经营状况

3. 国家经济调整时期（1961—1965 年）：企业奖金制

三年“大跃进”使整个国家经济发展陷入了混乱，再加上 1958—1960 年持续的自然灾害导致国库空虚、财政收入再度陷入困难。1961 年中共八届九中全会正式决定对国民经济实行“调整、巩固、充实、提高”的八字方针，国民经济开始转入调整的新轨道。为了解决财政困难，1961 年财政部发布了《关于调低企业利润留成比例，加强企业利润留成资金管理的报告》，要求将国营企业的利润留成比例从原来的 13.2%降低到 6.9%。1962 年为了进一步规范国营企业留成利润，财政部、国家经贸委发布了《1962 年国营企业提取企业奖金的临时办法》，财政部、国家计委发布了《关于颁布国营企业四项费用管理办法的通知》，规定自 1962 年起，商业部门可以继续实施利润留成制度，但其他部门改为提取企业奖金制度。这意味着国营企业从 1958—1960 年的利润留成制度又回到了 1949—1957 年的企业奖励基金制度，但相比首次实施企业奖励基金制度，此次实施所覆盖的范围窄，企业提取的奖金比例高。1964 年，国家对企业奖励基金制度进行了补充，企业提取的用于奖励超计划完成的奖金比例从 40%增长到 80%，这一举措一定程度上激励了企业发展的积极性。从表 3.3 可以看出，1961—1963 年国营企业经营的五项指标增长缓慢，资产总额三年增幅 7.30%，企业主营业务收入增幅 6.23%，利润总额增幅 -23.23%，上缴利税占财政收入比例 1962 年下降了 0.43 个百分点，1963 年与 1961 年基本持平，而 1964—1965 年国营企业经营状况发生了很大改观，从图也可以看出利润总额、上缴利税、财政收入曲线前三年有下滑趋势，从 1964 年开始上升，这说明 1964 年提出的补充措施起到了一定的效果，国营企业经营情况逐步好转，步入了稳步增长的状态。

表 3.3　1961—1965 年国营企业经营状况　　（单位：亿元、%）

年份	资产总额	主营业务收入	利润总额	上缴利税	财政收入	财政收支差额	利润占比	上缴利税占比
	(1)	(2)	(3)	(4)	(5)	(6)	(7)	(8)
1961	2020.60	1621.4	231.9	133.6	356.06	-0.03	65.13	37.52

续表

年份	资产总额	主营业务收入	利润总额	上缴利税	财政收入	财政收支差额	利润占比	上缴利税占比
	(1)	(2)	(3)	(4)	(5)	(6)	(7)	(8)
1962	2051.60	1603.7	157.2	102.0	313.55	18.67	50.14	32.53
1963	2168.12	1729.2	177.9	129.9	342.25	10.20	51.98	37.95
1964	2306.30	2067.1	214.2	165.2	399.54	5.75	53.61	41.35
1965	2495.80	2434.6	262.1	205.6	473.32	13.35	55.37	43.44

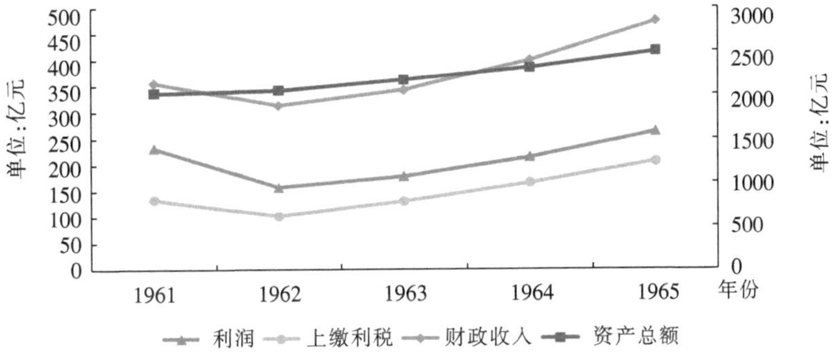

图 3.3　1961—1965 年国营企业经营状况

4. 国家经济下行时期（1966—1978 年）：统收统支制

1966 年，正当我国基本完成调整经济的任务，逐渐从“大跃进”和自然灾害的困境中走出来，开始执行“三五计划”时，由于“左”倾思想的错误判断导致社会主义经济建设遭到严重破坏，国民经济损失巨大。为了避免国家财政收入再次陷入困境，国家进一步加强了国营企业利润上缴程度。1966 年财政部发布了《1967 年固定资产更新和技术改造资金的管理办法和分配计划（草案）》，决定把“三项费用”、固定资产更新和基本建设中属于简单再生产性质的投资合并为一个渠道，固定资产更新和技术改造资金实行基本折旧基金抵留的办法，不再采取预算拨款和利润留成的办法。1969 年财政部对国营企业实行附加工资制管理，统一发放国营企业所得，其余利润全部上缴国家，至此国营企业奖金制度彻底消失。国营企业利润分配又采取统收统支制度，企业丧失了经营活力和积极性。从表 3.4 可以看出 1966—1978 年，国营企业资产总额和主营业务收入均有所增长，在这期间资产总额增长幅度最大，但利润总额、上缴利税、上缴利税占财政收入比例并不稳定，1976 年三个指标均有所下降。结合 1966—1978 年的亏损额可以看出国营企业年度亏损额从 1966 年的 34.9 亿元逐步增长至 1978 年的 115.3 亿元，其中 1976 年、1977 年亏损额分别高达 164.8 亿元、140.7 亿元①，财政收支差额也多年为负，可见国营企业发展并不健康，需尽快扭转持续亏损的局面。1977 年，财政部、国家计委成立了扭亏领导小组，开始了在全国范围内扭亏增盈的工作。1977 年国营企业亏损额开始回落，财政收支差额转负为正，国有企业经营状况各项指标开始好转。

表 3.4　1966—1978 年国营企业经营状况　　（单位：亿元、%）

年份	资产总额	主营业务收入	利润总额	上缴利税	财政收入	财政收支差额	利润占比	上缴利税占比
	(1)	(2)	(3)	(4)	(5)	(6)	(7)	(8)
1966	2753.0	2736.2	340.2	260.2	558.71	21.06	60.89	46.57
1967	2877.2	2143.7	230.4	165.1	419.36	-20.48	54.94	39.37
1968	3059.2	2232.8	201.8	127.9	361.25	3.41	55.86	35.40
1969	3183.2	2727.4	322.1	218.1	526.76	0.90	61.15	41.40
1970	3571.3	3186.4	453.6	300.1	662.90	13.49	68.43	45.27
1971	3995.9	3551.6	487.3	331.9	744.73	12.56	65.43	44.57
1972	4389.4	3935.1	499.5	361.1	766.56	0.70	65.16	47.11
1973	4853.1	4225.3	529.6	373.0	809.67	0.89	65.41	46.07
1974	5226.8	4298.7	463.0	334.9	783.14	-7.11	59.12	42.76
1975	5652.8	4675.4	486.7	333.0	815.61	-5.27	59.67	40.83
1976	6086.6	4987.0	414.3	280.4	776.58	-29.62	53.35	36.11
1977	6639.4	5565.2	559.9	340.8	874.46	30.93	64.03	38.97
1978	7231.3	6629.2	733.5	459.4	1132.26	10.17	64.78	40.57

① 数据来源于：项怀诚编．中国财政 50 年［M］. 北京：中国财政经济出版社，1999，222.

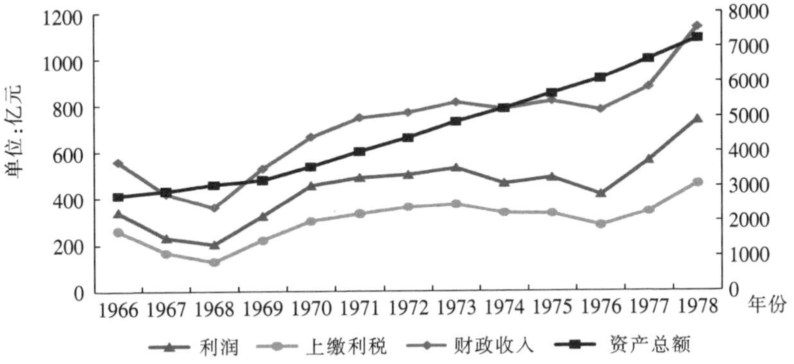

图 3.4　1966—1978 年国营企业经营状况

3.2.2 改革突破时期（1979—2007 年）：从税利并存转向以税为主

改革开放以来，我国经济体制由高度集中的计划经济体制开始向社会主义市场经济体制转变，努力建立使企业充满生机和活力的新体制。在新体制下，国家的主要目标是进一步提升国营企业活力，主要途径是增强企业经营自主权。

1. 改革开放初期（1979—1982 年）：企业基金制和利润留成制度

随着 1978 年十一届三中全会的召开，我国进入了改革开放时期，并且确立了建设社会主义现代化国家的重要目标。国营企业的经营目标从满足国家财政收入转变为提高自主经营权、增强企业活力，国营企业利润分配制度也随着经济体制的调整进入新的阶段。为了解决计划经济时期权力过于集中而使企业缺乏生产活力的问题，1978 年国务院批转了财政部《关于国营企业试行企业基金的规定》，决定全面再次实行企业基金制度，对提取的企业基金用途、条件、办法进行了规定。并且在此之后还颁布了多项政策补充细化了不同行业的提取企业基金用途、条件、办法，但企业基金制度的细化并没有真正提高国营企业生产积极性，反而由于程序过于繁琐、考核指标过多等增加了制度性交易成本，制约了企业自主经营权。1979 年，为了适当扩大企业财权、提高企业生产积极性、加强企业社会责任，同时把国家、企业和个人三者的利益有机结合起来，为国家多积累资金，国家对国营企业逐步实行利润留成办法。同年 7 月，国务院颁布了《关于国营企业试行利润留成的规定》，提出所有实行独立经济核算的企业，经营有盈利的企业可以按照国家核定的比例留用一部分利润，用于建立生产发展基金、职工福利基金和职工奖励基金。对于生产正常、利润比较稳定的部门和企业，实行基数利润留成加增长利润留成的办法或全额利润留成的办法；对于一些因特殊情况实行上述两种利润留成办法确有困难的，可以根据不同情况分别实行不同的办法。

总的来说，利润留成制度确实扩大了企业自主权，企业拥有了一部分自由支配的财权，改变了国家对企业统得过多、管得过死的状况，使企业在国家统一管理下，能够在一定范围内自主经营，使得责权利较好地结合起来，激发了企业员工生产的积极性和创造性。但企业亏损仍然由国家补贴，获利多、留成多使得企业出现了盲目建设、资金配置效率低下等问题，并且企业上缴给国家财政的资金也变少了。从表 3.5 可以看出，1979 年国营企业上缴利税减少了 12.43%，财政收支差额由 1978 年的盈余转为赤字，上缴利税占财政收入比例下降了 5.48 个百分点。针对利润留成制度的激励作用较弱这一现象，1981 年财政部联合国家经济委员会发布了《关于国营工交企业实行利润留成和盈亏包干办法的若干规定》，提出国家对企业和主管部门，根据不同情况实行多种形式的利润留成和盈亏包干办法，即“基数利润留成加增长利润留成”“全额利润留成”“上交利润包干，超收分成或留用”“亏损补贴包干，减亏分成或留用”和“超计划利润留成”。但这一制度并没有把利润和税收区分开来，企业拥有了一定的自主权但却无具体政策限制企业领导行为，导致少数企业领导班子不纯，违反财经纪律，甚至弄虚作假、偷税抗税、截留上缴利润、营私舞弊、贪污受贿等，导致产品质量低、浪费严重、经济效益很差等问题，致使这一制度的经济效益未能达到预期效果。从表 3.5 可以看出，1979—1982 年，国营企业资产总额和主营业务收入缓慢增长，但国营企业利润总额从 706.1 亿元下降到 631.5 亿元，降幅为 10.57%；上缴利税从 402.3 亿元下降到 217.5 亿元，降幅 45.94%；上缴利税占财政收入的比重从 35.09%下降到 17.94%，降幅达 17.15 个百分点，财政收支差额为负，可以说利润留成制度并未真正成功。

表 3.5　1978—1982 年国营企业经营状况　　　　（单位：亿元、%）

年份	资产总额	主营业务收入	利润总额	上缴利税	财政收入	财政收支差额	利润占比	上缴利税占比
	(1)	(2)	(3)	(4)	(5)	(6)	(7)	(8)
1978	7231.3	6629.2	733.5	459.4	1132.26	10.17	64.78	40.57
1979	7329.6	7164.7	706.1	402.3	1146.38	-135.41	61.59	35.09
1980	7637.1	7894.1	669.2	329.7	1159.93	-68.90	57.69	28.42
1981	8446.7	8358.8	643.1	276.0	1175.79	37.38	54.70	23.47
1982	9394.2	9035.4	631.5	217.5	1212.33	-17.65	52.09	17.94

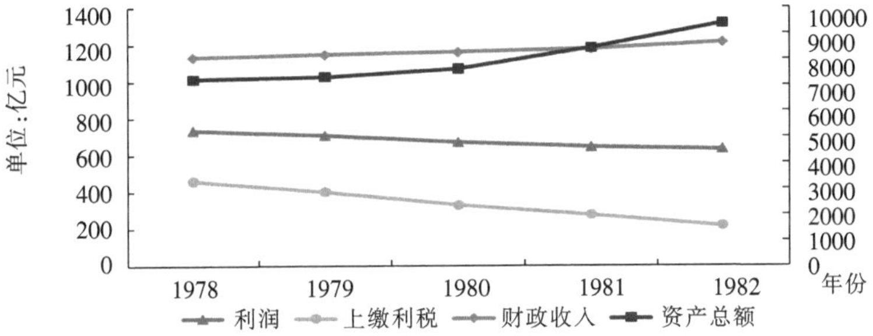

图 3.5　1978—1982 年国营企业经营状况

2. 1983—1986 年：利改税

由于利润留成制度导致国库空虚、财政困难，而 1980 年实行的利改税制度取得了显著成效，1981 年在总结了各试点经验后，经过反复讨论定夺，国务院批准了财政部的《关于改革工商税制的设想》。1982 年，五届人大第五次会议通过的《关于第六个五年计划的报告》中提出："今后三年内，在对价格不作大的调整的情况下，应该改革税制，加快以税代利的步伐""这项改革需要分别不同情况，有步骤地进行。对国营大中型企业，要分两步走"。1983 年 4 月国务院批转了财政部《关于全国利改税工作会议报告》和《关于国营企业利改税试行办法》，自此，开始了国营企业第一步利改税改革。第一步利改税主要是对有盈利的国营企业征收所得税，其主要内容是把原来国营企业上缴利润改为按照55%的税率缴纳所得税，税后利润一部分合理留存在企业，其他部分通过多种形式上缴给国家；小型国营企业，按八级超额累进税率上缴所得税，税后利润一般留存企业，企业自负盈亏，少数企业税后利润过多，应上缴一部分承包费。第一步利改税基本把国家与企业的分配关系固定下来，有利于促进企业改善经营管理和稳定国家财政收入，妥善处理了国家、企业、员工三者的利益关系，扩大了企业财权，提升了企业和员工的生产积极性。从表3.6可以看出，1983—1984年，国营企业上缴税收增加了58.9亿元，财政收入增加了275.91亿元，上缴税收占财政比例增加了2.1个百分点，可见第一步利改税还是比较成功的，但也出现了一些问题，主要是尚未做到完全的以税代利，税种比较单一等。

1984年10月开始实施第二步利改税，其基本模式是将国营企业上交给国家的财政收入调整为11个税种，由利税并存逐步过渡到完全以税代利，解决了第一步改革遗留的问题。继续对有盈利的国营企业征收所得税，对于大中型国营企业征收55%的比例税率，小型国营企业按新的八级超额累进税率征收（新八级超额累进税率的平均税负比第一步的八级超额累进税率降低了3至5个百分点）；对大中型国营企业征收调节税，缴纳所得税的盈余，超过改革前企业合理留利的再征收一定比例的调节税，对于小型国营企业税后利润一般留存企业，并且适当放宽了小型企业的划分标准。1983—1986年，国营企业资产总额增长了54.45%，主营业务收入增长了71.54%，上缴利税增长了45.60%。但也存在一些问题，利改税只强调税，而忽略了国家的资产所有者身份，忽视了国家拥有资产收益的权利和利润上缴的必然性，并且税前还贷政策使得企业固定资产投资借款规模急速膨胀，相当于借用国家财政盲目投资，表3.6可看出1986年国有企业利润总额在下降，财政收支差额转负。

表3.6　1983—1986年国有企业经营状况　　（单位：亿元、%）

年份	资产总额	主营业务收入	利润总额	上缴利税	财政收入	财政收支差额	利润占比	上缴利税占比
	（1）	（2）	（3）	（4）	（5）	（6）	（7）	（8）
1983	10056.7	9833.4	696.5	121.1	1366.95	-42.57	50.95	8.86
1984	11491.4	11770.0	788.9	180.0	1642.86	-58.16	48.02	10.96
1985	12578.5	15149.0	998.8	135.4	2004.82	0.57	49.82	6.75
1986	15532.1	16868.3	795.1	176.5	2122.01	-82.9	37.47	8.32

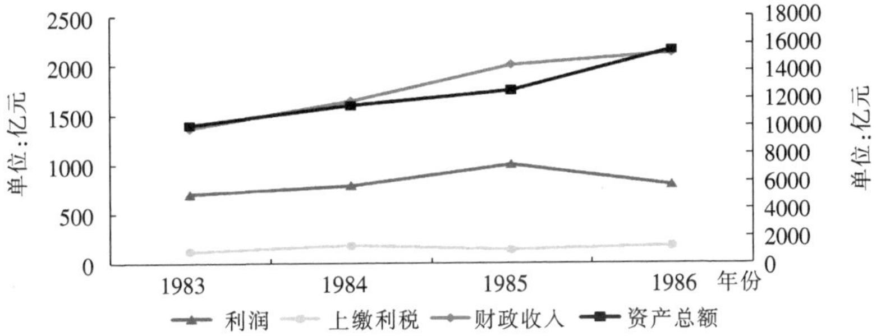

图3.6　1983—1986年国有企业经营状况

3. 1987—1993年：承包经营责任制

由于利改税过度强调税收分配的重要性而否定了利润上缴形式的存在，并没有理顺国家与国营企业的分配关系。1986年12月国务院发布的《关于深化企业改革增强企业活力的若干规定》提出要推行多种形式的承包经营责任制。1987年在全民所有制大中型企业推行承包经营责任制。1988年2月国务院发布的《全民所有制工业企业承包经营责任制暂行条例》规定：“承包经营责任制，是在坚持企业的社会主义全民所有制的基础上，按照所有权与经营权分离的原则，以承包经营合同形式，确定国家与企业的责权利关系，使企业做到自主经营、自负盈亏的经营管理制度”，其基本原则是“包死基数、确保上交、超收多留、欠收自补”，承包者拥有企业的自主经营权，企业经营成果与企业自身利益息息相关，企业与国家共享企业发展成果，极大地鼓舞了承包企业责任者改善企业内部生产经营机制、提高企业绩效的决心，理顺了企业所有者、经营者和生产者的关系，有利于增产节约和增收节支。在承包经营责任制实施期间，国营企业经营状况逐渐改善，资产总额与主营业务收入快速增长，利润总额在 1990 年下滑到 491.5 亿元之后快速反弹，1993 年达到了 1667.3 亿元，上缴利税由 1989 年的-146.3 亿元快速提高至 1993 年的 754.0 亿元，上缴利税占财政收入的比重由 1989 年的-5.49%快速提高至 1990 年的 14.59%，并且在接下来的三年一直保持在 17%以上，这说明承包经营责任制对企业发展是有一定成效的。但承包经营责任制也出现了一些问题，由于承包责任制是有承包期的，出现了经济行为短期化现象，经营者更加注重短期利益使得企业长期发展受到约束；包盈不包亏，并且企业经营亏损往往转移到国家；承包经营责任制是含税承包，上缴利润掺杂着税收，实质上就是利税合一，削弱了税收的调控作用；由于国有企业经营情况各有不同，利润基数的确定需要企业与政府进行谈判确定，讨价还价导致交易成本高等问题。

表 3.7　1987—1993 年国有企业经营状况　（单位：亿元、%）

年份	资产总额	主营业务收入	利润总额	上缴利税	财政收入	财政收支差额	利润占比	上缴利税占比
	(1)	(2)	(3)	(4)	(5)	(6)	(7)	(8)
1987	17894.1	14194.9	981.5	140.9	2199.35	-62.83	44.63	6.41
1988	21035.2	17924.9	1164.9	-27.2	2357.24	-133.97	49.42	-1.15
1989	26030.1	17273.2	1001.2	-146.3	2664.90	-158.88	37.57	-5.49
1990	31238.9	23308.9	491.5	428.6	2937.10	-146.49	16.73	14.59
1991	35181.4	27767.4	744.5	539.0	3149.48	-237.14	23.64	17.11
1992	41783.2	34100.5	955.2	618.1	3483.37	-258.83	27.42	17.74
1993	53802.3	43002.7	1667.3	754.0	4348.95	-293.35	38.34	17.34

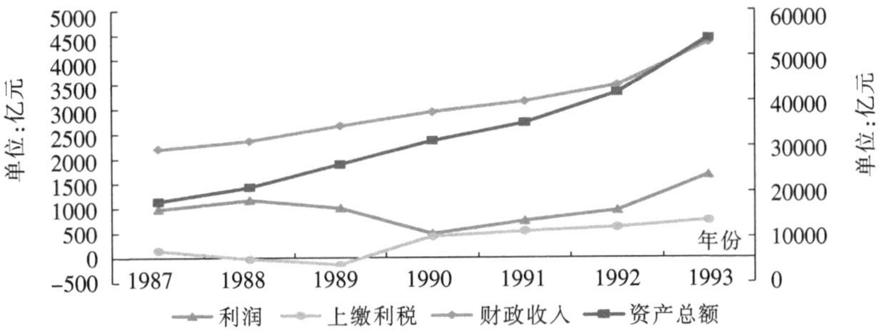

图 3.7　1987—1993 年国有企业经营状况

4. 税利分流阶段（1994—2007 年）

1993 年 11 月，十四届三中全会通过的《中共中央关于建立社会主义市场经济体制若干问题的决定》提出要“进一步转换国有企业经营机制，建立适应市场经济要求，产权清晰、权责明确、政企分开、管理科学的现代企业制度”。这意味着国有企业利润分配制度要逐步适应社会主义市场经济要求，并符合现代企业制度的发展要求。1993 年 12 月，国务院下发的《关于实行分税制财政管理体制的决定》，决定于 1994 年 1 月 1 日起，对各省、自治区、直辖市以及计划单列市实行分税制财政管理体制。在此背景下，对国有企业利润分配制度进行了路径替换，开始实施税利分流制度，即“税利分流、税前还贷、税后分利”。税利分流制度实际上把国有企业利润分配分解为两个部分：一是国有企业作为市场组织，理应从经营利润中向国家上缴一定比例的企业所得税，作为运用社会资源的报酬，以体现国家作为社会经济管理者的身份；二是国有企业依据现代企业制度应从税后利润中提取一部分上交给国家，以体现国家作为国有资产所有者的身份，国家作为国有企业的股东理应获得投资回报。可以说，税利分流体现了社会主义国家的双重身份和职能。若想要转变企业经营机制、切实搞活企业，国有资产的所有权和经营权必须分离，税利分流的利润分配制度是其分离的前提。

从 1994 年 1 月 1 日起，国有企业利润分配制度开始实施税利分流制度。国有企业统一按国家规定的 33%税率缴纳所得税，取消各种包税的做法。考虑到部分企业利润上交水平较低的现状，作为过渡办法，增设27%和18%两档照顾税率；企业固定资产贷款的利息列入成本，本金一律用企业留用资金归还；取消对国有企业征收的能源交通重点建设基金和预算调节基金；逐步建立国有资产投资收益按股分红、按资分利或税后利润上交的分配制度；作为过渡措施，可根据具体情况，对1993年以前注册的国有企业实行税后利润不上交的办法。缴税不缴利本来是过渡时期的措施，但在制度上却形成了路径依赖，国有企业此后的13年没有上缴利润。在此期间，经过抓大放小、三年脱困、建立国资委等改革后，国有企业实现了迅速发展，综合实力快速提升，经营水平显著提高、盈利能力不断增强。如表3.8所示，1994—2007年国有企业资产总额增长了352%，利润总额增长了984.69%，国家财政收入增长了883.53%，国有企业上缴税收占财政收入的比重从13.74%增长到33.99%，上缴税收增长了2332.19%。从图3.8也可以看出，四项指标曲线均不断上升，其中资产总额曲线上涨幅度最大。但缴税不缴利的政策未能体现国有企业的产权归属问题，损害了国家作为资产所有者的利益。

表3.8 1994—2007年国有企业经营状况 （单位：亿元、%）

年份	资产总额	主营业务收入	利润总额	上缴利税	财政收入	财政收支差额	利润占比	上缴利税占比
	(1)	(2)	(3)	(4)	(5)	(6)	(7)	(8)
1994	76785.4	51351.6	1608.0	717.2	5218.10	-574.52	30.82	13.74
1995	102396.1	63129.1	1470.2	1496.3	6242.20	-581.52	23.55	23.97
1996	118435.8	65039.4	876.7	1518.8	7407.99	-529.56	11.83	20.50
1997	139084.5	68135.4	539.8	1396.3	8651.14	-582.42	6.24	16.14
1998	148650.0	64685.1	213.7	1782.6	9875.95	-922.23	2.16	18.05
1999	158697.3	69136.6	1145.8	2129.8	11444.08	-1743.59	10.01	18.61
2000	172707.0	75081.9	2833.8	2171.0	13395.23	-2491.27	21.16	16.21
2001	179244.9	76355.5	2811.2	2715.8	16386.04	-2516.54	17.16	16.57
2002	180505.9	85326.0	3786.3	2525.5	18903.64	-3149.51	20.03	13.36
2003	199709.8	100160.9	4769.4	7865.0	21715.25	-2934.70	21.96	36.22
2004	215602.3	120722.0	7368.8	10086.1	26396.47	-2090.42	27.92	38.21

续表

年份	资产总额	主营业务收入	利润总额	上缴利税	财政收入	财政收支差额	利润占比	上缴利税占比
	(1)	(2)	(3)	(4)	(5)	(6)	(7)	(8)
2005	242560. 1	140726. 6	9579. 9	11736. 6	31649. 29	-2280. 99	30. 27	37. 08
2006	277308. 1	162390. 3	12193. 5	14000. 8	38760. 20	-1662. 53	31. 46	36. 12
2007	347068. 1	194835. 3	17441. 8	17443. 7	51321. 78	1540. 43	33. 99	33. 99

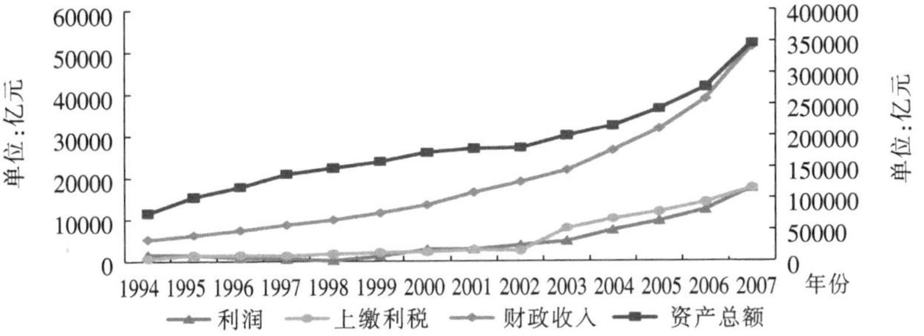

图 3. 8　1994—2007 年国有企业经营状况

3. 2. 3 改革完善时期（2008 年至今）：国有企业利润实行分类上缴

经过前面的一系列改革后，国有企业因企业内部拥有大量留存收益用于投入再生产，国有企业发展进入了“快车道”，国有及国有控股企业利润总额在 2007 年首次突破 1 万亿元，而作为国有资产所有者的国家并未分享国有企业税后利润。由于国有企业利润分配格局中一直缺少民众的利益，在国有企业综合实力日益强大、国家财政逐渐稳定的时代背景下，社会民众对国有企业利润分配方式产生了质疑，在民间有关“国有企业与民争利”的争论也越来越激烈，重新恢复国有企业利润上缴、让国有企业承担更多社会责任、实现国有企业利润全民共享的呼声越来越高。在此背景下，2007 年 12 月，财政部联合国资委颁布了《中央企业国有资本收益收取管理暂行办法》，规定应上缴的国家资本收益包括国有独资企业的应交利润，国有控股、参股企业的股利股息，国有产权转让所得收入、企业清算收入以及其他国有资本收入，并且根据中央企业的产业属性分为三类，上缴比例也因产业属性而不同。其中，第一类为资源垄断型企业，上缴比例为10%；第二类为一般竞争性企业，上缴比例为5%；第三类为国防、科研院所，暂缓三年上缴或免交。自此，国有企业利润上缴进入了“分类上缴”的新阶段，结束了国有企业13年不上缴利润的历史。2008年开始正式试行国有企业利润分类上缴制度，到2010年结束第一个阶段的试行工作。从表3.9可以看出，这三年国有企业综合实力不断增长，资产总额增幅53.82%；盈利能力也有提升，利润增幅60.69%；上缴税收也在不断提高，上缴税收占财政收入比例逐年增长，但上缴利润与上缴税收相比微不足道，上缴利润比例也不高，且在2010年出现了大幅下滑现象，上缴利润比例甚至下降到了3.89%，而财政赤字现象逐渐加剧。在这种情况下，国有企业应在保证自身可持续发展的前提下，进一步提高上缴利润比例以缓解财政赤字问题。

表3.9　2008—2010年国有企业经营状况　（单位：亿元、%）

年份	资产总额	主营业务收入	利润总额	上缴利润	上缴利润占比	上缴利税	财政收入	财政收支差额	上缴利税占比
	（1）	（2）	（3）	（4）	（5）	（6）	（7）	（8）	（9）
2008	416219.2	229397.9	13335.2	1049.5	7.87	19536.5	61330.35	-1262.31	31.85
2009	514137.2	243015.4	15606.8	1673.0	10.72	21819.6	68518.30	-7781.63	31.84
2010	640214.3	314993.9	21428.2	833.6	3.89	27446.4	83101.51	-6772.65	33.03

针对第一阶段国有企业上缴利润比例过低这一问题，2010年12月财政部下发了《关于完善中央国有资本经营预算有关事项的通知》，要求第一阶段试行的国有企业在原有上缴比例基础上分别提高5%，按照企业产权属性进一步划分为四类：资源垄断型企业利润上缴比例为15%，一般竞争性企业利润上缴比例为10%，国防及科研院所利润上缴比例为5%，政策性企业免缴利润。此次改革还进一步扩大了国有企业利润上缴实施范围，把中央（2户）、教育部（623户）、文化部（3户）、农业部（2户）、国家广播电影电视总局（1户）、中国国际贸易促进委员会（21户）下属652户企业纳入国有资本经营

预算体系，并从 2011 年起开始上缴利润。2012 年，中国烟草总公司从资源垄断型企业中分类出来，单列一类成为国有资本预算体系中的第五类，上缴比例提升至 20%。从表 3.10 可以看出，2011—2014 年，国有企业利润增幅 7.19%，上缴利润增幅 70.39%，上缴比例稳定在 6%左右，与第一阶段相比有所提升，但与国家要求上缴比例相比还是比较低；财政收入逐年增长，财政赤字现象逐渐缓解；上缴利润占财政收入比例有所提升，从 1.14%增加到 1.43%，而上缴税收占财政收入的比重却逐年下降，四年下降了 5.32 个百分点。与国民经济增长速度相比，国有企业上缴利税增长速度是较慢的，并且中央国有资本预算体系所覆盖的范围并没有包含所有中央企业及下属上市企业。

表 3.10　2011—2014 年国有企业经营状况　（单位：亿元、%）

年份	资产总额	主营业务收入	利润总额	上缴利润	上缴利润占比	上缴利税	财政收入	财政收支差额	上缴利税占比
	(1)	(2)	(3)	(4)	(5)	(6)	(7)	(8)	(9)
2011	759081.8	386341.4	24669.8	1178.20	4.78	33515.1	103874.43	-5373.36	32.27
2012	894890.1	425356.5	24277.3	1495.90	6.16	37163.5	117253.52	-8699.45	31.69
2013	1040947.3	471125.1	25573.9	1713.36	6.70	36812.0	129209.64	-11002.46	28.49
2014	1184715	489099.1	26444.0	2007.59	7.59	37860.8	140370.03	-11415.53	26.97

为了贯彻十八届三中全会关于国有资本收益要更多用于保障和改善民生的精神，2014 年 4 月财政部下发了《关于进一步提高中央企业国有资本收益收取比例的通知》，决定自 2014 年起适当提高中央企业国有资本收益收取比例。国有独资企业应缴利润收取比例在现有基础上再提高 5 个百分点，即：第一类企业（中国烟草总公司）为 25%，第二类资源垄断型企业为 20%，第三类一般竞争性企业为 15%，第四类国防及科研院所为 10%，第五类两户企业即中国储备粮管理总公司和中国储备棉管理总公司免缴当年应交利润。从表 3.11 可以看出，提高上缴比例后企业利润增幅 37.06%，上缴利润比例基本稳定在 10%左右，上缴利润占财政收入的比例也在缓慢提高，但相比国家

要求上缴比例还是较低。

表 3.11　2015—2020 年国有企业经营状况　　（单位：亿元、%）

年份	资产总额 (1)	主营业务收入 (2)	利润总额 (3)	上缴利润 (4)	上缴利润占比 (5)	上缴利税 (6)	财政收入 (7)	财政收支差额 (8)	上缴利税占比 (9)
2015	1406831.5	457352.0	24970.0	2550.98	10.22	38598.7	152269.23	-23608.54	25.35
2016	1549141.5	474391.6	25558.7	2608.95	10.21	38076.1	159604.97	-28150.24	23.86
2017	1835207.2	537462.4	28985.9	2580.90	8.90	42345.5	172592.77	-30492.72	24.53
2018	2103650.9	593976.8	33877.7	2905.79	8.58	46089.7	183359.84	-37544.29	25.14
2019	2338667.2	634710.5	35961.0	3971.82	11.04	46096.3	190390.08	-48468.29	24.21
2020	2183000.0	632867.7	34222.7	4777.82	13.96	46111.3	182895.00	-62693.00	25.21

总的来看，自 2008 年开始实施国有企业利润分类上缴后，国有企业综合实力仍然不断增长，盈利能力也不断提高，上缴比例大致呈逐年上升态势。分类上缴制度的实施取得了一定的成绩。但目前确定不同产业性质和不同功能的企业上缴比例还未形成一个科学的上缴标准，分类上缴并不一定可以兼顾国有企业可持续发展和国有资本所有者权益，国有企业利润分配制度仍需持续改进完善，不断适应新时代的发展要求，让国家、企业、人民都能享受到国有企业改革发展带来的红利，在现阶段我国社会主要矛盾是人民日益增长的美好生活需要和不平衡不充分的发展之间的矛盾。社会发展不平衡、贫富差距较大是我国目前面临的主要问题，国有企业作为国民经济的主导部门，对我国国民经济持续、快速、健康发展，发挥着重大作用。国有企业应担负起自身的社会责任，使得国有资本收益更多用于民生领域，让全体人民共享国有企业利润，为缓解贫富差距、促进社会稳定发展作出重要贡献。

3.3 国有企业利润全民共享的历史脉络

理清国有企业利润分配制度改革发展的历史脉络是深入理解国有企业利润全民共享的历史逻辑的关键。新中国成立以来，尤其是经过社会主义改造以来，国有企业始终围绕处理好国家利益、企业利益与人民利益展开工作，国有企业利润分配制度改革发展的历史脉络大致是先后经历了以保障和巩固国家利益为主、以保障和提升企业利益为主、以保障和改善人民利益为主三个大的阶段。

3.3.1 计划经济时期（1949—1978 年）：企业利润主要服务于国家工业化

新中国成立初期，我国经济社会发展所面临的起点是很低的，人口多、底子薄，产业结构以农业为绝对主导，工业化水平几乎为零，即生产力水平非常落后，只能制造一些很简单的工业品，毛泽东主席曾感慨道“现在我们能造什么？能造桌子椅子，能造茶碗茶壶，能种粮食，还能磨成面粉，还能造纸，但是，一辆汽车、一架飞机、一辆坦克、一辆拖拉机都不能造”。这种落后的局面如果不能尽快解决，那么新诞生的中国政权很可能会在国内外颠覆势力的极端影响下变得非常不稳固。对于一个新建立的国家而言，必须具备立国之本，本国国家安全要有保障，否则就难以一心一意谋发展。理论和实践表明，落后国家尤其是中国这样一个大国要走现代化发展道路，就绕不开工业化，必然要建立现代化工业体系。

事实上，新中国刚成立不久就遇到了西方国家插手的朝鲜战争，党中央经过充分考虑之后作出了抗美援朝的伟大抉择。经过艰苦卓绝的斗争，抗美援朝战争的最终结果是中朝胜利、以美国为首的西方国家失败，但这个来之不易的胜利却是以中国人民志愿军的大量牺牲为代价的。这次战役的重要经验之一是中国必须加快现代化工业建设，提升中国工业制造能力。面对生产力极端落后这个客观条件以及西方发达资本主义国家技术封锁、贸易封锁的外部条件，为了能够尽快有“立国之本”，切实巩固国家政权、维护社会稳定和营造和平发展环境，我国制定了重工业优先发展战略。中国由于抗美援朝的伟大举动而获得了苏联对中国发展重工业的大力支持，1950 年至 1954 年，苏联分三批援助了中国 156 个大项目，中国也为此配套了一系列相关项目，这 156 个大项目为中国建立现代化工业体系作出了重大贡献。经过社会主义改造以后，中国的所有制结构从公有制经济与非公有制经济并存逐步过渡到完全的公有制经济，在城市以国营企业为主，在农村以集体企业为主，而直接落实重工业优先发展战略的主要是国营企业。为增强国家统筹推进工业化进程的力度，提升企业贯彻重工业优先发展战略的执行能力，减少企业讨价还价所引起的交易成本，同时借鉴苏联的社会主义建设经验，我国对国营企业的财务制度实行统收统支政策，即国营企业的收入和支出均由国家统一管理，国营企业只需负责完成国家下达的生产指令。由于以美国为首的西方发达国家对中国采取全面的技术封锁和贸易封锁，中国靠出口贸易获取收入的来源基本被切断了，因此中国财政收入主要来源于国内企业，而城市的国营企业是政府财政收入的主要来源，为保障国家的财政收入基本稳定，对国营企业实现统收统支的财务制度是一个较优的选择。事实上，在统收统支的财务制度下，国营企业的利润与税收是国家财政收入的核心来源，尤其是在社会主义改造完成以后，国营企业利润与税收占国家财政收入的比重长期保持在 90%左右，其中国营企业上缴利税占财政收入的比重长期保持在 40%左右（如图 3. 9 所示），为持续推进国家工业化建设提供了相对稳定的资金保障。

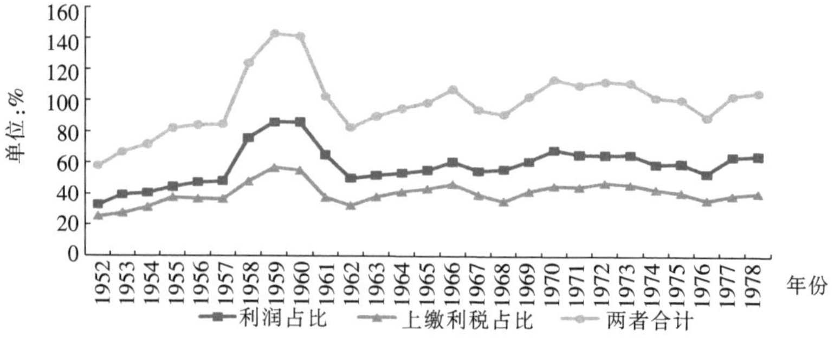

图 3. 9　1952—1978 年国营企业利润与上缴利税情况

虽然面对异常艰难的内外部发展条件，但我国依旧取得了重大突破和成就，造出了“两弹一星”国之重器，建立了相对完整的现代化工业体系，为当时处于相对孤立状态的新中国作出了不可磨灭的历史性贡献，也为之后改革开放的蓬勃发展奠定了坚实雄厚的物质基础和经济基础（李政，2020）①，而国营企业发挥了举足轻重的作用。虽然统收统支政策也存在一些问题，例如由于企业利润留存太少而导致国营企业活力不足、部分领导和员工积极性不高、部分企业亏损严重，但是通过实行统收统支政策，使国营企业利润充分服务于国家重工业优先发展战略，为我国仅仅通过不到30年时间就建立了现代化工业基础提供了坚实保障，也为改革开放中国经济的腾飞奠定了坚实基础。

3.3.2 改革突破时期（1979—2007年）：企业利润主要用于企业自身发展

计划经济时期制定的重工业优先发展战略的实施为巩固和维护国家安全作出了重大贡献，但由于我国是一个生产力低起点的国家，发展重工业所付出的代价也是巨大的。一方面，由于我国的重工业结构是偏军事化的，很多的产品是不盈利或者说是只有投入、没有经济效益的；另一方面，由于发展重工业而从苏联引进了大量机器设备等，这些都形成了我国的外债，到期要进行偿还，因此我国的很多消费品都用于偿还外债了，而我国人民为国家的工业化建设作出了巨大贡献，但由此造成的结果是农村人口97.5%的贫困发生率②，无论是城镇居民还是农村居民的收入水平和消费水平都普遍较低，消费品种类非常有限，商品严重供给不足，人民的生活水平不高。邓小平同志深刻指出“贫穷不是社会主义”，这意味着我国的社会主义建设必须要能使人民逐步富裕起来，生活要逐渐好起来。为此，党的十一届三中全会提出了以经济建设为中心的重大发展战略，改变了过去以阶级斗争为纲的基本路线，

---

① 李政．中国国有经济70年：历史、逻辑与经验［J］．社会科学辑刊，2020（01）：11-18.

② 根据中国统计年鉴提供的相关数据，若按照2010年的贫困标准，1978年中国贫困人口高达77039万人，贫困发生率高达97.5%；若按照1978年的贫困标准，1978年中国贫困人口为25000万人，贫困发生率为30.7%。

而国有企业改革发展也要服从和服务于以经济建设为中心的发展战略，这也就意味着国有企业不能是过去那种不需要考虑企业盈亏的生产车间了，而应逐步发展成为自主经营、自负盈亏的市场主体，要改变过去那种不追求经济效益的发展模式，而应在满足社会需求的同时实现企业盈利。

在以经济建设为中心的战略指引下，国有企业开始了首先以放权让利为核心的经营权改革，通过增加企业经营自主权和一定的利润支配权以调动企业经营者和员工的生产积极性。随后又开展了两权分离、建立现代企业制度、建立国资委监管体制机制等一系列改革，国有企业在探索中曲折前进，但总体来说国有企业的经营效益是在不断提升的。虽然国有企业的税收仍然是国家财政收入的重要来源，但由于我国逐渐放开了非公有制经济的发展，非公有制经济也成了国家财政收入的来源之一，并且随着我国外部环境的改善，通过出口贸易也可以获取一部分外汇收入，因此，在以经济建设为中心的改革开放时期，国有企业本身的发展才是国家最关心的。国有企业如果不能经受住市场的考验，不能在与其他所有制企业的市场竞争中存活下来，那么国有企业要成为解放和发展生产力的先进代表就失去了意义。如图 3.10 所示，国有企业上缴利税占财政收入的比重在 1979 年至 1989 年是持续下降的，在 1990 年至 2002 年基本保持在 16%—18%的水平，2003 年以后比重提升至 34%以上。这些数据反映了国有企业只有做大做强做优才能更好地为国家财政收入作贡献，在经历了经营权改革、两权分离、建立现代企业制度、建立国资委等改革后，国有企业的经营绩效确实得到了大幅改观。

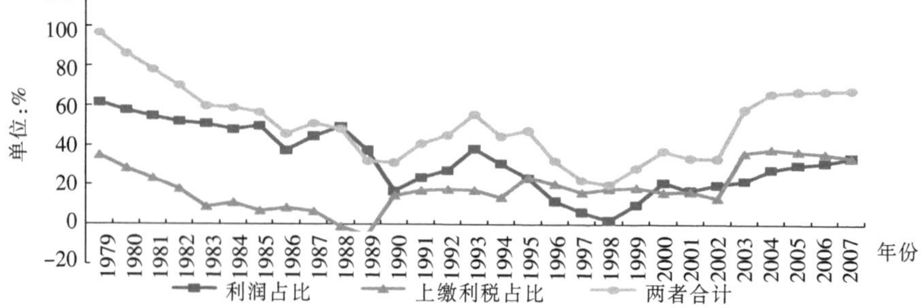

图 3.10　1979—2007 年国有企业利润与上缴利税情况

3.3.3 改革完善时期（2008 年至今）：企业利润逐步用于民生改善

改革开放初期，邓小平把社会主义的本质概括为“解放生产力，发展生产力，消灭剥削，消除两极分化，最终实现共同富裕”。经过计划经济时期和改革突破时期的近 60 年发展后，我国的生产力水平得到了很大提高，工业结构中重工业与轻工业的比重较以前更为合理，中国制造能力与实力都较以往有很大提升，社会主义市场经济体制从建立走向不断完善阶段，而国有企业的经营绩效大幅提高，利润总额 2007 年首次超过万亿元规模。与此同时，经过近 30 年的改革开放，我国一些人、一些地区已经率先富裕起来了，但是收入差距较大的问题也越来越突出，劳动收入占比自 20 世纪 90 年代中期以来总体处于下降趋势，而由此引发的社会矛盾和冲突也不断增多。如图 3.11 所示，根据国家统计局公布的基尼系数，我国居民收入差距长期保持在 0.4 以上，2008 年达到了历史最高点 0.491，两极分化趋势不容忽视。如图 3.12 所示，我国劳动收入占比、资本收入占比分别从 1996 年的 61%、27%变化至 2007 年的 42%、42%，这一升一降反映了我国劳资收入差距已不可忽视，必须进行有效调节。

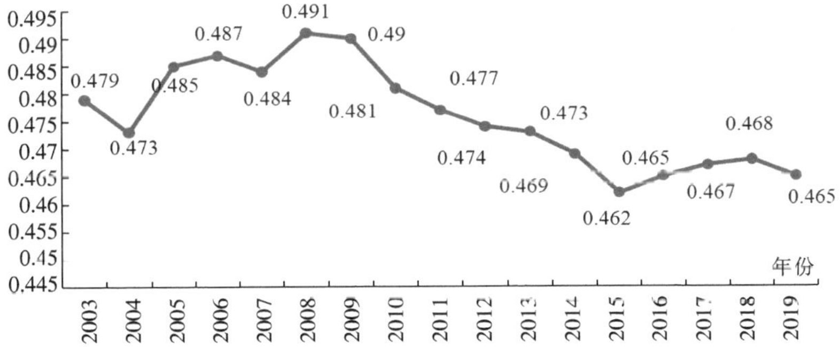

图 3.11　2003—2019 年全国居民收入基尼系数①

① 数据来源：国家统计局

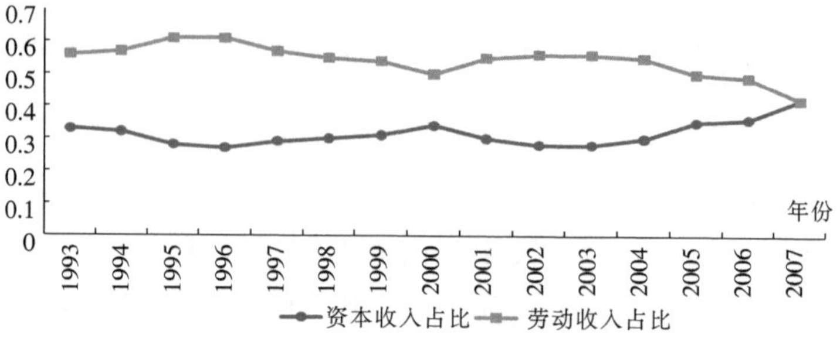

图 3.12 1993—2007 年我国劳动收入占比与资本收入占比的演变情况①

众所周知，国有企业是中国特色社会主义的物质基础和政治基础，是"推进国家现代化、保障人民共同利益的重要力量"②，也是"我们党执政兴国的重要支柱和依靠力量"③，发挥着"消灭剥削，消除两极分化，最终实现共同富裕"的重要职能，国有企业改革发展成果理应更多更公平地惠及全体人民。针对国有企业长期以来只交税、不交利润的现状，再加上国有企业经过多年的利润留存而获得了快速发展，利润增长较快，利润总量越来越大，社会各界对恢复国有企业利润上缴制度的呼声很高。国家经过审慎考虑后认为恢复国有企业上缴利润的时机已比较成熟，为此，财政部联合国资委于 2007 年 12 月颁布了《中央企业国有资本收益收取管理暂行办法》，结束了国有企业 13 年不上缴利润的历史，这也意味着国有企业利润全民共享的新时期已经到来。从实际情况来看，随着试点工作的良好开展，国家将更多符合条件的国有企业都纳入了国有资本经营预算范围，国有企业上缴的利润越来越多，民众能享受到的国有企业改革发展成果也越来越多。

① 资料来源：根据《中国统计年鉴》公布的资金流量表，利用支出倒推法计算得出。

② 习近平．关于《中共中央关于全面深化改革若干重大问题的决定》的说明［N］. 人民日报，2013-11-16（01）.

③ 十八大以来重要文献选编（下）［M］. 北京：中央文献出版社，2018：393.

3.4 逻辑与历史相统一下的国有企业利润全民共享

国有企业是社会主义制度的经济基础，是社会主义市场经济的骨干力量，是我国解放和发展生产力的重要力量，是实现我国人民共同富裕的基本前提，是构建我国社会主义和谐社会的经济基础。国有企业对于新中国的发展意义重大，其承担了保障国家安全和实现经济赶超战略的重要职能，因此，只有随着中国经济和国有企业自身发展到一定阶段，国有企业利润全民共享才会逐渐提上日程。本章首先从逻辑上对国有企业利润全民共享所需要满足的前提条件进行了分析，其次对国有企业利润分配制度的改革发展历程进行了归纳总结，然后根据逻辑上的推断来总结国有企业利润分配的历史脉络，理清了国有企业利润分配制度改革的前因后果，最后从逻辑与历史相统一的视角对国有企业利润全民共享的历史逻辑做一个简要的总结。

在计划经济时期（1949—1978 年），国有企业是重工业优先发展战略的最有力执行者，国家在这一时期所追求的并非经济效益，在面临西方严厉外部封锁的条件下首先是要立足于巩固国家政权、保障国家安全、维护社会稳定，国有企业承担了这些职能。为减少企业与国家讨价还价的成本，我国对国有企业实行了统收统支政策，虽然在这期间也间歇性地实行过企业奖励基金制度、利润留成制度等，但主要是以统收统支为导向。可以说，国有企业利润为我国加快建立相对完整的现代化工业体系作出了重要的历史贡献。

在改革突破时期（1979—2007 年），我国经过前一时期的努力，国家安全已经有了基本保障，并且也已建立了初步的工业化体系，但是人民的生活水平却相对较低，国有企业亏损问题也已不容忽视，急需加快经济建设，提升企业发展活力和改善人民生活水平，为此我国提出了以经济建设为中心的发展战略，开始了一系列以搞活国有企业为核心的体制机制变革，经历了放权让利、两权分离、建立现代企业制度、抓大放小、成立国资委等改革后的国有企业逐步迈入经营正轨，经营管理不断改善，盈利能力不断提高。

在改革完善时期（2008 年至今），由于我国居民收入差距和劳资收入差距的持续扩大导致了社会矛盾和冲突问题日益突出，而国有企业利润总额已于 2007 年突破了万亿元，社会各界对国有企业利润长期不上缴国家财政以实现全民共享普遍存在争议和质疑，财政部和国资委经过统筹考虑后出台了相关文件，恢复了国有企业利润上缴制度，并且国有资本收益上缴公共财政用于保障和改善民生的比重不断提高，国有企业利润全民共享进入了制度化常态建设时期。

根据以上分析可以得出，国有企业利润全民共享的历史起点可以定为 2008 年，财政部要求中央企业上缴利润的具体执行时间也是从 2008 年开始的。实际上，国有企业利润全民共享的理念也符合胡锦涛同志在党的十六届三中全会上正式提出的科学发展观，其中以人为本是科学发展观的重要内涵，它回答了发展为了谁、发展依靠谁、发展成果由谁享有等基本问题，强调发展成果由人民共享，国有企业作为党的执政根基，必然要坚定落实发展成果全民共享的理念。

3.5 本章小结

本章根据新中国成立以来国有企业利润分配制度的改革发展历史来阐述国有企业利润全民共享的历史必然性，论证了国有企业利润实现全民共享符合历史发展规律，核心思想是利润在国家—企业—居民之间的运动构成了国有企业利润全民共享的历史逻辑。从历史发展阶段来看，国有企业利润全民共享只有相应条件逐步趋于成熟时才能实现全民共享。在计划经济时期（1949—1978 年），为减少企业与国家讨价还价的成本，我国对国有企业实行了统收统支政策，国有企业利润为我国加快建立相对完整的现代化工业体系做出了重要的历史贡献。在改革突破时期（1979—2007 年），由于国有企业亏损问题非常突出，在以经济建设为中心的发展战略指导下，我国开始了一系列以搞活国有企业为核心的体制机制变革，经历了放权让利、两权分离、建立现代企业制度、抓大放小、成立国资委等改革后的国有企业逐步迈入经营正轨，经营管理不断改善，盈利能力不断提高。在改革完善时期（2008 年至今），由于利润留存带来了国有企业普遍的良性发展，国有企业利润总额已于 2007 年突破了万亿元，社会各界对国有企业利润长期不上交国家财政以实现全民共享普遍存在争议和质疑，财政部和国资委经过统筹考虑后出台了相关文件，恢复了国有企业利润上缴制度，并且国有资本收益上交公共财政用于保障和改善民生的比重不断提高，国有企业利润全民共享进入了制度化常态建设时期。

第 4 章　国有企业利润全民共享的实践逻辑

总结和梳理国有企业利润全民共享的实践逻辑是为了更好地理解国有企业在实践当中是如何逐步推进这一目标的。围绕国有企业在实践当中如何逐步实现利润全民共享这个核心主题，我们需要解决的问题主要包括：国有企业利润全民共享与共同富裕的内在关系，要开启国有企业利润全民共享进程需要满足的基本条件，在推进国有企业利润全民共享的过程中需要遵循的基本原则，国有企业利润全民共享需要处理好的关系等。这些也是分析国有企业利润全民共享的实践逻辑需要解答的问题。

4.1 国有企业利润全民共享是渐进实现共同富裕目标的重要途径

共同富裕是中国特色社会主义发展的最终目标。在实践中，做任何一件事都需要确定一个目标。国有企业作为生产资料公有制的重要实现形式，其最终目标就是要服务于全民共同富裕。作为市场主体，国有企业固然要追求经济效益，但如果把经济效益作为其唯一目标，那么国有企业也就失掉了中国特色社会主义的人民属性的底色。作为实现全民共同富裕目标的经济基础，国有企业承担了经济效益之外的社会效益目标，而这一目标也是国有企业之所以存在的重要理由或使命。如果国有企业只追求经济效益，那么国有企业也就失掉了其特殊性。按照马克思主义的设想，共产主义社会必须建立在生产力高度发展、物质财富极其丰富的前提下，因此国有企业要实现共同富裕的目标就必须大力发展生产力，同时在发展到一定阶段后要逐步实现利润全民共享，不能说等到物质极大丰富才开始共享，按照共享发展中的共建共享、渐进共享、差异化共享等要求，国有企业利润全民共享也是一个共建共享、渐进共享、差异化共享的过程，尤其是要遵循渐进共享原则，逐步探索出既能不影响国有企业进一步发展壮大、实现保值增值，又可以让全民在共建过程中更多更公平地共享国有企业改革发展红利，最终实现效率与公平的有机统一。党的十九届五中全会提出到 2035 年“人的全面发展、全体人民共同富裕取得更为明显的实质性进展”，并要求“坚持人民主体地位，坚持共同富裕方向”，要“扎实推进共同富裕，不断增强人民群众获得感、幸福感、安全感”，可以说“共同富裕”已经成为中国共产党第二个一百年的奋斗目标，而切实推进国有企业利润全民共享正是渐进落实共同富裕要求的重要途径。

4.2 良好发展效益是国有企业利润全民共享的基本前提

国有企业利润全民共享需要相应的物质基础作支撑。国有企业利润全民共享的基本前提是国有企业盈利并且达到了一定规模。在前面章节已经提及，国有企业利润如果不能达到一定规模，那么它对保障和改善民生所能发挥的作用是非常有限的。社会各界对国有企业利润不上缴普遍感到不满也是在国有企业利润达到了相当规模之后才产生的，例如 2007 年国有企业利润总额达到了 1.1 万亿元，如果是在国有企业普遍亏损的情况下民众也不会提出这样的要求。因此，我们有必要从多方面来认识国有企业发展的“数量”和“质量”效益。

4.2.1 国有企业资产规模持续上升

国有资产规模是反映国有企业利润规模的重要指标。如图 4.1 所示，1952 年至 2020 年，国有资产规模一直在增加，但是总体来看，1990 年之前国有资产规模的增速是相对较慢的，而 1991 年至 2000 年，国有资产规模增速相比前一阶段要更快，而 2001 年以来国有资产规模增速则要超过前两个阶段，这反映了我国自建立社会主义市场经济体制、国有企业建立现代企业制度以来，尤其是 2003 年我国开启了完善社会主义市场经济体制、建立国资委监管新机制的新阶段，国有企业资产规模和盈利能力均提升较快。毋庸置疑，在其他条件不变的情况下，国有资产规模越大，国有资本能够产生的收益也就越多，国有企业利润的规模也就越大，例如假设国有资产的回报率为 5%，2020 年的国有资产总额为 218.3 万亿元，那么国有资产的收益就为 10.92 万亿元，人均国有资产收益达到了 0.78 万元，因此随着国有资产规模的增大，提高国有资产质量和回报率就非常重要。

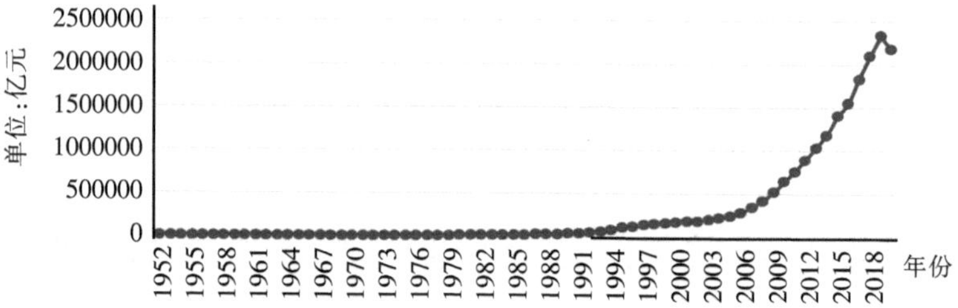

图 4.1　1952—2020 年国有资产规模演变情况

4.2.2 国有企业数量总体呈现先降后升趋势

改革开放以来，经过放权让利、两权分离、建立现代企业制度、抓大放小、三年脱困等改革后的国有企业，其数量由于战略性重组、出售等途径而大量减少，如图 4.2 所示，全国国有企业汇编户数 2008 年之前一直处于下降趋势，2008 年由于美国引发的全球金融危机，中国出台了 4 万亿投资计划，国有企业获得了这 4 万亿投资的较大部分而进一步发展壮大，国有企业数量从下降转变为上升趋势。在这期间，地方国有企业与全国国有企业的变化趋势较为一致，而中央企业的变化趋势则不一样，根据可获得的数据，2001 年以来中央管理企业的数量一直处于缓慢增长趋势，这可能反映了中央管理企业经过三年脱困改革以后率先增长，并且数量变化幅度要小于全国国有企业与地方国有企业，这也说明了全国国有企业数量的变化主要是由地方国有企业的变化造成的。

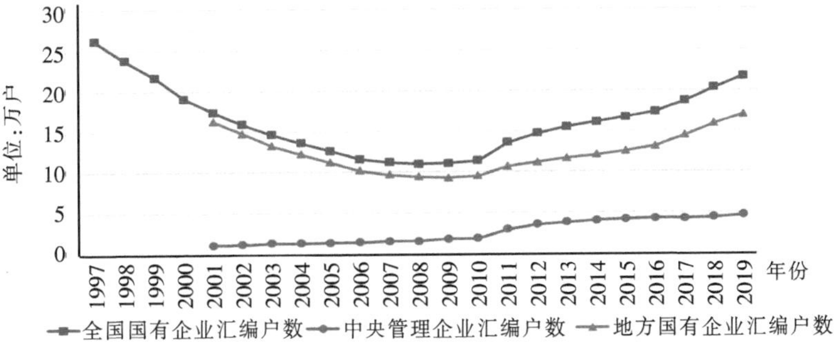

图 4.2　1997—2019 年国有企业数量演变情况

数据来源：《中国财政年鉴》

4.2.3 国有企业发展质量总体向好

经过一系列改革后的国有企业，其发展效益总体向好，盈利面从 1998 年的 31.3%逐渐提高至 2019 年的 63.4%（如图 4.3 所示），增加了 1 倍。一方面，盈利企业盈利额从 1998 年的 3280.2 亿元逐渐提高至 2019 年的 83596.3 亿元，增加了 24.5 倍；另一方面，亏损企业亏损额从 1998 年的 3066.5 亿元增加至 2019 年的 17509.7 亿元，增加了 4.7 倍（如图 4.4 所示）。总的来看，盈利企业盈利额的增速要大大快于亏损企业亏损额的增速，利润总额从 1998 年的 213.7 亿元提高至 2019 年的 35961 亿元，增加了 167.3 倍。由此我们可以得出国有企业的发展质量是处于持续提升的趋势，实行国有企业利润全民共享政策、让全民逐步更多享有国有企业利润具有现实可行性。

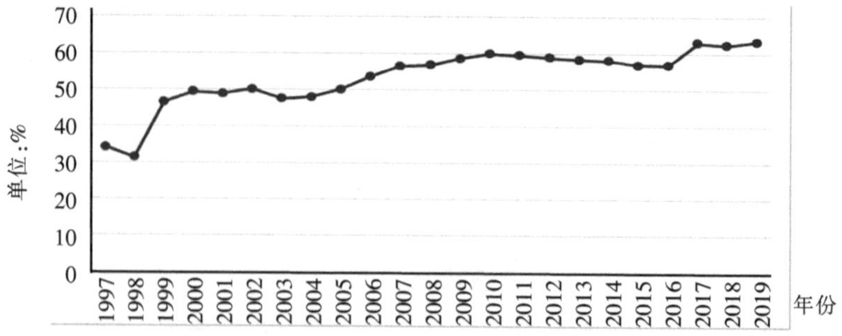

图 4.3　1997—2019 年国有企业盈利面演变情况

数据来源：《中国财政年鉴》

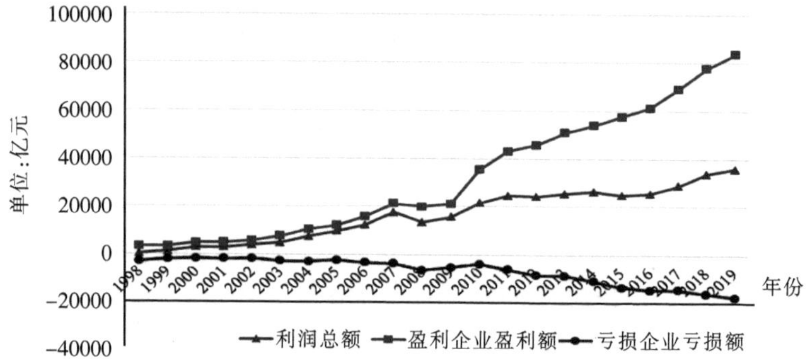

图 4.4　1998—2019 年国有企业盈利与亏损演变情况

数据来源：《中国财政年鉴》

4.3 社会主义初级阶段决定国有企业利润要遵循渐进共享原则

经过多年改革发展，我国取得了举世瞩目的经济成就，但是我国仍处于并将长期处于社会主义初级阶段的基本国情仍未改变，生产力还需进一步解放和发展，国有企业经过一系列改革以后虽然也取得了较好的成绩，经济绩效也显著提高，但是国有企业整体发展水平仍然不够高，还有不少国有企业处于亏损当中，这也就意味着国有企业推进利润全民共享进程是一个长期的过程，必须把握和遵循渐进共享原则。渐进共享原则要求国有企业上缴的利润不应影响国有企业自身正常发展，在不好把握“度”的条件下，国有企业利润一开始应采取“从低”征收原则，随着试点经验的不断累积再逐步提高。

4.3.1 纳入国有资本经营预算的国有企业范围逐渐扩大

2007 年 12 月财政部和国资委联合颁布的《中央企业国有资本收益收取管理暂行办法》① 一开始只将大多数中央企业纳入国有资本经营预算范围，为稳妥起见，国家最初将试点企业的利润上缴比例设置得相对较低。随着试点经验的不断累积，纳入国有资本经营预算范围的企业不断增多，并从 2012 年起逐步把更多的地方国有企业也纳入了预算范围，这也就意味着全国范围内的国有企业都要纳入国有资本经营预算，而国家的最终目标是要把符合条件的国有企业都要纳入国有资本经营预算范围，最终实现全覆盖。国资委提供的相关数据表明，目前绝大部分国有企业都已纳入预算范畴。

4.3.2 国有企业利润上缴比例逐渐提高

中央企业利润上缴比例总体呈提高趋势。如表 4.1 所示，2006 年至 2010 年，中央企业上缴利润从 116.0 亿元提高到 558.7 亿元，上缴比例从 1.54% 提高至 3.28%,② 增加了 1.74 个百分点，平均上缴比例为 3.43%；2011 年至 2020 年，上缴利润从 765.00 亿元提高至 1785.61 亿元，上缴比例从 5.09% 提高至 8.28%，提高了 3.19 个百分点。总的来看，2006 年至 2020 年上缴的利润绝对值与相对值在这期间虽有波动和一些反复，但总体呈提高趋势。

为获取中央企业利润上缴的实际比例，我们对利润总额进行了调整，按照《中华人民共和国企业所得税法》③ 的有关规定，我国的企业所得税适用

---

① 原文请参考：关于印发《中央企业国有资本收益收取管理办法》的通知。

② 注意，此处的利润上缴比例并非“真实”的上缴比例，此处的实现利润是利润总额，在计算上缴比例的时候，应该是上缴比例除以企业实现的净利润，但由于财政部未公布净利润，因此只能以利润总额代替，这就会“低估”企业实际上缴的利润比例。

③ 该税法于 2007 年 3 月 16 日第十届全国人民代表大会第五次会议通过。

比例税，税率为25%，为此我们对实现利润总额进行25%的税收扣除，得到净利润，然后计算“实际的”利润上缴比例。可以看到，经过调整后的利润上缴比例从2006年的2.05%提高至2010年的5.55%，2011年至2020年，利润上缴比例从6.79%提高至11.36%，虽然利润上缴比例还不高，但总体处于提高趋势。从长期来看，2006年至2020年，中央企业上缴的利润总额为14887.19亿元，净利润的总额为168276.2亿元，上缴利润总额占中央企业净利润总额的8.85%。

表4.1　2006—2020年中央企业实现利润及上缴情况（单位：亿元、%）

年份	2006	2007	2008	2009	2010	2011	2012	2013
上缴利润	116.00	139.90	443.60	388.70	558.70	765.00	970.80	1058.40
利润总额	7546.9	11000.0	6384.3	9445.4	13415.1	15023.2	15045.4	16652.8
利润上缴比例1	1.54	1.27	6.95	4.12	3.28	5.09	6.45	6.36
扣税后的净利润	5660.2	8250.0	4788.2	7084.1	10061.3	11267.4	11284.1	12489.6
利润上缴比例2	2.05	1.70	9.26	5.49	5.55	6.79	8.6	8.47
年份	2014	2015	2016	2017	2018	2019	2020	
上缴利润	1410.90	1613.00	1430.00	1244.27	1326.38	1635.93	1785.61	
利润总额	17280.2	16148.9	15259.1	17757.2	20399.1	22652.7	21557.3	
利润上缴比例1	8.16	9.99	9.37	7.01	6.50	7.22	8.28	
扣税后的净利润	12960.2	12111.7	11444.3	13317.9	15299.3	16539.9①	15718.0	
利润上缴比例2	10.89	13.32	12.50	9.34	8.67	9.89	11.36	

注：①净利润为实际公布值。资料来源：课题组根据财政部官方网站相关数据整理而成。

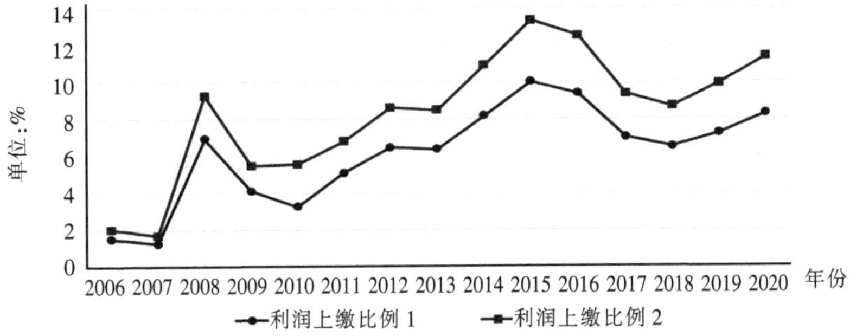

图 4.5　2006—2020 年中央企业利润上缴比例情况

全国国有企业利润上缴比例总体呈提高趋势。自 2012 年起，地方国有企业也被纳入了国有资本经营预算范围，由此国有企业的范围既包括中央企业，也包括地方国有企业，并且地方国有企业上缴的利润也是越来越多。如表 4.2 所示，2012 年至 2020 年，全国国有资本收益从 1572.84 亿元稳步提高至 4774.55 亿元，利润上缴比例从 7.16%提高至 13.95%，实际利润上缴比例从 9.50%提高至 19.28%。

表 4.2　2012—2020 年全国国有及国有控股企业实现利润及上缴情况

（单位：亿元、%）

年份	2012	2013	2014	2015	2016	2017	2018	2019	2020
上缴利润	1572.84	1651.36	2023.44	2560.00	2608.95	2580.90	2905.79	3960.42	4774.55
利润总额	21959.6	24050.5	24765.4	23027.5	23157.8	28985.9	33877.7	35961.0	34222.7
利润上缴比例 1	7.16	6.87	8.17	11.12	11.24	8.90	8.58	11.01	13.95
扣税后的净利润	16469.7	18037.9	18574.1	17270.6	17368.4	21739.4	25408.3	26318.4①	24761.7①
利润上缴比例 2	9.50	9.20	10.90	14.80	15.00	11.87	11.44	15.05	19.28

注：①净利润为实际公布值。

资料来源：课题组根据财政部官方网站相关数据整理而成。

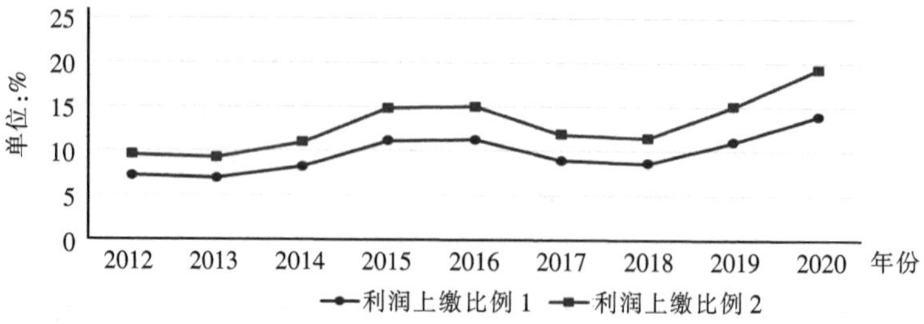

图 4.6　2012—2020 年全国国有企业利润上缴比例情况

地方国有企业利润上缴比例总体呈提高趋势，并且高于全国平均水平和中央企业水平。地方国有企业自 2012 年起被纳入国有资本经营预算以来，其上缴的利润和比重也越来越高。如表 4.3 所示，2012 年至 2020 年，地方国有资本收益从 602.04 亿元稳步提高至 2988.94 亿元，利润上缴比例从 8.71%提高至 23.60%，实际利润上缴比例从 11.61%提高至 33.05%。对比中央企业与地方国有企业利润上缴情况，地方国有企业刚开始上缴的利润要低于中央企业，但是 2017 年至 2020 年上缴的利润却要高于中央企业，中央企业上缴利润占全国国有资本收益的比重从 2012 年的 61.72%下降至 2020 年的 37.40%，地方国有企业上缴利润占全国国有资本收益的比重则从 2012 年的 38.28%提高至 2020 年的 62.60%（见表 4.4），这说明地方国有企业在国有资本经营预算中所发挥的作用越来越大。

表 4.3　2012—2020 年地方国有及国有控股企业实现利润及上缴情况　　（单位：亿元、%）

年份	2012	2013	2014	2015	2016	2017	2018	2019	2020
上缴利润	602.04	592.96	612.54	947.00	1178.95	1336.63	1579.41	2324.49	2988.94
利润总额	6914.2	7397.7	7485.2	6878.6	7898.7	11228.7	13478.6	13308.3	12665.4
利润上缴比例 1	8.71	8.02	8.18	13.77	14.93	11.90	11.72	17.47	23.60
扣税后的净利润	5185.6	5548.3	5613.9	5158.9	5924.1	8421.5	10109.0	9778.5①	9043.7①
利润上缴比例 2	11.61	10.69	10.91	18.36	19.90	15.87	15.62	23.77	33.05

注：①净利润为实际公布值。

资料来源：课题组根据财政部官方网站相关数据整理而成。

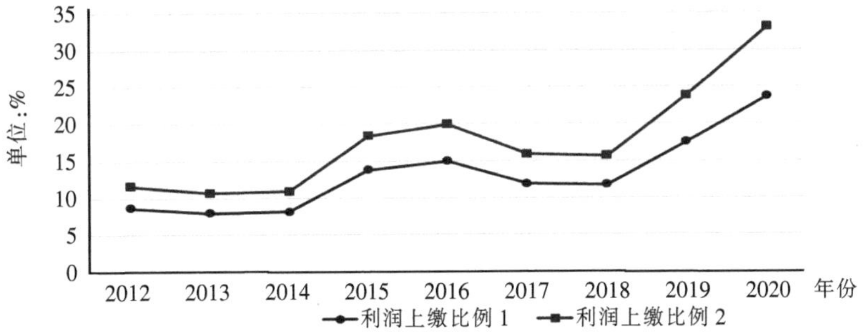

图 4.7　2012—2020 年地方国有企业利润上缴比例情况

表 4.4　2012—2020 年中央与地方国有企业上缴利润占比情况　（单位:%）

年份	2012	2013	2014	2015	2016	2017	2018	2019	2020
全国	100	100	100	100	100	100	100	100	100
中央	61.72	64.09	69.73	63.01	54.81	48.21	45.65	41.31	37.40
地方	38.28	35.91	30.27	36.99	45.19	51.79	54.35	58.69	62.60

资料来源：课题组根据相关数据整理而成。

4.3.3 国有资本收益调入公共财政的比重逐渐提高

中央国有资本收益调入公共财政的比重逐渐提高。如表 4.5 所示，2010 年至 2020 年，中央国有资本收益调入公共财政的支出从 10.00 亿元增加至 577.50 亿元，调入公共财政的比重从 1.79%提高至 32.34%，增加了 30.55 个百分点。此外，中央国有资本经营支出中用于补充社保基金的金额则处于不稳定的状态，最低的时候仅为 0.21 亿元（2020 年），最高的时候达到了 127.10 亿元（2010 年）。总的来看，调入公共财政的资金与用于补充社保基金的资金都可以算作是民生支出，这两项支出加总占中央国有资本收益的比重 2019 年之前长期保持在 20%左右的水平，离十八届三中全会提出的“提高国有资本收益上缴公共财政比例，2020 年提到 30%”的目标还有一定差距，但是 2020 年提升较快，已超额完成国家提出的 30%的目标比例。

表 4.5　2010—2020 年中央国有资本经营支出情况　（单位：亿元、%）

年份	中央国有资本收益	转移性支出（一般公共预算）	调入公共财政比例 =（2）/（1）	补充社保基金	民生支出 =（2）+（4）	民生支出比例 =（5）/（1）
	（1）	（2）	（3）	（4）	（5）	（6）
2010	558.70	10.00	1.79	127.10	137.10	24.54
2011	765.00	40.00	5.23	0.51	40.51	5.30
2012	970.80	50.00	5.15	17.21	67.21	6.92
2013	1058.40	65.00	6.14	19.29	84.29	7.96
2014	1410.90	184.00	13.04	21.58	205.58	14.57
2015	1613.00	230.00	14.26	26.21	256.21	15.88
2016	1430.00	246.00	17.20	59.61	305.61	21.37
2017	1244.27	257.00	20.65	34.86	291.86	23.46
2018	1326.38	321.54	24.24	13.29	334.83	25.24
2019	1635.93	389.77	23.83	0.43	390.20	23.85
2020	1785.61	577.50	32.34	0.21	577.71	32.35

数据来源：根据财政部 2010 年至 2020 年的财政决算中的相关数据整理而成。

地方国有资本收益调入公共财政的比重逐渐提高。如表 4.6 所示，地方国有资本经营收益主要是通过转移性支出途径用于保障和改善民生，调入公共财政的资金从 2012 年的 6.31 亿元跃升至 2020 年的 1339.42 亿元，调入公共财政的比例从 1.05%快速提高至 44.81%，大大超过了国家提出的目标。不过也可以看到，地方国有资本收益调入公共财政的比重处于很不稳定的状态，波动较大。

全国国有资本收益调入公共财政的比重逐渐提高。如表 4.7 所示，2012 年到 2020 年，我国国有资本收益中用于补充社保基金的资金来源是中央国有资本收益，调入公共财政的资金则来源于中央国有资本收益与地方国有资本收益，其金额从 56.31 亿元提高至 1916.92 亿元，调入公共财政的比例从 3.58%提高至 40.15%，高出国家目标 10.15 个百分点；国有资本收益中用于民生支出的比例则从 2012 年的 4.67%提高至 2020 年的 40.15%，增加了 35.48 个百分点。目前的财政决算报告中并未明确调入公共财政的国有资本收益的具体用途，可能是财政统筹使用。

表 4.6　2012—2020 年地方国有资本经营支出情况　（单位：亿元、%）

年份	中央国有资本收益	转移性支出（一般公共预算）	调入公共财政比例 =（2）/（1）	补充社保基金	民生支出 =（2）+（4）	民生支出比例 =（5）/（1）
	（1）	（2）	（3）	（4）	（5）	（6）
2012	602.04	6.31	1.05	0	6.31	1.05
2013	592.96	12.56	2.12	0	12.56	2.12
2014	612.54	38.81	6.34	0	38.81	6.34
2015	947.00	0	0	0	0	0
2016	1178.95	305.39	25.90	0	305.39	25.90
2017	1336.63	356.66	26.68	0	356.66	26.68
2018	1579.41	563.38	35.67	0	563.38	35.67
2019	2324.49	1068.76	45.98	0	1068.76	45.98
2020	2988.94	1339.42	44.81	0	1339.42	44.81

数据来源：根据财政部 2012 年至 2020 年的财政决算中的相关数据整理而成。

表 4.7　2012—2020 年全国国有资本经营支出情况　（单位：亿元、%）

年份	中央国有资本收益	转移性支出（一般公共预算）	调入公共财政比例 =（2）/（1）	补充社保基金	民生支出 =（2）+（4）	民生支出比例 =（5）/（1）
	（1）	（2）	（3）	（4）	（5）	（6）
2012	1572.84	56.31	3.58	17.21	73.52	4.67
2013	1651.36	77.56	4.70	19.29	96.85	5.86
2014	2023.44	222.81	11.01	21.58	244.39	12.08
2015	2560.00	230.00	8.98	26.21	256.21	10.01
2016	2608.95	551.39	21.13	59.61	611.00	23.42
2017	2580.90	613.66	23.78	34.86	648.52	25.13
2018	2905.79	884.92	30.45	13.29	898.21	30.91
2019	3960.42	1458.53	36.83	0.43	1458.96	36.84
2020	4774.55	1916.92	40.15	0.21	1917.13	40.15

数据来源：根据财政部 2012 年至 2020 年的财政决算中的相关数据整理而成。

4.4 坚持分类改革是国有企业利润全民共享的基本规律

改革开放以来，国有企业在布局优化和结构调整方面采取了“有进有退、有所为有所不为”的发展策略，并且大力鼓励和支持非公有制经济发展，目前已形成了公有制为主体、国有经济为主导、各种所有制经济共同发展的经济格局，国有企业主要分布在关系国家安全、国民经济命脉、重点民生等领域，进一步聚焦战略安全、产业引领、国计民生、公共服务等功能。这些改革表明国有企业目前处于不同的行业和领域，而不同行业和领域的国有企业的差异性是较大的，不能采取简单的“一刀切”做法，必须进行分类改革。因此，在深入推进国有企业利润全民共享进程中，分类改革原则依然适用。事实上，自2007年我国恢复国有企业利润上缴制度以来也一直采用分类共享原则，2007年财政部与国资委联合发布的《中央企业国有资本收益收取管理暂行办法》将国有独资企业划分为资源型垄断企业、竞争型企业、国防和科研单位等三类，利润上缴比例分别为10%、5%、免交；2010年财政部出台的《关于完善中央国有资本经营预算有关事项的通知》又将国有独资企业划分为资源型垄断企业、工业企业、国防及科研单位、政策性企业四类，利润上缴比例分别为15%、10%、5%、免交；2013年将中央烟草总公司独立为一类，其利润上缴比例为20%，其他四类不变；2014年财政部出台的《关于进一步提高中央企业国有资本收益收取比例的通知》在原来基础上对前四类国有企业的利润上缴比例均提升5个百分点，五类企业的利润上缴比例分别为25%、20%、15%、10%、免交。2015年8月，中共中央、国务院出台了国有企业改革的纲领性文件——《关于深化国有企业改革的指导意见》①，该意见明确提出要“分类推进国有企业改革”，并将国有企业分类商业类和公益类两大类，分别标准按照“谁出资谁分类”原则，这也为国有企业利润全民共享提出了分类共享原则。不过目前的公开文件并未明确哪些国有企业属于商业类、哪

① 中共中央国务院关于深化国有企业改革的指导意见［N］.人民日报，2015-09-14（06）.

些国有企业属于公益类，因此并未改变 2014 年提出的五大类别，国有企业利润上缴也一直按照 2014 年文件制定的要求执行。此外，国有资本收益包括利润收入、股利股息收入、产权转让收入、清算收入、其他国有资本经营预算收入五个部分，这实际上也是对不同类型国有企业的一种分类。因此，本章将从两个方面来阐述国有企业利润全民共享的分类原则。

4.4.1 按大类收入来源分类的国有资本收益

中央国有资本收益中利润收入占绝对主体地位。如表 4.8 所示，2010 年至 2020 年，中央国有资本收益中利润收入一直处于非常高的比重，大部分年份保持在 90%以上的比重，最高达到了 99%的比重（2011 年）；股利、股息收入 2010 年至 2014 年及 2016 年均不超过 10 亿元，占比不超过 1%，但在 2015 年、2017—2020 年均超过百亿元，2020 年超过 300 亿元，这说明股利、股息收入来源是不稳定的；产权转让收入也是波动较大，最多时达到了 127.10 亿元（2010 年），占比达到了 22.8%，最低时仅为 0.65 亿元（2011 年），占比为 0.1%，近几年处于较低水平，这可能反映了中央企业总体经营水平较高，产权转让较少，不过随着混合所有制改革的持续推进，产权转让收入也还是有所提升；其他国有资本经营预算收入在好几个年份都是 0，2016 年比较特别，突然达到了 103.04 亿元，其他年份都很少，至于该项收入的具体来源情况，财政部并未公布。由于中央企业的清算收入非常少，几乎可以忽略不计，因此表 4.8 未列出该项收入情况。

表 4.8　2010—2020 年中央国有资本经营收益构成情况

(a)中央国有资本收益来源构成(金额)(单位:亿元)											
年份	2010	2011	2012	2013	2014	2015	2016	2017	2018	2019	2020
一、利润收入	424.52	757.35	950.64	1039.63	1378.57	1475.35	1252.65	1107.63	1209.86	1368.92	1388.27
二、股利、股息收入	0.99	7.01	1.63	0.42	9.81	110.12	8.01	100.59	111.91	258.21	331.76

续表

(a)中央国有资本收益来源构成(金额)(单位:亿元)											
年份	2010	2011	2012	2013	2014	2015	2016	2017	2018	2019	2020
三、产权转让收入	127.10	0.65	18.40	18.37	22.53	27.32	66.47	36.04	3.12	3.36	3.15
五、其他国有资本收入	6.06	0	0	0	0	0.27	103.04	0	1.48	5.21	62.20
中央国有资本经营收入	558.67	765.01	970.68	1058.43	1410.91	1613.06	1430.17	1244.27	1326.38	1635.96	1785.61
(b)中央国有资本收益来源构成(比重)(单位:%)											
年份	2010	2011	2012	2013	2014	2015	2016	2017	2018	2019	2020
一、利润收入	76.0	99.0	97.9	98.2	97.7	91.5	87.6	89.0	91.2	83.7	77.7
二、股利、股息收入	0.2	0.9	0.2	0.04	0.7	6.8	0.6	8.1	8.4	15.8	18.6
三、产权转让收入	22.8	0.1	1.9	1.7	1.6	1.7	4.6	2.9	0.2	0.2	0.2
五、其他国有资本收入	1.1	0	0	0	0	0	7.2	0	0.1	0.3	3.5
中央国有资本经营收入	100	100	100	100	100	100	100	100	100	100	100

数据来源:根据财政部2010年至2020年的财政决算中的相关数据整理而成。

地方国有资本收益中除了清算收入之外的其他收入都是重要来源。如表 4.9 所示，2012 年至 2020 年，地方国有企业的利润收入比重越来越高，从 2012 年的 38.7%逐步提升至 2020 年的 54.1%，提高了 15.4 个百分点，逐渐成为地方国有资本收益的主要来源；股利、股息收入总体呈逐渐增加趋势，这项收入总体高于中央企业，不过其占地方国有资本收益的比重却总体呈下降趋势，从 2012 年的 19.1%降至 2020 年的 10.3%，降幅达 8.8 个百分点；产权转让收入总体呈上升趋势，从 2012 年的 96.42 亿元提高至 2020 年的 685.17 亿元，占比从 18.4%提高至 22.4%，这可能反映了地方国有企业推进混合所有制的力度要大于中央企业，地方国有企业在布局优化和结构调整方面的力度也要大于中央企业，地方国有企业的整体发展质量还有较大提升空间；清算收入方面一直保持较低水平，清算收入占比 2012 年至 2018 年一直保持在 1%以下的水平，2019 年变化较大，提升到了 2.3%，2020 年又下降至 1.0%；其他国有资本经营预算收入基本保持在百亿元以上，2020 年达到了 305.77 亿元，占比近几年保持在 10%左右的水平。

表 4.9　2012—2020 年地方国有资本经营收益构成情况

(a)地方国有资本收益来源构成(金额)(单位:亿元)

年份	2012	2013	2014	2015	2016	2017	2018	2019	2020
一、利润收入	203.38	248.45	321.58	558.54	708.97	716.15	928.63	1245.89	1651.31
二、股利、股息收入	100.33	123.25	107.21	159.05	197.86	186.07	232.47	285.40	314.63
三、产权转让收入	96.42	123.46	72.33	109.58	158.25	200.37	256.53	492.14	685.17
四、清算收入	1.13	6.10	3.23	3.03	6.76	8.71	11.65	54.27	32.06
五、其他国有资本收入	123.96	153.67	92.33	107.72	106.94	225.33	150.13	258.16	305.77

续表

(a)地方国有资本收益来源构成(金额)(单位:亿元)									
年份	2012	2013	2014	2015	2016	2017	2018	2019	2020
地方国有资本经营收入	525.22	654.93	596.68	937.92	1178.78	1336.63	1579.41	2335.86	3054.31

(b)地方国有资本收益来源构成(比重)(单位:%)									
年份	2012	2013	2014	2015	2016	2017	2018	2019	2020
一、利润收入	38.7	37.9	53.9	59.6	60.1	53.6	58.8	53.3	54.1
二、股利、股息收入	19.1	18.8	18.0	17.0	16.8	13.9	14.7	12.2	10.3
三、产权转让收入	18.4	18.9	12.1	11.7	13.4	15.0	16.2	21.1	22.4
四、清算收入	0.2	0.9	0.5	0.3	0.6	0.7	0.7	2.3	1.0
五、其他国有资本收入	23.6	23.5	15.5	11.5	9.1	16.9	9.5	11.1	10.0
地方国有资本经营收入	100	100	100	100	100	100	100	100	100

数据来源:根据财政部2012年至2020年的财政决算中的相关数据整理而成。

全国国有资本收益中的2/3来源于利润收入。由于前面已对中央国有资本收益与地方国有资本收益的构成进行了较为详细的说明，全国国有资本收益的构成将简要论述。如表4.10所示，2012年至2020年，全国国有企业的利润收入比重总体呈下降趋势，从2012年的77.1%逐渐下降至2020年的63.7%，仍保持在2/3左右的水平，依然是国有资本收益的主要来源；股利股息收入与产权转让收入各自已逐步达到10%以上的水平；清算收入占比较低，其他国有资本经营预算收入占比大部分年份保持在8%左右的水平。

表 4.10　2012—2020 年全国国有资本经营收益构成情况

(a)全国国有资本收益来源构成(金额)(单位:亿元)

年份	2012	2013	2014	2015	2016	2017	2018	2019	2020
一、利润收入	1154.00	1288.10	1700.20	2033.89	1961.62	1823.78	2138.49	2614.81	3039.58
二、股利、股息收入	102.00	123.70	117.00	269.17	205.87	286.66	344.38	543.61	646.39
三、产权转让收入	114.80	141.80	94.90	136.90	224.72	236.41	259.65	495.50	688.32
四、清算收入	1.14	6.11	3.23	3.03	6.76	8.72	11.66	54.53	32.29
五、其他国有资本收入	123.96	153.67	92.33	107.99	209.98	225.33	151.61	263.37	367.97
全国国有资本经营收入	1495.90	1713.36	2007.60	2560.00	2608.95	2580.90	2905.79	3971.82	4774.55

(b)全国国有资本收益来源构成(比重)(单位:%)

年份	2012	2013	2014	2015	2016	2017	2018	2019	2020
一、利润收入	77.1	75.2	84.7	79.4	75.2	70.7	73.6	65.8	63.7
二、股利、股息收入	6.8	7.2	5.8	10.5	7.9	11.1	11.9	13.7	13.5
三、产权转让收入	7.7	8.3	4.7	5.3	8.6	9.2	8.9	12.5	14.4
四、清算收入	0.1	0.4	0.2	0.1	0.3	0.3	0.4	1.4	0.7
五、其他国有资本收入	8.3	9.0	4.6	4.2	8.0	8.7	5.2	6.6	7.7
全国国有资本经营收入	100	100	100	100	100	100	100	100	100

数据来源:根据财政部 2012 年至 2019 年的财政决算中的相关数据整理而成。

4.4.2 国有独资企业按行业分类上缴利润收益

根据财政部2014年4月下发的《关于进一步提高中央企业国有资本收益收取比例的通知》（财企〈2014〉59号）文件，笔者将财政部年度财政决算报告中的数据将上缴利润的企业分为四类①：第一类企业为烟草企业，利润上缴比例为25%；第二类企业包括石油石化企业、电力企业、电信企业、煤炭企业，利润上缴比例为20%；第三类企业包括有色冶金采掘企业、钢铁企业、化工企业、运输企业、电子企业、机械企业、投资服务企业、纺织轻工企业、贸易企业、建筑施工企业、房地产企业、建材企业、境外企业、对外合作企业、医药企业、农林牧渔企业，利润上缴比例为15%；第四类企业包括邮政企业、军工企业、转制科研院所、地质勘查企业、卫生体育福利企业、教育文化广播企业、科学研究企业、机关社团所属企业等，利润上缴比例为10%。

中央企业上缴利润收入构成情况。我们整理了2010年至2020年按行业分类的中央企业上缴利润收入的情况，如表4.11和图4.8所示，从上缴金额来看，第一类企业近年来保持在400亿元左右的水平，占中央企业上缴利润总额的30%左右，这说明中国烟草总公司的经营比较稳定；第二类企业上缴利润呈现出“先升后降”趋势，从2010年的237.18亿元提升至2014年的704.36亿元，随后几年开始下降，2017年仅为364.84亿元，2018年与2019年又开始回升，其占中央企业上缴利润总额的比重总体呈下降趋势，从2011年的最高点60.63%下降至2020年的35.53%，降幅达25.10个百分点；第三类企业上缴利润总体呈上升趋势，从2010年的54.52亿元提升至2020年的311.17亿元，占比从12.84%增加至22.41%，增加了9.57个百分点；第四类企业上缴的利润虽然不多，但总体仍呈上升趋势，从2010年的15.60亿元提高至2020年的114.93亿元，占比从3.67%增加至8.28%，增加了4.61个百分点。第一类企业与第二类企业属于资源垄断性企业，上缴利润合计占比超过了2/3的水平，第三类企业属于竞争性企业，而上缴利润比重呈稳步上升

① 第五类企业免缴利润，因此我们未将其纳入分析。

趋势，上缴利润合计占比保持在 20%左右的水平，上升潜力较大。

表 4.11　2010—2020 年中央企业上缴利润收入构成情况

(a) 利润收入（单位：亿元）

年份	2010	2011	2012	2013	2014	2015	2016	2017	2018	2019	2020
第一类企业	117. 22	139. 75	252. 64	295. 68	412. 35	477. 25	372. 93	386. 42	405. 38	417. 96	468. 90
第二类企业	237. 18	459. 15	530. 87	582. 72	704. 36	688. 41	510. 57	364. 84	409. 45	532. 50	493. 27
第三类企业	54. 52	138. 72	143. 47	135. 43	210. 52	240. 08	288. 15	262. 13	290. 28	324. 20	311. 17
第四类企业	15. 60	19. 73	23. 66	25. 80	51. 34	69. 61	81. 00	94. 24	104. 75	94. 26	114. 93
利润收入总计	424. 52	757. 35	950. 64	1039. 63	1378. 57	1475. 35	1252. 65	1107. 63	1209. 86	1368. 92	1388. 27

(b) 利润收入比重（单位:%）

年份	2010	2011	2012	2013	2014	2015	2016	2017	2018	2019	2020
第一类企业	27. 61	18. 45	26. 58	28. 44	29. 91	32. 35	29. 77	34. 89	33. 51	30. 53	33. 78
第二类企业	55. 87	60. 63	55. 84	56. 05	51. 09	46. 66	40. 76	32. 94	33. 84	38. 90	35. 53
第三类企业	12. 84	18. 32	15. 09	13. 03	15. 27	16. 27	23. 00	23. 67	23. 99	23. 68	22. 41
第四类企业	3. 67	2. 61	2. 49	2. 48	3. 72	4. 72	6. 47	8. 51	8. 66	6. 89	8. 28
合计比重	100	100	100	100	100	100	100	100	100	100	100

数据来源：根据财政部 2010 年至 2019 年的财政决算中的相关数据整理而成。

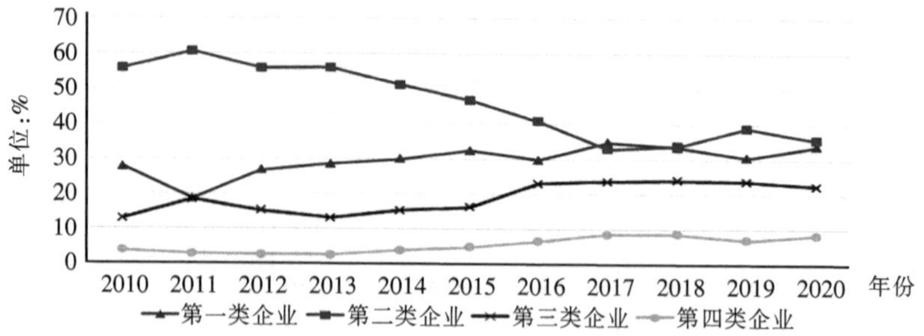

图 4.8　2010—2020 年中央企业上缴利润收入构成情况

地方国有企业上缴利润收入构成情况。如表 4.12 和图 4.9 所示，地方国有企业上缴利润的主力主要是第三类企业和第四类企业，第二类企业由于是以中央企业为主，地方国有企业的市场份额很小，因此其上缴利润并不多，2012 年至 2020 年始终未突破 100 亿元，上缴利润比重近年来低于 6%；第三类企业上缴利润增幅很快，从 2012 年的 84.75 亿元快速提高至 2020 年的 815.71 亿元，上缴利润比重近年来保持在 50%左右的水平，这可能反映了近年来地方国有企业的发展效益还不错；第四类企业上缴利润增长也很快，从 2012 年的 50.87 亿元快速提高至 2020 年的 746.68 亿元，上缴利润比重近年来保持在 45%左右的水平。

表 4.12　2012—2020 年地方国有企业上缴利润收入构成情况

（a）利润收入（单位：亿元）

年份	2012	2013	2014	2015	2016	2017	2018	2019	2020
第二类企业	67.76	47.94	36.48	34.72	45.17	37.00	46.21	94.48	88.92
第三类企业	84.75	133.55	176.58	253.84	306.79	356.68	469.49	600.12	815.71
第四类企业	50.87	66.96	108.52	269.98	357.01	322.47	412.93	551.29	746.68
利润收入总计	203.38	248.45	321.58	558.54	708.97	716.15	928.63	1245.89	1651.31

（b）利润收入比重（单位:%）

年份	2012	2013	2014	2015	2016	2017	2018	2019	2020
第二类企业	33.32	19.30	11.34	6.22	6.37	5.17	4.98	7.58	5.38
第三类企业	41.67	53.75	54.91	45.45	43.27	49.81	50.56	48.17	49.40

续表

年份	2012	2013	2014	2015	2016	2017	2018	2019	2020
第四类企业	25.01	26.95	33.75	48.34	50.36	45.03	44.47	44.25	45.22
合计比重	100	100	100	100	100	100	100	100	100

数据来源：根据财政部 2012 年至 2020 年的财政决算中的相关数据整理而成。

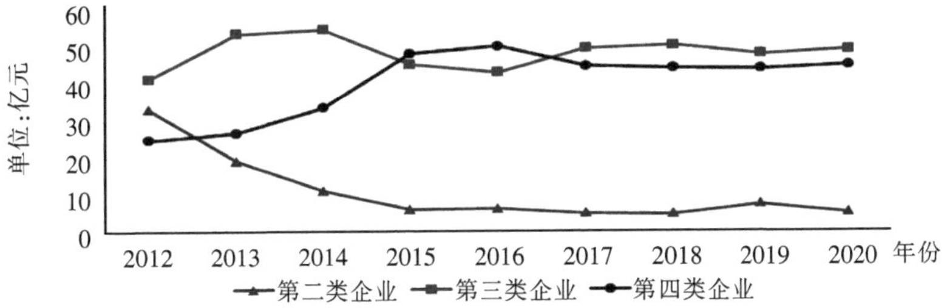

图 4.9　2012—2020 年地方国有企业上缴利润收入构成情况

全国国有企业上缴利润收入构成情况。如表 4.13 和图 4.10 所示，全国国有企业上缴利润的主力从一开始的第一类企业与第二类企业为主逐渐转变为第三类企业异军突起。2012 年至 2020 年，第一类企业与第二类企业上缴利润合计比重从 73.76%下降至 34.27%，这可能反映了垄断性国有企业的经营效益还有较大提升空间；第三类企业上缴利润比重近年来保持在 1/3 左右，第四类企业上缴利润比重近年来已接近 30%。因此，要增加国有企业上缴利润，还是要进一步做大做强做优国有企业，更加重视国有企业，尤其是商业类国有企业的经济效益。

表 4.13　2012—2020 年全国国有企业上缴利润收入构成情况

(a) 利润收入（单位：亿元）

年份	2012	2013	2014	2015	2016	2017	2018	2019	2020
第一类企业	252.64	295.68	412.35	477.25	372.93	386.42	405.38	417.96	468.90
第二类企业	598.63	630.66	740.84	723.13	555.74	401.84	455.66	626.98	572.78
第三类企业	228.22	258.60	387.10	493.92	594.94	618.81	759.77	924.32	1134.89
第四类企业	74.53	92.76	159.86	339.59	438.01	416.71	517.68	645.55	863.01

续表

年份	2012	2013	2014	2015	2016	2017	2018	2019	2020
利润收入总计	1154.02	1288.08	1700.15	2033.89	1961.62	1823.78	2138.49	2614.81	3039.58
(b) 利润收入比重（单位:%）									
年份	2012	2013	2014	2015	2016	2017	2018	2019	2020
第一类企业	21.89	22.96	24.25	23.46	19.01	21.19	18.96	15.98	15.43
第二类企业	51.87	48.96	43.57	35.55	28.33	22.03	21.31	23.98	18.84
第三类企业	19.78	20.08	22.77	24.28	30.33	33.93	35.53	35.35	37.34
第四类企业	6.46	7.20	9.40	16.70	22.33	22.85	24.21	24.69	28.39
合计比重	100	100	100	100	100	100	100	100	100

数据来源：根据财政部2012年至2020年的财政决算中的相关数据整理而成。

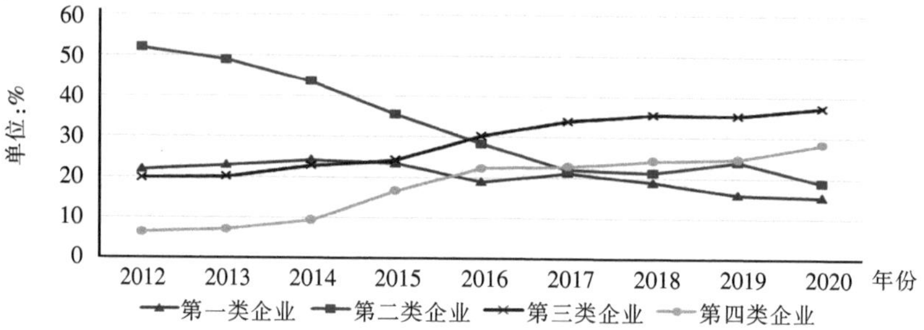

图4.10　2012—2020年全国国有企业上缴利润收入构成情况

4.5 国有企业利润全民共享需处理好的三大关系

国有企业利润全民共享涉及国家、企业、全民、员工等主体的切身利益，这里面需要处理好各利益主体之间的关系。具体而言，涉及国家与企业之间的利益是要处理好经济目标与社会目标的矛盾关系；涉及企业和全民之间的利益是要处理好企业自身发展与利润全民共享的关系；涉及企业和内部员工之间的利益是要处理好利润全民共享与员工利益的矛盾关系。

4.5.1 处理好经济目标与社会目标的关系

国有企业利润全民共享的前提条件是国有企业要有利润，这就要求国有企业追求经济效益，这也是国有企业作为市场主体的正当行为。但是，国有企业作为全民所有制企业，国家作为国有企业的代理人和全民利益的代表，经常要在经济发展目标和社会发展目标之间进行权衡，并且有时不可避免要把社会目标摆在政策首位，这时就可能需要在经济利益方面作出一些让步。国有企业作为落实国家宏观调控政策的重要主体，不可避免会由于追求社会目标而承受经济效益的损失，进而国有企业所能获得的利润就会变少。为解决好这一矛盾，2015 年中共中央、国务院出台的《关于进一步深化国有企业改革的指导意见》明确将国有企业划分为商业类国有企业与公益类国有企业，其中商业类国有企业是以增强国有经济活力、放大国有资本功能、实现国有资产保值增值为主要目标，更加注重经济效益；公益类国有企业是以保障民生、服务社会、提供公共产品和服务为主要目标，更加注重社会效益。这一文件在较大程度上可以解决国有企业在经济目标与社会目标的选择问题，虽然商业类国有企业并不意味着就可以不顾社会效益，但商业类国有企业侧重追求经济效益。实际上，如果国有企业都是公益类企业，都以提供公共产品和服务为目标，那么国有企业就很可能会陷入普遍亏损的经营状态，也会给公共财政造成严重的负担。因此，我国既要发展公益类国有企业，也要发展以追求经济效益为主的商业类国有企业，这是弥补公益类国有企业亏损的必然选择。

4.5.2 处理好企业自身发展与利润全民共享的关系

国有企业利润全民共享固然能促进社会公平，但也不能因利润全民共享而限制国有企业自身发展。必须处理好国有企业自身发展和利润全民共享的动态关系，对国有企业利润全民共享要实施分类改革，综合考虑各类企业的成本和收益，使各类国有企业既能确保自身长远发展，又能让人民群众更多更公平地共享其发展成果，实现效率与公平的有机统一。从实际情况来看，国有资本收益目前仍有超过60%的部分再次返回国有企业，即社会俗称的“体制内循环”。国有企业由于承担了制度改革的历史成本，而国家的政策主要是由企业自己解决，国家为帮助国有企业解决一部分历史负担，将上缴的国有资本收益进行了返还。但是这种措施毕竟不是长久之计，还会增加一些不必要的成本。总而言之，国有企业必须利用好国有资本收益返还的过渡性措施，加快提高自身竞争力，增强企业造血功能。国家也要尽快剥离国有企业的社会性负担，让企业轻装上阵，提高成本竞争优势。毫无疑问，国有企业只有自身发展好了，全民共享其利润才具有可持续性，否则就会陷入“杀鸡取卵”的不利境地。

4.5.3 处理好利润全民共享与企业员工利益的关系

国有企业利润要靠全体员工的共同努力来创造，员工作为影响企业盈利的重要主体，其在企业内的利益也不能忽视，而建立完善的企业内分配制度就是要发挥其对员工的正面激励作用。如果国有企业盈利了，而企业内员工不能直接分享红利，那么也会挫伤员工的积极性。因此，国有企业应进一步探索建立更加有效的内部激励机制，让直接参与利润创造的员工也能分享企业部分利润，例如中央提出了在有条件的企业可以推行员工持股制度，也有学者建议在不改变现有体制的前提下，在企业内部实行利润共享机制，充分激励员工的主动性和创造性，使国有企业能够更好地做强做优做大，创造更多利润，让全民共享国有企业利润的政策也就更具可持续性。

4.6 本章小结

围绕国有企业在实践当中如何逐步实现利润全民共享这个核心主题，本章对国有企业利润全民共享与共同富裕的内在关系、开启国有企业利润全民共享进程需要满足的基本条件、推进国有企业利润全民共享的过程中需要遵循的基本原则、国有企业利润全民共享需要处理好的关系等进行了较为系统的论述，核心思想为分类处理好国有企业自身发展与全民共享国有企业发展红利是国有企业利润全民共享的实践逻辑。国有企业利润全民共享的基本前提是国有企业盈利并且达到了一定规模。国有企业利润如果不能达到一定规模，那么它对保障和改善民生所能发挥的作用是非常有限的。国有企业推进利润全民共享进程是一个长期的过程，必须把握和遵循渐进共享原则。渐进共享原则要求国有企业上缴的利润不应影响国有企业自身正常发展，在不好把握“度”的条件下，国有企业利润一开始应采取“从低”征收原则，随着试点经验的不断累积再逐步提高。国有企业目前分布于不同的行业和领域，而不同行业和领域的国有企业的差异性是较大的，不能采取简单的“一刀切”做法，必须进行分类改革。

第5章　国有企业利润全民共享的现行路径及存在问题

在前面章节，我们已经对国有企业利润全民共享的理论逻辑、历史逻辑和实践逻辑进行了较为详细的分析和论证，得出了国有企业利润全民共享的合理性、必然性和可行性。本章将围绕国有企业利润全民共享的实践路径展开研究，即当前国有企业利润主要是通过何种路径来实现全民共享的，并将对现有共享路径的效果进行分析，最后得出现行共享路径还存在哪些问题。

5.1 国有企业利润全民共享路径的政策背景

5.1.1 我国人口老龄化问题对社会保障提出了更高要求

改革开放以来，我国人口红利优势为中国经济的快速发展奇迹提供了重要保障，经过20余年的高速发展后，我国人口老龄化问题也开始显现。按照联合国界定人口老龄化的标准，当65岁及以上人口的比重超过7%时，该国就进入了老龄化社会，当该比重超过14%时，该国就进入了深度老龄化社会。根据这一标准，我国于2000年迈入老龄化社会，当前已接近进入深度老龄化社会（见表5.1）。

表 5.1　我国 65 岁及以上人口数量及比重情况（单位：万人、%）

年份	65 岁以上人口数	65 岁及以上人口比重	老年抚养比	年份	65 岁以上人口数	65 岁以上人口比重	老年抚养比
1982	4991	4.9	8.0	2005	10055	7.7	10.7
1987	5968	5.4	8.3	2006	10419	7.9	11.0
1991	6938	6.0	9.0	2007	10636	8.1	11.1
1992	7218	6.2	9.3	2008	10956	8.3	11.3
1993	7289	6.2	9.2	2009	11307	8.5	11.6
1994	7622	6.4	9.5	2010	11894	8.9	11.9
1995	7510	6.2	9.2	2011	12277	9.1	12.3
1996	7833	6.4	9.5	2012	12777	9.4	12.7
1997	8085	6.5	9.7	2013	13262	9.7	13.1
1998	8359	6.7	9.9	2014	13902	10.1	13.7
1999	8679	6.9	10.2	2015	14524	10.5	14.3
2000	8821	7.0	9.9	2016	15037	10.8	15.0
2001	9062	7.1	10.1	2017	15961	11.4	15.9
2002	9377	7.3	10.4	2018	16724	11.9	16.8
2003	9692	7.5	10.7	2019	17767	12.6	17.8
2004	9857	7.6	10.7	2020	19064	13.5	19.7

数据来源：《中国统计年鉴 2021》

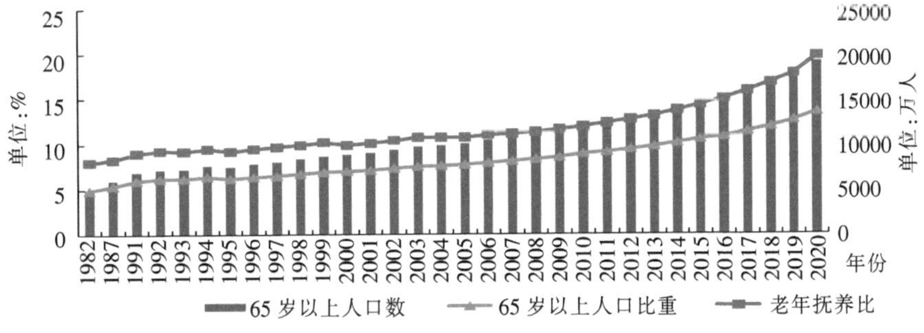

图 5.1　我国 65 岁及以上人口数量及比重情况

人口老龄化程度不断加重也提升了老年抚养比，以 65 岁及以上人口占比来计算的老年抚养比从1982年的8.0%逐步提高至2020年的19.7%，这也意味着养老负担的不断加重。老龄化问题不断加剧也就提出了老年人如何安度晚年的挑战，如何实现“老有所依、老有所养”，让老年人都能够得到基本的生活保障，一方面仍然要发挥家庭养老的保障作用，即发挥子女赡养老人的传统机制；另一方面也要发挥社会养老的兜底作用，在独生子女的计划生育政策下，当代年轻人的养老负担较重，仅仅依靠传统家庭养老的作用是不够的，还需要发挥国家和社会的重要作用，提供养老的兜底机制，而社会兜底则主要是由企业和政府共同承担。

5.1.2 社会保障资金缺口要求拓宽财政收入来源

前已述及，人口老龄化问题对社会保障提出了更高要求，要实现更高水平的社会保障就需要坚实的财政实力作支撑。在人口数量不断增长、人口老龄化日益加剧的背景下，社会保险基金的收入增速与支出增速关系逐步从大于关系转向小于关系，如表5.2和图5.2所示，2004年至2008年，全国社会保险基金收入增速要大于支出增速，2009年以来的大部分年份全国社会保险基金收入增速是小于支出增速的，这也就意味着社会保险基金的给付压力将日益突出，社保基金滚存结余增速也主要呈现出递减趋势。由于全国社会保险基金收入是包含了财政补贴收入的，扣除财政补贴收入后可以发现2013年以来的资金缺口越来越大，并且增速越来越快，如表5.3和图5.3所示，2013年以来全国社会保障基金年度结余能够保持为正主要是财政补贴收入，并且其占财政收入的比重越来越大。

表5.2 全国社会保险基金收支情况（单位：亿元、%）

年份	全国社保基金收入		全国社保基金支出		滚存结余	
	金额	增速	金额	增速	金额	增速
2003	4883	—	4016	—	4676	—
2004	5780	18.4	4627	15.2	5829	24.7
2005	6975	20.7	5401	16.7	7403	27.0

续表

年份	全国社保基金收入		全国社保基金支出		滚存结余	
	金额	增速	金额	增速	金额	增速
2006	8643	23.9	6477	19.9	9569	29.3
2007	10812	25.1	7888	21.8	12493	30.6
2008	13696	26.7	9925	25.8	16264	30.2
2009	16116	17.7	12303	24.0	20077	23.4
2010	18823	16.8	14819	20.5	24081	19.9
2011	24043	27.7	18055	21.8	30069	24.9
2012	28909	20.2	22182	22.9	36028	19.8
2013	35253	21.9	27916	25.8	44884	24.6
2014	39828	13.0	33003	18.2	51635	15.0
2015	46012	15.5	38988	18.1	58893	14.1
2016	53563	16.4	46888	20.3	65425	11.1
2017	67154	25.4	57145	21.9	75349	15.2
2018	79326	18.1	66736	16.8	89776	19.1
2019	80844	1.9	75299	12.8	96977	8.0
2020	72616	-10.2	78835	4.7	90326	-6.9

资料来源：历年《人力资源和社会保障事业发展统计公报》。

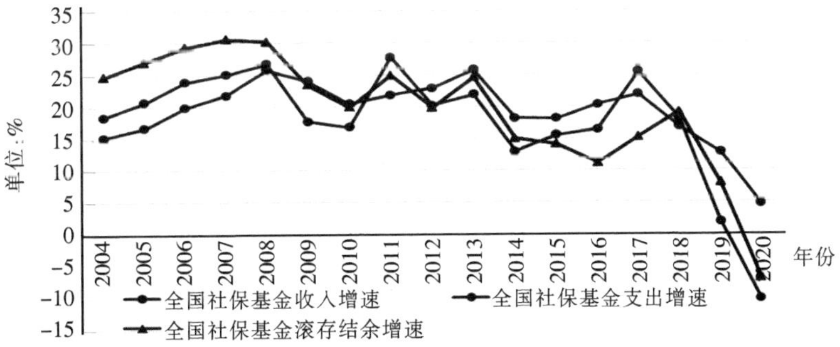

图 5.2　全国社会保险基金收支增速情况

表 5.3 全国社会保险基金资金缺口情况（单位：亿元、%）

年份	财政收入	财政补贴收入	财政补贴收入占比	年度结余	资金缺口
2012	117253.52	6271.76	5.3	6727.00	455.24
2013	129209.64	7371.50	5.7	7337.00	-34.50
2014	140370.03	8446.35	6.0	6825.00	-1621.35
2015	152269.23	10198.15	6.7	7024.00	-3174.15
2016	159604.97	11104.34	7.0	6675.00	-4429.34
2017	172592.77	12264.49	7.1	10009.00	-2255.49
2018	183359.84	16776.83	9.1	12590.32	-4186.51
2019	190390.08	19392.61	10.2	5544.91	-13847.70
2020	182895.00	20946.94	11.5	-6219.17	-27166.11

资料来源：历年《人力资源和社会保障事业发展统计公报》，历年中央与地方预算报告。

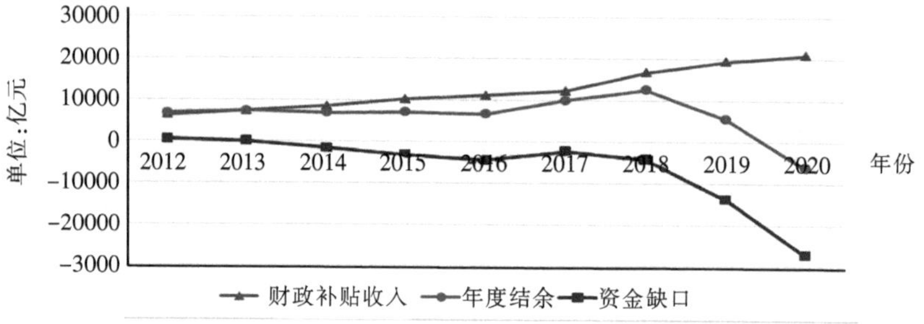

图 5.3 全国社会保险基金资金缺口情况

社会保障支出中养老保险支出是占比最高的。如表 5.4 所示，2015 年至 2020 年，全国社会保险基金收入中企业职工基本养老保险基金收入占比保持在 60%左右的水平，（城乡）居民社会养老保险基金收入占比保持在 5%左右的水平，这两者合计占比达到了 65%左右的水平，接近 2/3。因此，养老保障是社会保障中的重中之重，换句话说，把养老保障问题处理好了，社会保障问题也就解决了一大半。实际上，实现老有所依、老有所养也是对劳动者年轻时为国家和社会发展作出重要贡献的另外一种回馈。

表 5.4　全国社会保险基金中具体项目收支情况（单位：亿元、%）

项目	2020		2019		2018		2017		2016		2015	
	金额	占比	金额	占比	金额	占比	金额	占比	金额	占比	金额	占比
全国社会保险基金收入合计	75863.50	100	80844.00	100	79326.00	100	67154.00	100	56434.00	100	46354.00	100
一、企业职工基本养老保险基金收入	44633.42	58.83	49454.00	61.20	53547.00	67.50	43310.00	64.50	37929.00	67.20	26554.00	57.29
二、居民社会养老保险基金收入	4944.14	6.52	4020.20	4.97	3838.00	4.84	3304.00	4.92	2933.30	5.20	2879.00	6.21
三、城镇职工基本医疗保险基金收入	15654.00	20.63	15845.00	19.60	13538.00	17.07	12278.00	18.30	10273.00	18.20	8926.00	19.26
四、居民基本医疗保险基金收入	9193.93	12.12	8575.00	10.61	6971.00	8.79	5653.30	8.42	2810.50	4.98	5405.00	11.66

续表

项目	2020		2019		2018		2017		2016		2015	
	金额	占比	金额	占比	金额	占比	金额	占比	金额	占比	金额	占比
五、工伤保险基金收入	485. 22	0. 64	815. 70	1	913. 00	1. 15	854. 00	1. 27	736. 90	1. 31	729. 00	1. 57
六、失业保险基金收入	952. 79	1. 26	1272. 60	1. 57	1171. 00	1. 48	1112. 60	1. 67	1228. 90	2. 18	1365. 00	2. 94
七、生育保险基金收入	——	——	861. 36	1. 06	781. 00	1	642. 50	1	521. 90	0. 92	496. 00	1. 07

项目	2020		2019		2018		2017		2016		2015	
	金额	占比	金额	占比	金额	占比	金额	占比	金额	占比	金额	占比
全国社会保险基金支出合计	78372. 17	100	75299. 09	100	66735. 68	100	48652. 99	100	43605. 00	100	39118. 00	100
一、企业职工基本养老保险基金支出	51049. 39	65. 14	49228. 00	65. 38	44645. 00	66. 90	28566. 73	58. 72	25782. 00	59. 13	23092. 00	58. 67
二、居民社会养老保险基金支出	3390. 86	4. 33	3114. 00	4. 14	2906. 00	4. 35	2395. 30	4. 90	2174. 00	4. 99	2135. 00	5. 42

续表

项目	2020		2019		2018		2017		2016		2015	
	金额	占比	金额	占比	金额	占比	金额	占比	金额	占比	金额	占比
三、城镇职工基本医疗保险基金支出	12740.47	16.26	11817.37	15.69	10504.92	15.74	9298.36	19.10	8088.00	18.55	7386.00	18.77
四、居民基本医疗保险基金支出	8271.69	10.55	8128.36	10.79	6284.51	9.42	6121.17	12.64	5472.00	12.55	4785.00	12.16
五、工伤保险基金支出	810.26	1.03	817.00	1.09	742.00	1.11	641.43	1.30	588.00	1.35	576.00	1.46
六、失业保险基金支出	2109.50	2.69	1333.00	1.77	915.00	1.37	893.76	1.84	976.00	2.24	737.00	1.87
七、生育保险基金支出	——	——	861.36	1.14	738.25	1.11	736.24	1.50	526.00	1.21	407.00	1.03

资料来源：根据财政部公布的历年全国社会保险基金收支决算表整理而成。2020 年生育保险收入与支出合并到医疗保险支出中，故缺数据。

城镇职工基本养老保险的收支变化情况。如表 5.5 和图 5.4 所示，城镇职工基本养老保险的收入和支出的绝对值都是在稳步增长的，但收入增速从大于支出增速转变为收入增速小于支出增速，这也就意味着城镇职工基本养老保险的支出越来越大，其资金缺口也将越来越大。如表 5.6 和图 5.5 所示，2003 年至 2011 年，扣除财政补贴收入后的年度结余是正值，说明这一时期收入是大于支出的；2012 年以来，扣除财政补贴收入后的年度结余逐渐从正值转向负值，说明资金缺口在不断增大。

表 5.5　城镇职工基本养老保险收支情况（单位：亿元、%）

年份	收入		支出		累计结余	
	金额	增速	金额	增速	金额	增速
1997	1338	11.5	1251	15.9	683	24.2
1998	1459	9.1	1512	20.8	612	-10.4
1999	1965	34.7	1925	27.3	734	20.0
2000	2278	15.9	2115	9.9	947	29.0
2001	2489	9.3	2321	9.7	1054	11.3
2002	3172	27.4	2843	22.5	1608	52.6
2003	3680	16.0	3122	9.8	2207	37.3
2004	4258	15.7	3502	12.2	2975	34.8
2005	5093	19.6	4040	15.4	4041	35.8
2006	6310	23.9	4897	21.2	5489	35.8
2007	7834	24.2	5965	21.8	7391	34.7
2008	9740	24.3	7390	23.9	9931	34.4
2009	11491	18.0	8894	20.4	12526	26.1
2010	13420	16.8	10555	18.7	15365	22.7
2011	16895	25.9	12765	20.9	19497	26.9
2012	20001	18.4	15562	21.9	23941	22.8
2013	22680	13.4	18470	18.7	28269	18.1
2014	25310	11.6	21755	17.8	31800	12.5
2015	29341	15.9	25813	18.7	35345	11.1
2016	35058	19.5	31854	23.4	38580	9.2

续表

年份	收入		支出		累计结余	
	金额	增速	金额	增速	金额	增速
2017	43310	23. 5	38052	19. 5	43885	13. 8
2018	51168	18. 1	44645	17. 3	50901	16. 0
2019	52919	3. 4	49228	10. 3	54623	7. 3
2020	44376	-16. 1	51301	4. 2	48317	-11. 5

资料来源：历年《人力资源和社会保障事业发展统计公报》。

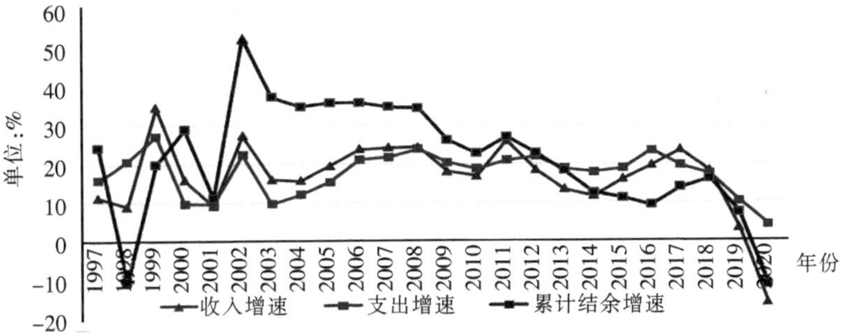

图 5.4　城镇职工基本养老保险收支增速情况

表 5.6　城镇职工基本养老保险资金缺口情况（单位：亿元、%）

年份	财政收入	财政补贴收入	财政补贴收入占比	年度结余	资金缺口
2002	18903. 64	408. 2	2. 2	328. 6	-79. 6
2003	21715. 25	530	2. 4	558	28
2004	26396. 47	614	2. 3	756	142
2005	31649. 29	651	2. 1	1053	402
2006	38760. 20	971	2. 5	1413	442
2007	51321. 78	1157	2. 3	1869	712
2008	61330. 35	1437	2. 3	2350	913
2009	68518. 30	1646	2. 4	2597	951
2010	83101. 51	1954	2. 4	2865	911

续表

年份	财政收入	财政补贴收入	财政补贴收入占比	年度结余	资金缺口
2011	103874. 43	2272	2. 2	4130	1858
2012	117253. 52	2648	2. 3	4439	1791
2013	129209. 64	3019	2. 3	4210	1191
2014	140370. 03	3548	2. 5	3555	7
2015	152269. 23	4716	3. 1	3528	-1188
2016	159604. 97	6511	4. 1	3204	-3307
2017	172592. 77	8004	4. 6	5258	-2746
2018	183359. 84	5355. 43	2. 9	6523	1167. 57
2019	190390. 08	5587. 76	2. 9	3691	-1896. 76
2020	182895. 00	6271. 31	3. 4	-6925	-13196. 31

资料来源：历年《人力资源和社会保障事业发展统计公报》，历年财政决算报告。

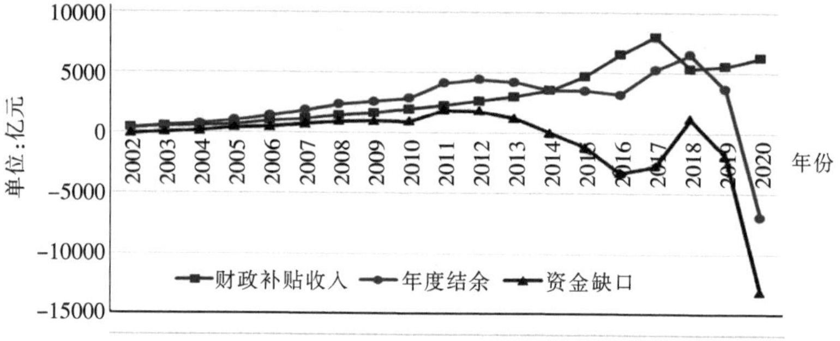

图 5.5　城镇职工基本养老保险资金缺口情况

城乡居民基本养老保险的收支变化情况。如表 5.7 和图 5.6 所示，2011 年至今，城乡居民基本养老保险的收入和支出的绝对值都是在稳步增长的，但收入增速在大部分年份是小于支出增速的，这也就意味着城乡居民基本养老保险的支出越来越大，其资金缺口也越来越大。如表 5.8 和图 5.7 所示，2015 年至 2020 年，扣除财政补贴收入后的年度结余是负值，说明资金缺口在不断增大。未来随着我国进一步提高城乡居民基础养老金标准，城乡居民养老金缺口将更大。

表 5.7　城乡居民基本养老保险收支情况（单位：亿元、%）

年份	收入		支出		累计结余	
	金额	增速	金额	增速	金额	增速
2011	1070	135.9	588	193.3	1199	183.5
2012	1829	64.8	1150	92.2	2302	92.0
2013	2052	12.2	1348	17.3	3006	30.6
2014	2310	12.6	1571	16.5	3845	27.9
2015	2855	23.6	2117	34.7	4592	19.4
2016	2933	2.8	2150	1.6	5385	17.3
2017	3304	12.6	2372	10.3	6318	17.3
2018	3838	16.2	2906	22.5	7250	14.8
2019	4107	7.0	3114	7.2	8249	13.8
2020	4853	18.2	3355	7.7	9759	18.3

资料来源：历年《人力资源和社会保障事业发展统计公报》

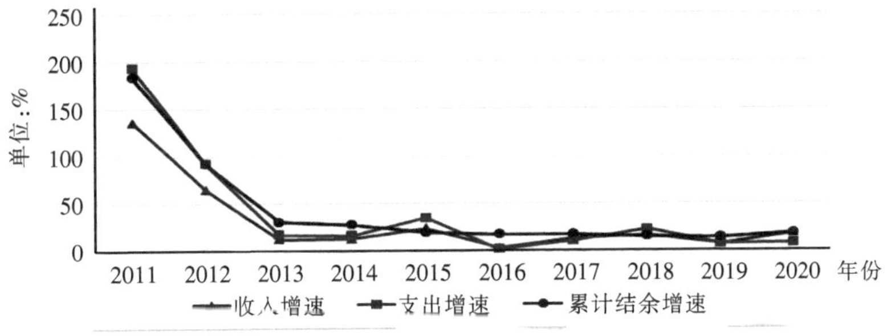

图 5.6　城乡居民基本养老保险收支增速情况

表 5.8　城乡居民基本养老保险缺口情况（单位：亿元、%）

年份	财政收入	财政补贴收入	财政补贴收入占比	年度结余	资金缺口
2015	152269.23	2044.00	1.3	738	−1306.00
2016	159604.97	2092.10	1.3	783	−1309.10
2017	172592.77	2319.19	1.3	932	−1387.19
2018	183359.84	2775.74	1.5	932	−1843.74
2019	190390.08	2880.51	1.5	993	−1887.51

续表

年份	财政收入	财政补贴收入	财政补贴收入占比	年度结余	资金缺口
2020	182895.00	3134.59	1.7	1498	-1636.59

资料来源：历年《人力资源和社会保障事业发展统计公报》，历年财政决算报告。

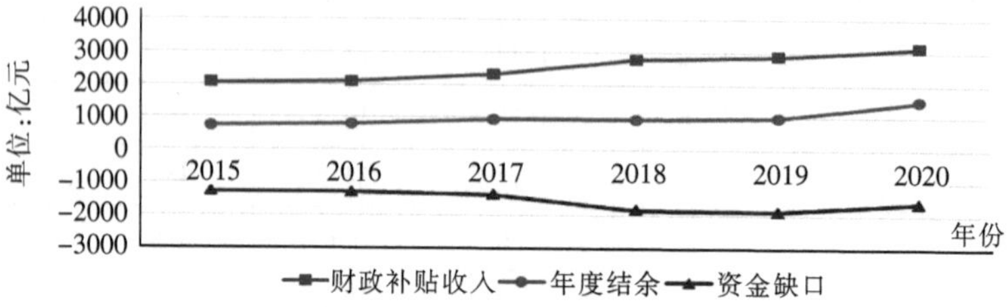

图 5.7　城乡居民基本养老保险缺口情况

综上所述，随着我国经济社会的不断发展，养老保障待遇的不断提高，人民日益增长的美好生活需要必然要求更高的保障水平，这同时也意味着我国社会保障中的养老保险资金缺口未来将日益扩大，例如国家对城镇职工基本养老保险和城乡居民基本养老保险的补贴总额已接近万亿元规模，对整个社会保险的补贴总额 2020 年已超过 2 万亿元。要想提供更好的社会保障待遇，尤其是要在老有所养、老有所依方面持续取得新进展，必然需要更多的资金来源。国有企业利润全民共享是一条重要路径。

5.1.3 国有企业利润充实社会保障基金的相关政策演变

为积极有效地应对社保基金资金缺口的问题，国家从全民更多更公平地共享国有企业改革发展红利的角度出台了相关政策。2001 年 6 月国务院颁布的《减持国有股筹资社会保障资金管理暂行办法》① 提出将转让国有上市公司部分国有股所获得的收益作为开拓社会保障资金新的筹资渠道，从此开启了国有企业改革发展与社会保障基金紧密联系的制度建设新征程。2007 年 9 月出台的《国务院关于实行国有资本经营预算的意见》② 对国有资本经营预

① 资料参见：http：//www.gov.cn/gongbao/content/2001/content_ 60921.htm

② 资料参见：http：//www.gov.cn/xxgk/pub/govpublic/mrlm/200803/t20080328_ 32760.html

算支出作出了“必要时，可部分用于社会保障等项支出”的规定，这也就意味着国有资本收益从政策上明确了可以用来支付社会保障资金，进而也就可以逐步实现国有资本收益全民共享。2009 年 6 月出台的《境内证券市场转持部分国有股充实全国社会保障基金实施办法》[①] 提出“凡在境内证券市场首次公开发行股票并上市的含国有股的股份有限公司，除国务院另有规定的，均须按首次公开发行时实际发行股份数量的 10%，将股份有限公司部分国有股转由社保基金会持有，国有股东持股数量少于应转持股份数量的，按实际持股数量转持”，这一次的政策力度要比 2001 年出台的《暂行办法》更大，也进一步加强了国有企业承担社会保障责任的力度。

2013 年 2 月发布的《关于深化收入分配制度改革的若干意见》[②] 提出“建立健全国有资本收益分享机制。全面建立覆盖全部国有企业、分级管理的国有资本经营预算和收益分享制度，合理分配和使用国有资本收益，扩大国有资本收益上缴范围。适当提高中央企业国有资本收益上缴比例，‘十二五’期间在现有比例上再提高 5 个百分点左右，新增部分的一定比例用于社会保障等民生支出。”虽然该《意见》并未明确国有资本收益用于社会保障的比例，但随着国有资本收益上缴力度的增强，国有资本收益能够用于社会保障支出的资金将会不断增加。2013 年 11 月召开的党的十八届三中全会提出“划转部分国有资本充实社会保障基金。完善国有资本经营预算制度，提高国有资本收益上缴公共财政比例，二〇二〇年提到 30%，更多用于保障和改善民生。”[③] 该次会议首次明确了国有资本收益上缴公共财政的目标比例，即到 2020 年要达到 30%，这比之前的“一定比例”的模糊提法有很大改进。2015 年 8 月中共中央、国务院发布的《关于深化国有企业改革的指导意见》提出“建立覆盖全部国有企业、分级管理的国有资本经营预算管理制度，提高国有资本收益上缴公共财政比例，2020 年提高到 30%，更多用于保障和改善民生。

① 资料参见：http：//www. ssf. gov. cn/flfg/tzflfg/201205/t20120529_ 5275. html

② 资料参见：http：//www. gov. cn/zwgk/2013-02/05/content_ 2327531. htm

③ 中共中央关于全面深化改革若干重大问题的决定［N］. 人民日报，2013-11-16（001）.

划转部分国有资本充实社会保障基金。”① 这实际上也是对党的十八届三中全会相关精神的进一步贯彻落实。

2015 年 10 月召开的党的十八届五中全会再次强调“逐步提高国有资本收益上缴公共财政比例，划转部分国有资本充实社保基金”②，同时这次会议还首次提出了创新、协调、绿色、开放、共享发展理念，其中“共享是中国特色社会主义的本质要求。必须坚持发展为了人民、发展依靠人民、发展成果由人民共享，作出更有效的制度安排，使全体人民在共建共享发展中有更多获得感，增强发展动力，增进人民团结，朝着共同富裕方向稳步前进。”自此，共享发展成了促进社会良性发展的重要政策导向，国有企业利润全民共享自然也成为共享发展的重要内容。总的来看，党的十八大以来，我国对于国有资本收益全民共享的政策在不断强化，国有企业改革发展红利正在更多更可持续地惠及全体老百姓。2016 年 3 月国务院颁布的《全国社会保障基金条例》③ 将“国有资本划转”作为社会保障基金的重要组成部分。2017 年 11 月，国务院印发的《划转部分国有资本充实社保基金实施方案》进一步明确提出“通过划转部分国有资本充实社保基金，使全体人民共享国有企业发展成果，增进民生福祉”④，以充分体现代际公平和国有企业发展成果全民共享。2019 年 12 月，中央企业已划转 1.1 万亿元的国有股至社保基金⑤，这对于充实社保基金、弥补社保基金资金缺口将发挥重要作用。

5.2 国有企业利润全民共享的现行路径

如前所述，根据现行政策，国有企业利润全民共享的路径目前主要是两个方面：一方面是通过将部分国有资本收益划归公共财政，再由公共财政统

---

① 资料参见：http://www.gov.cn/zhengce/2015-09/13/content_2930440.htm
② 资料参见：http://www.gov.cn/xinwen/2015-11/03/content_2959432.htm
③ 资料参见：http://www.ssf.gov.cn/flfg/tzflfg/201603/t20160329_7023.html
④ 资料参见：http://www.gov.cn/zhengce/content/2017-11/18/content_5240652.htm
⑤ 资料参见：https://baijiahao.baidu.com/s?id=1653904089245769181&wfr=spider&for=pc

筹到民生支出；另一方面是通过减持国有股所获得的收益充实社保基金或将国有股划转至社保基金，划转国有股的收益主要是根据企业盈利情况而享受利润分红，然后将其利润充实到社保基金，再由全国社保基金理事会统筹资金用途。接下来我们将对这两种共享路径的基本情况进行分析。

5.2.1 国有资本收益调入公共财政并用于民生支出

由于 2015 年前后财政部对国有资本经营预算支出的统计口径不一样，我们将国有资本经营预算支出的具体情况分为两个阶段，第一阶段为 2010 年至 2015 年，这一阶段国有资本经营预算支出科目分为教育、文化体育与传媒、社会保障和就业、农林水事务、交通运输、资源勘探电力信息等事务、商业服务业等事务、转移性支出、地震灾后恢复重建支出、其他支出等；第二阶段为 2016 年至 2020 年，这一阶段国有资本经营预算支出科目分为国有资本经营预算补充社保基金支出、解决历史遗留问题及改革成本支出、国有企业资本金注入、国有企业政策性补贴、金融国有资本经营预算支出、其他国有资本经营预算支出、国有资本经营预算调出资金（即转移性支出）等。而要分析国有资本收益调入公共财政并用于民生支出的情况，只需要关注转移性支出的数据就可以了。

（1）第一阶段：2010—2015 年

中央国有资本收益调入公共财政用于民生支出的情况。如表 5.9 所示，2010—2015 年，转移性支出分别为 10 亿元、40 亿元、50 亿元、65 亿元、184 亿元、230 亿元，占中央国有资本经营支出的比重分别为 1.8%、5.2%、5.4%、6.6%、13.0%、16.9%，均值为 9.65%。此外，在历年中央国有资本经营决算的说明中，中央国有资本经营预算支出还可划分为资本性支出、费用性支出和其他支出三类，其中资本性支出主要是用于产业发展规划、国有经济布局优化和结构调整、国有企业自身发展需要、维护和巩固国家战略和安全需要等，费用性支出主要是用于弥补国有企业改革成本，其他支出主要是用于就业、社保等①。如表5.10所示，2010年至2014年，资本性支出占比分别为67.8%、87.8%、86.0%、85.2%、76.7%，均值为81.15%；费用性支出占比分别为5.1%、6.2%、6.3%、5.8%、8.6%，均值为6.73%；其他支出占比分别为27.1%、6.0%、7.7%、9.0%、14.8%，均值为12.12%。用于民生支出的主要来源于其他支出，而目前用于其他支出的比重并不高，80%以上的中央国有资本支出主要通过资本性支出和费用性支出流回了国有企业，形成了较高程度的“体制内循环”。

表5.9 中央国有资本经营预算支出情况（2010—2015年）（单位：亿元）

年份	2010	2011	2012	2013	2014	2015
一、教育		0.21	2.18	1.98	2.00	
二、文化体育与传媒		6.03	6.20	10.00	10.01	7.33
三、社会保障和就业	127.10	0.51	17.21	19.29	21.58	26.21
四、农林水事务	5.51	19.33	14.79	17.02	18.29	0.33
五、交通运输	45.14	23.20	35.34	56.16	257.88	157.62
六、资源勘探电力信息等事务	274.59	591.28	685.46	701.19	723.18	671.18
七、商业服务业等事务	70.33	87.23	108.64	97.55	192.18	159.90
八、其他支出			0.03	10.00	10.00	110.00
九、转移性支出	10	40	50	65	184	230
十、地震灾后恢复重建支出	9.32	1.74	9.94			
中央国有资本经营支出	541.99	769.53	929.79	978.19	1419.12	1362.57
结转下年支出	35.59	31.07	71.95	152.19	143.98	394.47

资料来源：根据财政部公布的历年财政决算数据整理而成。

① 苏贵斌．现行国有资本经营预算制度的现状及缺陷［J］．内蒙古农业大学学报（社会科学版），2015，17（02）：25-29.

表 5.10　中央国有资本经营预算支出结构分类情况（2010—2014 年）

（单位：亿元、%）

年份	2010		2011		2012		2013		2014	
	金额	占比	金额	占比	金额	占比	金额	占比	金额	占比
资本性支出	367.46	67.8	675.81	87.8	799.75	86.0	833.43	85.2	1087.92	76.7
费用性支出	27.73	5.1	47.79	6.2	58.44	6.3	56.26	5.8	121.75	8.6
其他支出	146.80	27.1	45.93	6.0	71.60	7.7	88.50	9.0	209.45	14.8
中央国有资本经营支出	541.99	100	769.53	100	929.79	100	978.19	100	1419.12	100

资料来源：根据财政部公布的历年财政决算中的中央国有资本经营决算的说明整理而成。

地方国有资本收益调入公共财政用于民生支出的情况。如表 5.11 所示，2012 年至 2015 年，地方国有企业的转移性支出分别为 6.31 亿元、12.56 亿元、38.81 亿元、0 亿元，占地方国有资本经营支出的比重分别为 1.3%、2.2%、6.5%、0%，均值为 2.3%，说明地方国有资本收益绝大部分都再次回流至地方国有企业内部了，这一阶段地方国有资本收益全民共享的程度还较低。

表 5.11　地方国有资本经营预算支出情况（2012—2015 年）（单位：亿元）

年份	2012	2013	2014	2015
一、教育	2.81	6.57	1.54	2.01
二、科学技术	11.62	26.81	21.11	35.76
三、文化体育与传媒	5.86	5.42	17.96	24.46
四、节能环保	3.42	17.12	11.76	16.67
五、城乡社区事务	20.99	38.12	42.89	70.36
六、农林水事务	27.33	12.98	5.32	9.08
七、交通运输	44.28	80.63	73.35	59.89
八、资源勘探电力信息等事务	217.51	185.83	179.66	346.63
九、商业服务业等事务	76.34	99.53	107.47	129.50

续表

年份	2012	2013	2014	2015
十、其他支出	56.54	97.76	94.72	137.05
十一、转移性支出	6.31	12.56	38.81	0
地方国有资本经营支出	473.01	583.33	594.59	831.41
结转下年支出	52.21	71.60	81.20	233.72

资料来源：根据财政部公布的历年财政决算数据整理而成。

全国国有资本收益调入公共财政用于民生支出的情况。综合中央国有资本经营预算与地方国有资本经营预算用于民生支出的情况可以得到全国国有资本经营预算用于民生支出的情况，如表5.12所示，2012年至2015年，全国国有资本收益调入公共财政的转移性支出分别为56.31亿元、77.56亿元、222.81亿元、230.00亿元，占全国国有资本经营预算支出的比重分别为4.0%、5.0%、11.1%、11.1%，均值为8.3%，这说明全国国有资本收益绝大部分都再次回流至国有企业内部了，国有企业“体制内循环”比例较高。

表5.12　全国国有资本经营预算支出情况（2012—2015年）（单位：亿元）

年份	2012	2013	2014	2015
一、教育支出	4.99	8.55	3.54	2.01
二、科学技术支出	11.62	26.81	21.11	35.76
三、文化体育与传媒支出	12.06	15.42	27.97	31.79
四、社会保障和就业支出	17.21	19.29	21.58	26.21
五、节能环保支出	3.42	17.12	11.76	16.67
六、城乡社区支出	20.99	38.12	42.89	70.36
七、农林水支出	42.12	30.00	23.61	9.41
八、交通运输支出	79.62	136.79	331.23	217.51
九、资源勘探信息等支出	902.97	887.02	902.84	898.90

续表

年份	2012	2013	2014	2015
十、商业服务业等支出	184.98	197.08	299.65	281.10
十一、其他支出	56.57	107.76	104.72	247.05
十二、转移性支出	56.31	77.56	222.81	230.00
全国国有资本经营支出	1402.80	1561.52	2013.71	2066.77
结转下年支出	124.16	223.79	225.18	

资料来源：根据财政部公布的历年财政决算数据整理而成。

（2）第二阶段：2016—2020 年

中央国有资本收益调入公共财政用于民生支出的情况。如表 5.13 所示，2016—2020 年，转移性支出分别为 246.00 亿元、257.00 亿元、321.54 亿元、389.77 亿元、577.50 亿元，占中央国有资本经营收益①的比重分别为 17.20%、20.65%、24.24%、23.83%、32.34%，均值为 24.14%（见表 4.5），总体离国家制定的目标比例 30%还有一定差距，但是在 2020 年已经超过 30%的水平。

表 5.13　中央国有资本经营预算支出情况（2016—2020 年）（单位：亿元）

年份	2016	2017	2018	2019	2020
一、国有资本经营预算补充社保基金支出	59.61	34.86	13.29	0.43	0.21
二、解决历史遗留问题及改革成本支出	796.77	625.12	473.23	609.12	209.82
中央本级支出	283.24	393.73	393.19	486.87	144.45
对地方转移支付	513.53	231.39	80.04	122.25	65.37
三、国有企业资本金注入	399.00	252.43	331.49	361.41	463.27
中央本级支出	399.00	248.45	324.65	361.41	463.27
对地方转移支付		3.98	6.84		
四、国有企业政策性补贴	93.28	77.28	81.08	83.66	113.59

① 由于 2016 年以后转移性支出并未纳入中央国有资本经营预算支出，因此我们在计算占比时并未用中央国有资本经营支出数据，而是计算国有资本收益调入公共财政的比重。下同。

续表

年份	2016	2017	2018	2019	2020
五、金融国有资本经营预算支出				34.74	140.00
六、其他国有资本经营预算支出	101.95	12.02	212.64	19.44	12.17
中央国有资本经营支出	1450.61	1001.71	1111.73	1108.80	939.06
国有资本经营预算调出资金	246.00	257.00	321.54	389.77	577.50
结转下年支出	128.03	113.59	6.70	144.09	413.14

资料来源：根据财政部公布的历年财政决算数据整理而成。

地方国有资本经营预算用于民生支出的情况。如表5.14所示，2016—2020年，地方国有资本经营预算收益中调入公共财政的转移性支出分别为305.39亿元、356.66亿元、563.38亿元、1068.76亿元、1339.42亿元，占地方国有资本经营收益的比重分别为25.90%、26.68%、35.67%、45.98%、44.81%，均值为38.62%（见表4.6），已超额完成国家制定的目标比例30%。

表5.14 地方国有资本经营预算支出情况（2016—2020年）（单位：亿元）

年份	2016	2017	2018	2019	2020
一、解决历史遗留问题及改革成本支出	401.67	406.43	269.25	253.14	154.19
其中：厂办大集体改革支出	29.42	4.96	-20.91	49.06	4.91
“三供一业”移交补助支出	281.26	246.21	179.34	113.87	52.80
国有企业办职教幼教补助支出	0.97	1.92	2.41	3.84	3.39
国有企业办公共服务机构移交补助支出		0.37	0.29	1.01	0.91
国有企业退休人员社会化管理补助支出	5.31	2.79	1.36	1.30	8.76
国有企业棚户区改造支出	2.89	1.57	0.91	0.44	3.09
国有企业改革成本支出	32.54	44.25	44.18	25.93	24.74
离休干部医药费补助支出	1.17	0.88	0.94	0.77	0.75
其他解决历史遗留问题及改革成本支出	48.11	103.48	60.73	56.92	54.84
二、国有企业资本金注入	488.04	549.60	608.19	749.00	936.90
其中：国有经济结构调整支出	184.35	187.04	177.90	232.12	296.52
公益性设施投资支出	81.61	117.31	82.42	90.39	73.54
前瞻性战略性产业发展支出	58.92	14.25	16.84	19.64	23.69

续表

年份	2016	2017	2018	2019	2020
生态环境保护支出	10.22	3.72	4.28	9.59	4.18
支持科技进步支出	34.90	41.49	46.64	58.64	47.25
保障国家经济安全支出	0.06	0.11	0.69	0.25	0.18
对外投资合作支出	1.66	4.03	0.11	0.10	
其他国有企业资本金注入	116.32	181.65	279.31	338.27	491.54
三、国有企业政策性补贴	28.70	35.46	40.12	58.34	117.93
四、金融国有资本经营预算支出				5.01	16.60
其中：资本性支出				2.57	9.03
其他金融国有资本经营预算支出				2.44	7.57
五、其他国有资本经营预算支出	300.00	257.48	210.87	243.37	456.90
地方国有资本经营支出	1218.41	1248.97	1128.43	1308.86	1682.52
国有资本经营预算调出资金	305.39	356.66	563.38	1068.76	1339.42
结转下年支出	168.51			80.49	32.37

资料来源：根据财政部公布的历年财政决算数据整理而成。

全国国有资本经营预算用于民生支出的情况。如表 5.15 所示，2016—2020 年，国有资本经营预算收益中调入公共财政的转移性支出分别为 551.39 亿元、613.66 亿元、884.92 亿元、1458.53 亿元、1916.92 亿元，占全国国有资本经营收益的比重分别为 21.13%、23.78%、30.45%、36.83%、40.15%，均值为 32.24%（见表 4.7），已完成国家制定的目标比例 30%。

表 5.15　全国国有资本经营预算支出情况（2016—2020 年）（单位：亿元）

年份	2016	2017	2018	2019	2020
一、国有资本经营预算补充社保基金支出	59.61	34.86	13.29	0.43	0.21
二、解决历史遗留问题及改革成本支出	684.91	800.16	662.44	740.01	298.64
其中：厂办大集体改革支出	29.98	4.96	-19.59	56.38	16.00
“三供一业”移交补助支出	365.43	528.60	486.09	569.05	139.88
国有企业办职教幼教补助支出	0.97	1.92	2.41	3.84	3.39
国有企业办公共服务机构移交补助支出		0.37	0.29	1.01	1.01

续表

年份	2016	2017	2018	2019	2020
国有企业退休人员社会化管理补助支出	5.31	2.79	1.36	1.95	9.37
国有企业棚户区改造支出	38.36	9.05	1.92	-8.93	3.09
国有企业改革成本支出	190.26	143.69	124.91	55.76	68.10
离休干部医药费补助支出	6.49	5.30	4.01	3.29	2.83
其他解决历史遗留问题及改革成本支出	48.11	103.48	61.04	57.66	54.97
三、国有企业资本金注入	887.04	798.05	932.84	1110.41	1400.17
其中：国有经济结构调整支出	387.35	315.77	369.52	509.05	521.92
公益性设施投资支出	106.61	117.31	82.42	96.89	73.54
前瞻性战略性产业发展支出	158.92	114.30	133.39	102.64	210.68
生态环境保护支出	10.22	3.72	4.28	13.59	14.89
支持科技进步支出	46.90	41.49	46.64	58.64	47.25
保障国家经济安全支出	0.06	0.11	0.69	0.25	12.31
对外投资合作支出	44.66	9.68	10.11	-9.90	27.00
其他国有企业资本金注入	132.32	195.67	285.79	339.25	492.58
四、国有企业政策性补贴	121.98	112.74	121.20	142.00	231.52
五、金融国有资本经营预算支出				39.75	156.60
其中：资本性支出				37.31	149.03
其他金融国有资本经营预算支出				2.44	7.57
六、其他国有资本经营预算支出	401.95	269.50	423.51	262.81	469.07
全国国有资本经营支出	2155.49	2015.31	2153.28	2295.41	2556.21
国有资本经营预算调出资金	551.39	613.66	884.92	1458.53	1916.92
结转下年支出	296.54	113.59	6.70	224.58	445.51

资料来源：根据财政部公布的历年财政决算数据整理而成。

表 5.16　全国国有资本经营预算收入调入公共财政情况（2010—2020 年）（单位：亿元、%）

年份	2010	2011	2012	2013	2014	2015	2016
全国国有资本经营预算收入	558.67	765.01	1495.90	1713.36	2007.60	2560.00	2608.95
国有资本经营预算调入公共财政	10.00	40.00	56.31	77.56	222.81	230.00	551.39

续表

年份	2010	2011	2012	2013	2014	2015	2016
占全国国有资本经营收入比重	1.79	5.23	3.76	4.53	11.10	8.98	21.13
年份	2017	2018	2019	2020	均值	总额	
全国国有资本经营预算收入	2580.90	2905.79	3971.82	4774.55	2358.41	25942.55	
国有资本经营预算调入公共财政	613.66	884.92	1458.53	1916.92	551.10	6062.10	
占全国国有资本经营收入比重	23.78	30.45	36.72	40.15	23.37	23.37	

资料来源：根据财政部公布的历年财政决算数据整理而成。

5.2.2 调整国有股充实社保基金

（1）国有股减持收益充实社保基金

前已述及，2001 年 6 月国务院颁布的《减持国有股筹资社会保障资金管理暂行办法》就提出了要通过减持国有股来充实社保基金，此后又出台了类似的政策。根据前面的中央、地方和全国国有资本经营预算支出情况可以得到，国有股减持的对象是中央国有企业，地方国有资本经营预算支出中并无这一项，因此只要分析中央国有资本经营预算支出中补充社保基金的情况就可以了。如表 5.17 所示，国有股减持收益一直处于波动较大的不稳定状况（见图 5.8），某些年份其值很大，某些年份其值又很小，该项支出占中央国有资本经营支出的比重 2010 年至 2020 年分别为 23.45%、0.07%、1.85%、1.97%、1.52%、1.92%、4.11%、3.48%、1.20%、0.04%、0.02%，均值为 2.76%；该项支出占全国国有资本经营支出的比重 2010 年至 2020 年分别为 23.45%、0.07%、1.23%、1.24%、1.07%、1.27%、2.77%、1.73%、0.62%、0.02%、0.01%，均值为 1.70%，由此可见目前国有股减持收益的影响还较小，还未形成一定的规模效应，这也可能反映了通过减持国有股获得收益来实现全民共享的路径还只能算一种补充路径，难以成为一种发挥重要影响的路径。

表 5.17　国有股减持收益充实社保基金情况（2010—2020 年）

（单位：亿元、%）

年份	2010	2011	2012	2013	2014	2015	2016
中央国有资本经营预算支出	541.99	769.53	929.79	978.19	1419.12	1362.57	1450.61
全国国有资本经营预算支出	541.99	769.53	1402.80	1561.52	2013.71	2066.77	2155.49
国有资本经营预算补充社保基金支出	127.10	0.51	17.21	19.29	21.58	26.21	59.61
占中央国有资本经营支出比重	23.45	0.07	1.85	1.97	1.52	1.92	4.11
占全国国有资本经营支出比重	23.45	0.07	1.23	1.24	1.07	1.27	2.77
年份	2017	2018	2019	2020	均值	总额	
中央国有资本经营预算支出	1001.71	1111.73	1108.80	939.06	1055.74	11613.10	
全国国有资本经营预算支出	2015.31	2153.28	2295.41	1916.92	1717.52	18892.73	
国有资本经营预算补充社保基金支出	34.86	13.29	0.43	0.21	29.12	320.30	
占中央国有资本经营支出比重	3.48	1.20	0.04	0.02	2.76	2.76	
占全国国有资本经营支出比重	1.73	0.62	0.02	0.01	1.70	1.70	

资料来源：根据财政部公布的历年财政决算数据整理而成。

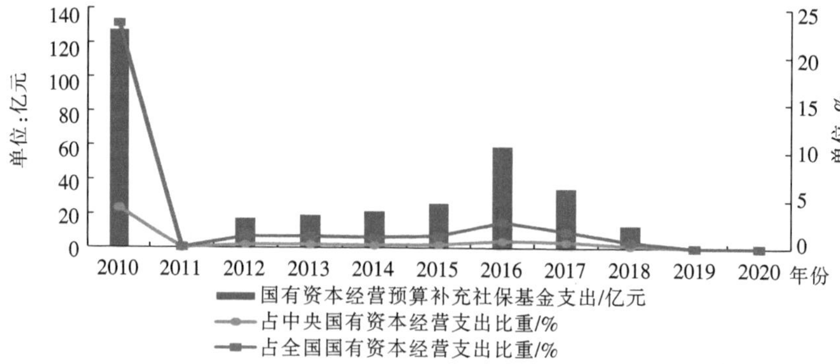

图 5.8　国有股减持收益充实社保基金情况（2010—2020 年）

根据全国社会保障基金理事会公布的社保基金年度报告，如表 5.18 所示，国有股累计减持资金是在不断增加的，但由于国有股减持收入是不稳定的，有时多，有时少，最高时达到了 127.10 亿元（2010 年），最低时下降至

0.21 亿元（2020 年），截至 2020 年末累计国有股减持资金为 971.59 亿元。

表 5.18　国有股减持资金增量与存量情况（2014—2020 年）（单位：亿元）

年份	累计国有股减持资金	年度新增国有股减持资金
2009 年末	651.28①	——
2010 年末	778.38	127.10
2011 年末	778.89	0.51
2012 年末	796.10	17.21
2013 年末	815.39	19.29
2014 年末	836.97	21.58
2015 年末	863.19	26.21
2016 年末	922.80	59.61
2017 年末	955.63	32.83②
2018 年末	970.95	15.32
2019 年末	971.38	0.43
2020 年末	971.59	0.21

注：①《全国社会保障基金理事会社保基金年度报告》关于国有股减持资金的数据是从 2014 年开始公布的，2009 年至 2013 年的数据是笔者根据表 5.17 中的“国有资本经营预算补充社保基金支出”倒推出来的。

② 2017 年与 2018 年年度国有股减持资金与表 5.17 所示的数据不一样，但是 2017 年与 2018 年两年的数据相加则是一致的。

资料来源：根据历年《全国社会保障基金理事会社保基金年度报告》整理而成。

（2）划转国有股至社保基金

2009 年 6 月出台的《境内证券市场转持部分国有股充实全国社会保障基金实施办法》开启了划转部分国有股充实社保基金，进而实现全民共享国有企业改革发展红利的新路径。国资委和财政部向符合条件的 206 家国有企业下达了国有股转持通知，截至 2010 年 3 月 29 日，已有 168 家向社保基金转持股份 54.42 亿股，发行市值 451.29 亿元，占全部追溯转持股份发行市值的 71%，加上转持的 65 家新上市公司的 198.27 亿元发行市值，社保转持国有股发行市值已超过650亿元[①]。

2017年11月国务院印发的《划转部分国有资本充实社保基金实施方案》提出按照两步走的程序展开工作：第一步，2017年选择部分中央企业和部分省份开展试点，中央企业包括国务院国资委监管的中央管理企业3至5家、中央金融机构2家；第二步，在总结试点经验的基础上，2018年及以后，分批划转、尽快完成划转工作。2018年3月份国资委宣布，在中国联通、中国有色、中农发三家企业开展首批股权划转试点。同年11月份，国资委又选择了中国华能等15家企业开展第二批划转工作。加上近期将实施划转的35家中央管理企业，53家央企划转社保总额将达到6038亿元。在方案执行过程中，中央企业率先完成向社保基金划转国有股权任务，截至2020年底划转国有资本1.21万亿元[②]，加上中央金融机构划转的国有股，合计达到了1.68万亿元[③]。这对于充实社保基金将发挥积极作用。根据2019年五部门印发的《关于全面推开划转部分国有资本充实社保基金工作的通知》[④] 要求地方层面的国有企业于2020年底之前要基本完成国有股划转工作，而各地也在加速完成此项工作[⑤]，据不完全统计，2020年以来，广东、广西、宁夏、河南、湖南、重庆、山东、北京、甘肃、上海等地均出台了国有资本划转社保方案，加上2018年安徽、云南以及2019年四川、河北等地公布的相关方案，目前已有10余个省市出台了部分国有资本划转社保基金方案[⑥]。但是国家层面没有公布具体的总的地方国有股划转金额。

根据全国社会保障基金理事会公布的社保基金年度报告，2009年以来全国社会保障基金理事会转持的国有股在不断增加，截至2017年末，境内转持

① 国有股划转提速 650亿元国有股划至社保基金，https：//finance.qq.com/a/20100330/001770.htm

② 央广网：央企已划转1.21万亿元国资充实社保基金，http：//www.sasac.gov.cn/n2588025/n2588139/c17231886/content.html

③ 资料来源：https：//baijiahao.baidu.com/s? id=1689809673187489822&wfr=spider&for=pc

④ 资料来源：http：//www.gov.cn/xinwen/2019-09/20/content_ 5431701.htm

⑤ 资料来源：《任务时限不足百日 地方国有资本划转社保基金提速》，https：//baijiahao.baidu.com/s? id=1679100788432320098&wfr=spider&for=pc

⑥ 资料来源：https：//baijiahao.baidu.com/s? id=1689809673187489822&wfr=spider&for=pc

股票份额为 1028.57 亿元，境外转持股票份额为 843.55 亿元，合计达到了 1825.36 亿元，2017 年末至 2020 年末，境内外转持股票份额没有改变，这说明 2017 年国务院印发的《划转部分国有资本充实社保基金实施方案》所涉及的国有股还未体现在全国社会保障基金理事会的社保基金年度报告里面，但未来几年划转的国有股将会逐步体现，社保基金将进一步做大做强，更有利于保障和改善民生。

表 5.19 国有股转持情况（2014—2020 年） （单位：亿元）

年份	境内转持股票	境外转持股票	合计
2014 年末	869.26	677.88	1547.14
2015 年末	940.36	759.62	1699.98
2016 年末	997.85	827.51	1825.36
2017 年末	1028.57	843.55	1872.12
2018 年末	1028.57	843.55	1872.12
2019 年末	1028.57	843.55	1872.12
2020 年末	1028.57	843.55	1872.12

资料来源：根据历年《全国社会保障基金理事会社保基金年度报告》整理而成。

5.3 国有企业利润全民共享路径的效果分析

5.3.1 国有资本收益调入公共财政并用于民生支出的效果分析

从前面的分析数据可知，国有资本经营收益中用于民生支出的大头是通过转移性支付或调入公共财政的形式，而民生支出又主要是通过社会保障项目支出的，为此，我们整理了 2010 年至 2020 年公共财政中用于社会保障的支出情况。由于全国财政收入的大口径是包括了一般公共财政收入、政府基金性收入、国有资本经营预算收入等项目，国有资本经营预算调入财政的收入将由全国财政统筹使用，我们假定国有资本经营预算收入都用于社会保障支出，并分析了国有资本收益调入公共财政的部分对社会保障的贡献，如表 5.20 所示。社会保障支出以地方财政为主，中央财政支出的比重较低，中央财政社会保障支出比重长期保持在4%左右的水平，而地方财政社会保障支出比重则长期保持在96%左右的水平（见图5.9）。总的来看，全国国有资本收益调入资金对全国财政社会保障支出的贡献率在不断提升，贡献率从2010年的0.11%提升至2020年的5.89%，增加了5.78个百分点；中央国有资本收益调入资金对中央财政社会保障支出的贡献率从2010年的0.11%提升至2020年的1.77%，增加了1.66个百分点；地方国有资本收益调入资金对地方财政社会保障支出的贡献率从2010年的0%提升至2020年的4.11%，增加了4.11个百分点。由此可见，地方国有资本收益调入资金也成为充实社会保障支出的主要力量，远远高于中央国有资本收益调入资金。从目前情况来看，不到6%的贡献率还是偏低，远远不能满足社会保障的资金需求。

表5.20　国有资本收益调入公共财政资金对社会保障支出的贡献情况（2010—2020年）

年份	公共财政社会保障支出金额/亿元			国有资本收益调入公共财政金额/亿元			国有资本收益对全国社会保障支出的贡献率/%		
	全国	中央	地方	全国	中央	地方	全国	中央	地方
2010	9130.62	450.30	8680.32	10.00	10.00	0	0.11	0.11	0
2011	11109.40	502.48	10606.92	40.00	40.00	0	0.36	0.36	0
2012	12585.52	585.67	11999.85	56.31	50.00	6.31	0.45	0.40	0.05
2013	14490.54	640.82	13849.72	77.56	65.00	12.56	0.54	0.45	0.09
2014	15968.85	699.91	15268.94	222.81	184.00	38.81	1.40	1.15	0.24
2015	19018.69	723.07	18295.62	230.00	230.00	0	1.21	1.21	0
2016	21591.45	890.58	20700.87	551.39	246.00	305.39	2.55	1.14	1.41
2017	24611.68	1001.11	23610.57	613.66	257.00	356.66	2.49	1.04	1.45
2018	27012.09	1184.55	25827.54	884.92	321.54	563.38	3.28	1.19	2.09
2019	29379.08	1231.53	28147.55	1458.53	389.77	1068.76	4.96	1.33	3.64
2020	32568.51	1119.98	31448.53	1916.92	577.50	1339.42	5.89	1.77	4.11

资料来源：根据财政部公布的历年财政决算数据整理而成。

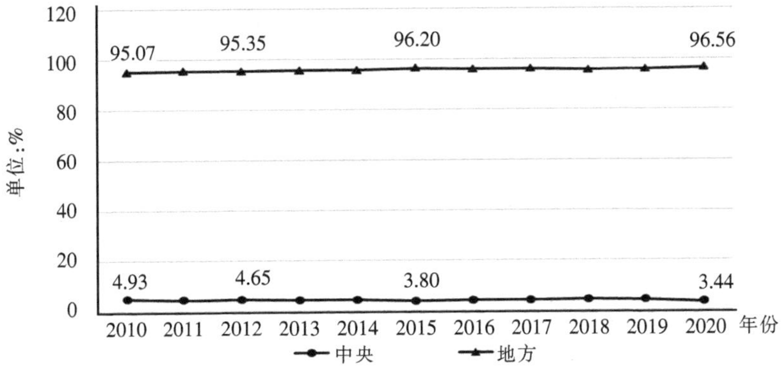

图 5.9　社会保障支出中中央财政与地方财政比重情况

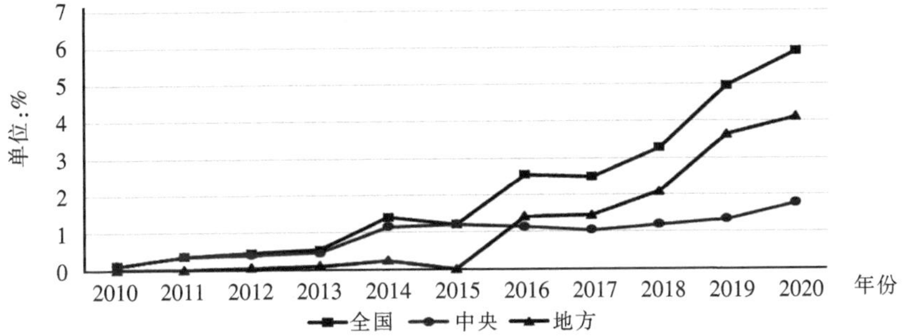

图 5.10　国有资本收益调入公共财政资金对全国社会保障支出的贡献情况

5.3.2 调整国有股充实社保基金的效果分析

根据全国社会保障基金理事会公布的社保基金年度报告，国家财政每年都会向社会保障基金进行拨款，来源包括中央财政预算拨款、国有股减转持资金和股份、彩票公益金，这三项拨款累计资金各自所占比重基本保持在 1/3 的水平，其中国有股减转持资金和股份累计从 2014 年末的 2384.11 亿元提高至 2020 年的 2843.71 亿元，该项资金占累计财政性投入的比重则从 2014 年的 36.27%下降至 2020 年的 28.64%，降幅达 7.63 个百分点（见表 5.21）。

表 5.21　国有股减转持资金和股份对社会保障基金的贡献情况（2014—2020 年）

（a）社保基金财政性投入的构成情况（单位：亿元）

年份	中央财政预算拨款	国有股减转持资金和股份				彩票公益金	累计财政性拨入
		国有股减持资金	境内转持股票	境外转持股票	合计		
2014 年末	2498.36	836.97	869.26	677.88	2384.11	1690.51	6572.98
2015 年末	2698.36	863.19	940.36	759.62	2563.17	2017.85	7279.38
2016 年末	2898.36	922.80	997.85	827.51	2748.16	2333.45	7979.97
2017 年末	3098.36	955.63	1028.57	843.55	2827.75	2651.69	8577.80
2018 年末	3298.36	970.95	1028.57	843.55	2843.07	3010.14	9151.57
2019 年末	3398.36	971.38	1028.57	843.55	2843.50	3374.63	9616.50
2020 年末	3498.36	971.59	1028.57	843.55	2843.71	3588.24	9930.31

（b）不同类别收入对社保基金的贡献情况（单位:%）

年份	中央财政预算拨款比重	国有股减转持资金和股份比重				彩票公益金比重	累计财政性拨入
		国有股减持资金	境内转持股票	境外转持股票	合计		
2014 年末	38.01	12.73	13.22	10.31	36.27	25.72	100
2015 年末	37.07	11.86	12.92	10.44	35.21	27.72	100
2016 年末	36.32	11.56	12.50	10.37	34.44	29.24	100
2017 年末	36.12	11.14	11.99	9.83	32.97	30.91	100
2018 年末	36.04	10.61	11.24	9.22	31.07	32.89	100
2019 年末	35.34	10.10	10.70	8.77	29.57	35.09	100
2020 年末	35.23	9.78	10.36	8.49	28.64	36.13	100

资料来源：根据历年《全国社会保障基金理事会社保基金年度报告》整理而成。

全国社会保障基金投资业绩情况。如表 5.22 所示，2001 年以来，全国社会保障基金总额从 805.09 亿元提升至 2020 年的 29226.61 亿元，较 2001 年增加了 35.3 倍；全国社会保障基金权益总额从 2001 年的 805.09 亿元提升至 2020 年的 26788.13 亿元，较 2001 年增加了 32.3 倍。从投资情况来看，全国社会保障基金的年均投资收益率长期保持在 8%以上的水平，2020 年，社保基金投资收益额 3786.60 亿元，投资收益率 15.84%。其中，已实现收益额

2045.74 亿元（已实现收益率 9.58%），社保基金自成立以来的年均投资收益率 8.51%，累计投资收益额 16250.66 亿元。[①]

表 5.22　社保基金的投资业绩情况（2001—2020 年）（单位：亿元、%）

年份	基金总额	基金权益总额	投资收益额	投资收益率	已实现收益额	已实现收益率	累计投资收益额	年均投资收益率
2001 年末	805.09	805.09	——	——	9.67	2.25	9.84	——
2002 年末	1241.86	1241.86	——	——	——	2.75	——	——
2003 年末	1325.01	1325.01	——	——	——	2.71	——	——
2004 年末	1711.44	1659.86	——	——	45.91	3.32	——	——
2005 年末	2117.87	1954.27	71.22	4.16	52.90	3.12	——	——
2006 年末	2827.69	2769.83	619.79	29.01	195.80	9.34	——	——
2007 年末	4396.94	4337.83	1453.50	43.19	1129.20	38.93	——	——
2008 年末	5623.70	5130.89	-393.72	-6.79	233.62	5.20	1598.11	8.98
2009 年末	7766.22	7367.32	850.49	16.12	427.66	8.39	2448.59	9.75
2010 年末	8566.90	8375.58	321.22	4.23	426.41	6.56	2772.60	9.17
2011 年末	8688.20	8385.58	73.37	0.84	430.95	5.58	2845.93	8.40
2012 年末	11060.37	10753.57	646.59	7.01	398.66	4.33	3492.45	8.29
2013 年末	12415.64	11927.45	685.87	6.20	592.71	5.54	4187.38	8.13
2014 年末	15356.39	14573.29	1424.60	11.69	883.84	7.45	5611.95	8.38
2015 年末	19138.21	17966.51	2294.61	15.19	2239.04	16.52	7907.81	8.82
2016 年末	20423.28	19488.07	319.40	1.73	916.42	5.44	8227.31	8.37
2017 年末	22231.24	20716.90	1846.14	9.68	1011.97	5.58	10073.99	8.44
2018 年末	22353.78	20573.56	-476.85	-2.28	845.43	4.45	9552.16	7.82
2019 年末	26285.66	24225.60	2917.18	14.06	944.80	4.64	12464.06	8.14
2020 年末	29226.61	26788.13	3786.60	15.84	2045.74	9.58	16250.66	8.51

注：年度缺失数据用“——”代替。

资料来源：根据历年《全国社会保障基金理事会社保基金年度报告》整理而成。

① 《全国社会保障基金理事会社保基金年度报告（2020 年度）》，全国社会保障基金理事会官网，http：//www.ssf.gov.cn/cwsj/ndbg/202108/t20210817_7948.html

国有股减转持资金和股份投资收益情况。笔者首先计算了国有股减转持资金和股份占全国社会保障基金总额和全国社会保障基金权益总额的比重，然后取这两个比重的平均值。根据等量资本获取等量收益的原则，我们接下来推算了国有股减转持资金和股份投资收益情况，其中：国有股减转持资金和股份年度新增投资收益额=国有股减转持资金和股份占比平均值×全国社保基金年度新增投资收益额，国有股减转持资金和股份累计投资收益额=国有股减转持资金和股份占比平均值×全国社保基金累计投资收益额。计算结果如表5. 23所示，可以看到，截至2020年末，国有股减转持资金和股份累计投资收益额为1653. 50亿元，累计投资收益额占累计国有股减转持资金和股份的58. 15%，投资回报率处于很高水平，这说明这种共享模式能够发挥的作用是很大的，尤其是随着更多的国有资本划转社保基金后，社会保障基金的投资收益将会进一步增大，保障力度将更强。

表 5.23　国有股减转持资金和股份投资收益情况　　（单位：亿元）

年份	基金总额	基金权益总额	国有股减转持资金和股份				社保基金投资收益情况			国有股减转持资金和股份投资收益推算	
			金额	占基金总额比重	占基金权益总额比重	平均值	年度新增投资收益额	累计投资收益额	年均投资收益率%	年度新增投资收益额	累计投资收益额
2014 年末	15356. 39	14573. 29	2384. 11	15. 53	16. 36	15. 95	1424. 57	5611. 95	8. 38	227. 15	894. 83
2015 年末	19138. 21	17966. 51	2563. 17	13. 39	14. 27	13. 83	2295. 86	7907. 81	8. 82	317. 52	1093. 65
2016 年末	20423. 28	19488. 07	2748. 16	13. 46	14. 10	13. 78	319. 50	8227. 31	8. 37	44. 03	1133. 72
2017 年末	22231. 24	20716. 90	2827. 75	12. 72	13. 65	13. 19	1846. 68	10073. 99	8. 44	243. 48	1328. 26
2018 年末	22353. 78	20573. 56	2843. 07	12. 72	13. 82	13. 27	−521. 83	9552. 16	7. 82	−69. 25	1267. 57
2019 年末	26285. 66	24225. 60	2843. 50	10. 82	11. 74	11. 28	2911. 90	12464. 06	8. 14	328. 46	1405. 95
2020 年末	29226. 61	26788. 13	2843. 71	9. 73	10. 62	10. 18	3786. 60	16250. 66	8. 51	385. 29	1653. 50

资料来源：整理历年《全国社会保障基金理事会社保基金年度报告》相关数据并根据相关算法计算得出。

5.4 国有企业利润全民共享过程中存在的问题

5.4.1 中央国有资本经营预算实施范围还未实现全覆盖

2020年中央国有资本经营决算编制范围包括国资委、教育部、科技部等39个部门监管或所属企业1115户，加上中国烟草总公司、中国邮政集团有限公司和中国国家铁路集团有限公司共计1118户，此外还有部分中央金融企业等，具体情况如表5.24所示。

表5.24　2020年中央国有资本经营决算编制范围　　（单位：户）

企业所属部门	数量	企业所属部门	数量
国资委	130*	知识产权局	9
教育部	339	中央宣传部	8
科技部	1	中央网信办	1
工业和信息化部	76	中央党校（国家行政学院）	3
民政部	8	中直管理局	6
司法部	1	中央对外联络部	3
财政部	1	共青团中央	3
自然资源部	43	中国文联	8
生态环境部	8	中国妇联	6
水利部	16	中国贸促会	49
农业农村部	5	全国老龄委	5
商务部	1	地质调查局	16
文化和旅游部	23	科技日报社	4
卫生健康委	16	全国人大常委会办公厅	10
应急部	40	最高人民法院	2
广电总局	16	最高人民检察院	2
体育总局	41	国务院（财政部代）**	115
粮食和物资储备局	16	中国烟草总公司	1

续表

企业所属部门	数量	企业所属部门	数量
林草局	1	中国邮政集团有限公司	1
民航局	9	中国国家铁路集团有限公司	1
文物局	4	部分中央金融企业	不详
矿山安全监察局	70	总计	1118+

注：* 国资委企业包括监管的 97 户企业和 33 户所属企业。** 财政部代管的企业为财政部代表国务院履行出资人职责的中央文化企业。

资料来源：2020 年全国财政决算中的《关于 2020 年中央国有资本经营决算的说明》。

总的来看，国有资本经营预算制度经过十余年的改革发展，绝大多数中央企业（不含金融企业）均已纳入预算实施范围，纳入预算实施范围的企业资产占中央企业资产总额的比重超过了 99%，目前只有极少量企业仍不具备纳入条件，主要包括一些企业管理关系由于改革事项正在推进而尚待理顺，自身经营状态欠佳的小规模企业，部分企业具有公益属性或承担特殊任务等。当前国有资本经营预算实施范围的下一步着力点主要是中央金融企业，尤其是要加快将中国工商银行、中国建设银行、中国农业银行、中国银行、交通银行五大国有银行纳入中央国有资本经营预算范围，仅五大国有银行 2018 年至 2020 年拨备后的净利润之和均超过了 1 万亿元，利润相当可观（见表 5.25）。事实上，金融企业平均利润率远远高于实体经济部门平均利润率，例如 2018 年《财富》世界 500 强中上榜的 120 家中国企业利润总额 3686 亿美元，而五大国有银行、中信集团、光大集团、中国邮政、招商银行、浦发银行、兴业银行等 11 家金融企业利润总和为 1796 亿美元，其利润占比超过 50%①。金融部门企业利润率畸高在很大程度上是由于国家对金融行业实行严格管制的结果，其利润来源具有较大程度的垄断性质，而超过正常利润水平的垄断收益的较大部分甚至全部应上缴国家财政。

① 资料来源：http：//www.sasac.gov.cn/n2588025/n2588164/n4437287/c9279024/content.html

表 5.25　2005—2020 年五大国有银行净利润演变情况（单位：亿元）

年份	中国工商银行	中国建设银行	中国银行	中国农业银行	交通银行	合计
2005	378.69	470.96	275.00	10.44	92.49	1227.58
2006	494.36	463.19	480.58	58.07	122.74	1618.94
2007	819.90	691.42	620.17	118.72	202.74	2452.95
2008	1111.51	926.42	655.73	514.53	283.93	3492.12
2009	1293.50	1068.36	853.49	650.02	301.18	4166.55
2010	1660.25	1350.31	1096.91	949.07	390.42	5446.96
2011	2084.45	1694.39	1303.19	1219.27	507.35	6808.65
2012	2385.32	1936.02	1455.22	1451.31	583.73	7811.60
2013	2626.49	2146.57	1569.11	1662.11	622.95	8627.23
2014	2758.00	2278.30	1695.95	1795.10	658.50	9185.85
2015	2777.00	2288.86	1708.45	1807.74	665.28	9247.33
2016	2791.00	2323.89	1646.00	1840.60	672.00	9273.49
2017	2875.00	2436.15	1724.00	1931.00	702.23	9668.38
2018	2987.00	2556.00	1801.00	2026.31	736.30	10106.61
2019	3122.00	2667.33	1874.00	2121.00	772.81	10557.14
2020	3177.00	2710.50	1928.70	2164.00	782.74	10762.94

资料来源：从网上公开报道上获得的数据。

5.4.2 国有企业利润上缴规模总体偏小

经过多年改革发展，国有企业利润上缴的规模呈现出逐年递增趋势，从 2006 年的 116 亿元逐步提高到 2011 年的 765 亿元①，2012 年由于地方国有企业也纳入了国有资本经营预算，因此全国层面的国有企业利润上缴收益进一步加快提高，从 2012 年的 1572.84 亿元提高至 2020 年的 4774.55 亿元，绝对

① 由于 2012 年以前只有中央国有企业上缴利润，因此，2006 年至 2011 年的数据是中央国有企业上缴利润的情况（见表 4.1）。2012 年以来的数据包含了中央国有企业与地方国有企业上缴利润的情况。

值规模较 2012 年增加了 2.04 倍，较 2006 年增加了 40.16 倍。但是从国有企业利润上缴比例来看，按照利润总额作为分母来计算的利润上缴比例从 2012 年的 7.16%提高至 2020 年的 13.95%，将近提高了 1 倍；按照净利润作为分母来计算的利润上缴比例则从 2012 年的 9.50%提高至 2020 年的 19.28%，提高了 1.03 倍（见表 5.26）。

总的来看，国有企业利润上缴平均比例在不断提高，目前已达到 20%左右的水平，而上市公司股东分红比例通常可达到税后可分配利润的 30%—40%，国外国企分红比例最高可到 80%以上，低的可到 30%左右。这也就意味着国有企业利润上缴比例总体仍然偏低。此外，如果国有企业上缴的利润收益都能用于社保支出，则其占财政补贴社保收入的比重已达到将近 1/4，规模不能算低。但实际情况是上缴的国有企业利润只有部分用于社保支出。

表 5.26　2012—2020 年全国国有资本收益情况　（单位：亿元、%）

年份	2012	2013	2014	2015	2016	2017	2018	2019	2020
上缴利润	1572.84	1651.36	2023.44	2560.00	2608.95	2580.90	2905.79	3960.42	4774.55
利润总额	21959.6	24050.5	24765.4	23027.5	23157.8	28985.9	33877.7	35961.0	34222.7
利润上缴比例 1	7.16	6.87	8.17	11.12	11.24	8.90	8.58	11.01	13.95
扣税后的净利润	16469.7	18037.9	18574.1	17270.6	17368.4	21739.4	25408.3	26318.4①	24761.7①
利润上缴比例 2	9.50	9.20	10.90	14.80	15.00	11.87	11.44	15.05	19.28
财政补贴社保收入	6271.76	7371.50	8446.35	10198.15	11104.34	12264.49	16776.83	19392.61	20946.94
上缴利润占比	25.08	22.40	23.96	25.10	23.49	21.04	17.32	20.42	22.79

注：①数据为实际值。

数据来源：根据财政部官网公布的相关数据整理而成。

5.4.3 国有资本收益体制内循环比例总体仍偏高

长期以来，国有资本经营预算收益用于解决国有企业历史遗留问题、资本金注入、政策性补贴等方面的占比保持较高水平（学术界一般将其界定为体制内循环），如表5.27所示，2010年至2020年，中央国有企业上缴利润收益的体制内循环比例长期保持在较高水平，最高时达到了94.70%（2011年），最低时仍高达67.65%（2020年）；地方国有企业上缴利润收益的体制内循环比例总体呈下降趋势，从最初的93%以上（部分年份达到了100%）下降至2020年的55.19%；从全国层面来看，全国国有企业上缴利润收益的体制内循环比例部分年份达到了90%左右的水平，目前保持在60%左右的水平。不可否认，与非公有制企业纯粹追求经济效益的目的相比较，国有企业不会把经济效益作为唯一目标，还要完成国家宏观调控、发展战略、民生改善、社会稳定等重大任务，国有企业出现政策性亏损问题也符合实际，从国有资本经营收益中拿出一部分来解决这一问题也是合理的，但从国有企业改革发展成果更多更公平地惠及全民的角度来分析，一方面政策性亏损的问题应逐步控制在较小的规模，另一方面还要着力提高国有企业的发展质量和效益，提高国有企业应对各种艰难挑战的能力，尽量让上缴的国有资本收益最大程度地实现全民共享。

表5.27　2010—2020年全国国有资本收益体制内循环比例情况（单位：%）

年份	中央	地方	全国
2010	75.46	——	75.46
2011	94.70	——	94.70
2012	93.08	98.95	95.33
2013	92.04	97.88	94.14
2014	85.43	93.66	87.92
2015	84.12	100.00	89.99
2016	78.63	74.10	76.58
2017	76.54	73.32	74.87

续表

年份	中央	地方	全国
2018	74.76	64.33	69.09
2019	76.15	54.02	63.16
2020	67.65	55.19	59.85

数据来源：根据财政部官网公布的相关数据整理而成。

5.4.4 国有资本收益中用于民生支出的比重仍然偏低

国有企业是保障和改善民生的重要力量，国有企业利润应实现全民更大程度地共享。从实际情况来看，2010 年至 2020 年国有资本用于保障和改善民生的支出比例总体上是在不断提高的（见表 5.28）。在中央国有企业层面，2010 年民生支出比重达到了 24.54%，而 2011 年则下降至 5.30%的历史低点，此后则处于阶段性快速上升趋势，例如 2014 年较 2013 年提高了 6.61 个百分点，2016 年较 2015 年提高了 5.49 个百分点，2020 年较 2019 年提高了 8.50 个百分点，2020 年如期完成国家提出的 30%的预期目标。在地方国有企业层面，除了 2015 年用于民生支出的比例为 0 外，总体来看地方国有企业上缴利润用于民生支出的比重是快速提高的，尤其是 2016 年跳跃性地提高至 25.90%，2018 年较 2017 年提高了 8.99 个百分点，2019 年较 2018 年提高了 10.31 个百分点，快于中央国有企业的增长幅度，2018 年就完成了国家提出的 30%的预期目标，近两年达到了 45%左右的水平，远远高于中央国有企业 32.35%的水平。从全国国有企业层面来看，国有资本收益用于民生支出的比重 2018 年完成了 30%的预期目标，2020 年已达到 40.15%的水平。党的二十大报告重申新时代我国社会主要矛盾是人民日益增长的美好生活需要与不平衡不充分发展之间的矛盾，社会保障是满足人民日益增长的美好生活需要的重要基础，国有资本收益应逐步实现全部用于保障和改善民生，因此，下一步改革方面就是要更大幅度提高国有资本收益调入公共财政并用于保障和改善民生的比例。

表 5.28 2010—2020 年全国国有资本收益用于民生支出的情况（单位:%）

年份	中央	地方	全国
2010	24.54	——	24.54
2011	5.30	——	5.30
2012	6.92	1.05	4.67
2013	7.96	2.12	5.86
2014	14.57	6.34	12.08
2015	15.88	0	10.01
2016	21.37	25.90	23.42
2017	23.46	26.68	25.13
2018	25.24	35.67	30.91
2019	23.85	45.98	36.84
2020	32.35	44.81	40.15

数据来源：课题组根据财政部官网公布的相关数据整理而成。

5.4.5 国有企业利润全民共享的路径还不够丰富

根据前面的分析，目前国有企业利润全民共享的实践路径主要是两种：一种路径是国有资本收益上缴公共财政并用于民生改善，另一种路径是国有股减持或划转至全国社会保障基金。这两种路径在一定程度上有助于解决社会保障基金缺口问题，但由于国有企业利润上缴规模总体偏少、国有资本经营收益体制内循环比例较高、国有资本收益中用于民生支出的比重偏低等原因，仅仅依靠这两种路径来增强广大人民群众的获得感、幸福感和安全感还有较大差距，这就需要我们探索国有企业利润全民共享的多种实现形式。不过，国有企业利润全民共享需要坚持的一个重要原则是“坚持在发展中保障和改善民生”，国有企业利润全民共享固然能促进社会公平，但绝不能采取“杀鸡取卵”式的共享方式。事实上，当前在实践中并未被大家普遍意识到的一种国有企业利润全民共享模式就是价格机制的调节作用，例如国有企业长期保持商品价格稳定也是一种让利于民的方式，当前应重点发挥中央国有银行对实体经济的价格让利功能，创新企业投融资模式，进一步降低实体经济企业投融资成本。此外，国有企业还可以通过为全社会提供更多公共产品和服务来实现发展成果全民共享。

5.5 本章小结

本章围绕国有企业利润全民共享的实践路径展开研究，要回答的问题包括：当前国有企业利润全民共享的主要路径有哪些，其效果如何，存在哪些问题。第一，上缴利润至公共财政与调整国有股至社保基金是国有企业利润全民共享的现行主要路径。一方面，通过将部分国有资本收益划归公共财政，再由公共财政统筹到民生支出。从实际情况来看，国有企业利润上缴比例在不断提升，国有资本收益不断增加，由最初的 116 亿元（2006 年）提高至当前的 4774.55 亿元（2020 年），国有资本收益用于民生支出的比重从较低水平逐步提高至 40.15%（2020 年），大大超过了十八届三中全会提出的 30%目标比例。总的来看，全国国有资本收益调入资金对全国财政社会保障支出的贡献率在不断提升，贡献率从 2010 年的 0.11%提升至 2020 年的 5.89%，但不到 6%的贡献率还是偏低。另一方面，通过将减持国有股所获收益充实社保基金或将国有股划转至社保基金，划转国有股的收益主要是根据企业盈利情况而享受利润分红，然后将其利润充实到社保基金，再由全国社保基金理事会统筹资金用途。从实际情况来看，减持国有股充实社保基金的金额较少且不稳定，截至 2020 年末累计国有股减持收益为 971.59 亿元，转持境内外国有股累计金额为 1872.12 亿元，两者合计 2843.71 亿元，对社保支出的贡献率比较低。当前，这两种路径所能发挥的作用还比较有限，今后一是需进一步扩大利润上缴规模和转持国有股规模，二是需进一步拓宽其他共享渠道。第二，“一不全、二不高、路径少”是国有企业在利润全民共享方面存在的主要问题。“一不全”是指中央国有资本经营预算实施范围还未实现全覆盖，尤其是还有较多中央金融企业未实质性纳入，导致有较大规模的利润未能纳入国有资本经营预算，例如仅五大国有银行 2018 年至 2020 年拨备后的净利润之和均超过了 1 万亿元，利润相当可观。“二不高”，一是国有企业利润上缴比例总体不高，按照净利润作为分母来计算的利润上缴比例则从 2012 年的 9.5%提高至 2020 年的 19.28%，低于上市公司 30%—40%的分红比例；二是国有资本收益中用于民生支出的比重不高，2012 年至 2020 年，该比重从 4.67%提高至 40.15%，完成了国家提出的 30%目标比例，但原则上上缴的国有资本收益都应用于民生支出。“路径少”是指国有企业利润全民共享的路径还不够丰富，目前普遍认同的主要是上缴利润至公共财政与调整国有股至社保基金，今后还需要进一步拓宽全民共享国有企业利润的多样化路径。

第 6 章　公平与效率结合下国有企业利润上缴比例的估算

2007 年 12 月 11 日，财政部、国资委联合发布了《中央企业国有资本收益收取管理办法》，规定了中央企业按照不同行业、性质，分三类上缴利润，结束了国有企业 13 年税后利润不上缴的历史。但随之而来的争议是现行税后利润上缴比例①是否合理，确定利润上缴比例的理论依据是什么，是否存在一个可供参考的利润上缴比例估算模型。国有企业是一类性质比较特殊的企业，企业所有权的主体是国家，其经营目标不仅仅是追求盈利，还要积极承担相比非公有制企业更多的社会责任。在社会主义初级阶段，国有企业在分配利润时既要考虑满足股东的权益（公平），也要考虑企业的可持续发展（效率）。国有企业利润上缴比例的估算应在这两种考虑（效率与公平相结合）的基础上最终确定“分多少”。基于此，本章从兼顾股东必要报酬率的满足和国有企业可持续增长的角度出发，构建了国有企业利润上缴比例估算模型，并对 2007—2019 年以来中央企业利润上缴比例情况进行检验。

---

① 为简化起见，如无特殊说明，本章后文所提到的利润上缴比例均是指国有企业税后利润上缴比例。

6.1 估算国有企业利润上缴比例的两个前提条件

6.1.1 股东最低必要报酬率的满足

国有企业是全民所有制企业，其产权属性是全体人民共同所有。国有企业由国家代理全民行使出资人职责，国家作为国有企业的最大股东，有权利享有国有企业利润分红，国有企业应满足国家这一最大股东的股东权益报酬率，即股东权益报酬率至少应大于股权资本成本，股权资本成本是股东要求的最低股东权益报酬率。对于股权资本成本的估算有资本资产定价模型（CAPM）、Gordon 模型、OJ 模型、GLS 模型等，其中应用最广泛的是 CAPM 模型。本部分主要展开讨论 CAPM 模型和 Gordon 模型中的股权资本成本。

在 CAPM 模型中股权资本成本等于无风险利率加上市场风险溢价，即：

$$K_s = R_f + \beta_i \times (R_m - R_f) \tag{6-1}$$

其中，K_s为股权资本成本，R_f为无风险报酬率，β_i为该项资产的市场风险系数，R_m为市场平均风险报酬率，$R_m - R_f$为市场风险溢价。

在 Gordon 模型中，股东财富为：

$$Po = \frac{Dvi1}{K - g} \tag{6-2}$$

其中：Po 代表股东财富；$Dvi\,1$ 代表第一期股利，K 代表股东要求的最低股东权益报酬率即股权资本成本，g 代表股利的年增长率。

Copeland（2003）认为股权资本成本 K 与股东财富 Po 相匹配，只有股东必要报酬率得到满足，股东财富才有希望实现。对公式（6-2）进行变形得到

$$K = \frac{Dvi1}{Po} + g \tag{6-3}$$

接下来，我们定义 POR 为股利支付率，$1-POR$ 为收益留存率，$EPS1$ 为第一期每股盈余，R 为留存收益再投资报酬率的预期报酬率，则股利增长率满足：

$$g=(1-POR)\times R \tag{6-4}$$

因此，公式（6-3）就可以进一步表示为：

$$K=POR\times\frac{EPS1}{Po}+(1-POR)\times R \tag{6-5}$$

公式（6-5）表示：股利增长率依靠收益留存率和留存收益再投资报酬率的预期报酬率，留存收益再投资的报酬率越高，则股东未来收益也就越大。

股东财富的另一种表达方式为：

$$Po=\frac{EPS1}{K}+NPVFI \tag{6-6}$$

其中，*NPVFI* 表示企业留存收益未来投资的净现值，股东财富 *Po* 等于企业当前经营价值与未来净现值之和。当 $R>K$ 时，*NPVFI* 增加则股东财富大于当期经营权益的现值；当 $R<K$ 时，*NPVFI* 减少则股东财富小于当期经营权益的现值。由此可见，企业留存收益用于再投资的前提条件就是 $R>K$，即留存收益再投资的期望报酬率要大于（至少等于）股东要求的最低必要报酬率（资本成本）K。若 $R<K$ 则企业的留存收益应被作为股利分配给股东，因此，只有当 $R\geqslant K$ 时，股东财富才能增加，才能使股东最低必要报酬率得到满足。

6.1.2 企业可持续增长的要求

企业增长的可持续性关乎企业未来发展，是考察一家企业发展潜力的最重要指标。长期以来，企业增长的可持续性也是公司战略管理的重要议题，深受众多学者的关注。20 世纪 60 年代前后，学者们对企业增长问题做了大量的定性研究。进入 20 世纪 80 年代，一些学者除了进一步对概念细化之外，开始运用数学模型对其进行详细的研究，其中 Higgins（1981）是企业可持续增长问题定量研究的典范。Higgins（1981）从财务的角度出发提出“可持续增长率是指在不需要耗尽财务资源的情况下公司销售所能增长的最大比率”，它基于三个假设条件：①公司意图以市场条件所允许的增长速度来发展；②管理者不可能或不愿意发售新股；③公司已经有且打算维持一个目标资本成本结构和目标股利政策。Higgins（1981）认为公司的可持续增长率就是股东权益的增长率，并提出了可持续增长模型，如下所示：

$$SGR = ROE \times (1 - POR) = P \times A \times T \times (1 - POR) \tag{6-7}$$

公式中，ROE 为期初股东权益报酬率，P 为销售净利率，A 为资产周转率，T 为权益乘数，$1 - POR$ 为收益留存率。其中，销售净利率和资产周转率分别代表企业的盈利能力和营运效率，是考察企业经营生产中的经营业绩的重要指标；权益乘数和收益留存率分别代表了企业的资本结构和收益分配政策，是考察一家企业财务政策的重要指标。

从可持续增长模型的公式中可见，公司的可持续性发展是要靠公司的经营业绩、资本结构、股利政策等多方因素共同合力的结果，企业在制定合理的股利分配政策时，企业的可持续增长能力应是其主要考虑的因素。

6.2 国有企业利润上缴比例估算的模型构建

通过对股东最低必要报酬率的分析，我们得知只有留存收益再投资期望报酬率 R 大于或者等于资本成本 K 时，股东未来财富才能增加或者保持相对稳定，否则股东未来收益将遭受损害。股东财富又与股利增长率息息相关，股利增长率越高则股东财富增长越快。计算股利增长率的方法有两种：一种方法是参考历史增长率，另一种方法是参考同行业其他企业的增长率。由于：

$$g = R \times (1 - POR) \tag{6-8}$$

在现实操作中，一般假设未来的投资项目与历史上的投资项目能有相同的权益回报，在实践中经常用历史权益报酬率 ROE 代替 R，即：

$$g = ROE \times (1 - POR) \tag{6-9}$$

此时 $g = SGR$ 。由前面分析可知，只有当 $R \geqslant K$ 时，股东财富才能增加或保持相对稳定。在历史权益报酬率 ROE 代替 R 的情况下，只有当 $ROE \geqslant K$ 时，股东财富才能增加或保持相对稳定。

另外，Higgins（1981）所指出的“公司销售所能增长的最大比率”中的“增长”仅仅指的是销售增长。结合上述分析，要实现销售增长的同时股东财富也增长，*ROE* 应大于或者等于股东最低必要报酬率（资本成本）*K*，*K* 是 Higgins（1981）可持续增长模型中 *ROE* 的底线。因此：

$$SGR \geqslant K \times (1 - POR) \tag{6-10}$$

进而推导出

$$POR \geqslant 1 - \frac{SGR}{K} \tag{6-11}$$

为了方便确定利润上缴比例，假设期初权益预期报酬率 *ROE* 等于股权资本成本 *K*，定义可持续利润上缴比例为 *SPOR*，那么既要使国有股权资本成本得到满足又要保持国有企业有可持续增长的能力的利润上缴比例估算模型为：

$$SPOR = 1 - \frac{SGR}{K} \tag{6-12}$$

联合公式（6-7）与（6-12）可以推导出：

$$\frac{ROE}{K} = \frac{1 - SPOR}{1 - POR} \tag{6-13}$$

当 $ROE \geqslant K$ 时，$SPOR \leq POR$；当 $ROE \leq K$ 时，$SPOR \geqslant POR$。所以当留存收益再投资报酬率 *ROE* 大于股权资本成本 *K* 时，实际利润上缴比例 *POR* 大于可持续增长率 *SPOR*，*SPOR* 模型在满足股东必要报酬率的情况下，为企业提供了维持当前可持续增长水平下，实际分红的最低股利支付率；当留存收益再投资报酬率 *ROE* 小于股权资本成本 *K* 时，实际利润上缴比例 *POR* 小于可持续增长率 *SPOR*，此时留存收益再投资无法满足股权资本成本，如果企业再拥有大量留存收益，那么股东的未来收益将会遭到损害。*SPOR* 模型为企业提供了在这种情况下实际分红的最高股利支付率，并且给企业确定了以股东最低必要报酬率 *K* 为基础的留存收益再投资报酬率的目标。

6.3 国有企业利润上缴比例估算的实证检验

根据资本资产定价模型与可持续增长模型的构建，国有企业利润上缴比例的确定既要考虑国家股东必要报酬率的满足，又要考虑国有企业可持续发展对资金的需求，目前国有企业按照不同行业分类上缴利润，且上缴比例不断上升，需上缴利润的企业分类不断细化。从 2007 年第一类企业上缴 10%、第二类企业上缴 5%、第三类暂缓 3 年上缴或者免缴，到 2010 年收取比例分为四类执行，第一类为税后利润的 15%，第二类为税后利润的 10%，第三类为税后利润的 5%，第四类免缴国有资本收益，再到 2014 年把中国烟草总公司单独划为第一类收取税后利润的 25%，第二类为税后利润的 20%，第三类为税后利润的 15%，第四类为税后利润的 10%，第五类免缴当年应交利润。可见国有资本收益收取比例不断上升，国有资本经营预算范围不断扩大，但对于这种收取比例是否合适，目前学术界还没有达成一致的看法。本节将按照国资委、财政部对国有企业的分类，运用资本资产定价模型与可持续增长模型估算出国有企业可持续利润上缴比例与实际利润上缴比例，对照现行规定企业应上缴比例，说明国有企业利润上缴比例是否还有进一步上升空间，现行国有企业利润上缴比例是否兼顾了满足国有股权资本成本和国有企业可持续发展的双重要求。

6.3.1 研究设计

1. 样本选取

由于选取的样本期间为 2007—2019 年，时间跨度较大，自 2007 年财政部、国资委联合发布了《中央企业国有资本收益收取管理暂行办法》的通知之后，国有资本收益收取比例改革过两次。2010 年国有独资企业上缴利润收取比例在 2007 年实施办法基础上上调 5 个百分点，即第一类企业为 15%，第二类企业为 10%，第三类企业为 5%，第四类企业免缴。2014 年，财政部发文进一步提高国有资本收益收取比例：在 2010 年实施办法的基础上上调 5 个百分点，把中国烟草总公司单独划分为第一类企业收取比例为 25%，之前为第一类企业的中央企业为第二类企业，依次下调类别，第二类企业为 20%，第三类企业为 15%，第四类企业为 10%，第五类企业免交①。

虽然国有资本收益收取办法针对的是一级企业，但是绝大多数一级企业由于非整体上市，其财务数据难以获得，不过一级企业的大部分优质资产均在其拥有的上市公司中，一级企业所获得的绝大部分利润也来源于其控股的上市公司，随着一级企业向财政部上缴红利，其旗下的上市公司也必然受到影响，并调整其分配政策，所以本书选取中央企业旗下控股的上市公司作为分析样本。由于 2014 年之后把中国烟草总公司划为第一类企业，但烟草属于国家专卖、政企合一的企业，是不允许上市的，数据难以获得，所以本书舍弃分析第一类企业中国烟草公司。第五类的两家企业中国储备粮管理总公司和中国储备棉管理总公司②均属于政策性公司免缴国有资本收益，所以本文对第五类企业也不予分析。本文只分析 2014 年划分为第二类企业、第三类企业、第四类企业范围的企业。为确保分析结果的可信度，我们对这三类企业样本选取做了以下处理：

（1）选取了 2007—2019 年沪深 A 股上市公司；

（2）剔除了财务数据不全的公司；

（3）剔除了 ST 和 PT 公司；

（4）剔除了净利润为负值、期初所有者权益为负值的公司，这类公司没有分红的能力，所以不予考虑；

（5）剔除了金融类上市公司；

（6）剔除了可持续利润上缴比例 *SPOR* 计算结果为负值的公司，这类公司不符合可持续增长率模型的假设。

2. 样本数据来源

本章研究所用数据来自国泰安数据库，其中财务指标数据来自 CSMAR 中

---

① 在以下分析中为了与 2014 年企业统一，本文将 2007—2013 年的第一类企业统一归属为第二类企业，依次类推。

② 2016 年 11 月，经报国务院批准，中国储备棉管理总公司整体并入中国储备粮管理总公司，成为其全资子企业。参考：http：//www. sasac. gov. cn/n2588035/n2641579/n2641660/c3753668/content. html

国上市公司财务报表数据库和中国上市公司财务指标分析数据库。估算无风险报酬率所用的数据来自中国人民银行官网，估算中国市场风险溢价的数据来自 Damodaran 个人研究网站 http：//www. stem. nyu. edu/~adamodar。

6.3.2 股权资本成本的估算

关于股权资本成本的估算有多种方法，比如资本资产定价模型（CAPM）、戈登股利增长模型、债券收益加风险溢价法、剩余收益价值模型（RIM）、GLS 模型、CT 模型、OJ 模型、PEG 模型等。不同学者根据不同研究课题的研究需要，一般会选取不同的估算模型，其中 CAPM 模型应用最为广泛，尽管 CAPM 模型存在一些缺陷，但其具有简单、实用性等优点，应用比较广阔，已经日益成为在股权资本成本估算方面较为成熟和广泛运用的一种方法。因此，笔者也选取了 CAPM 模型来估算样本企业的股权资本成本，计算公式如下：

$$K_s = R_f + \beta_i \times (R_m - R_f) \tag{6-14}$$

其中 K_s 为股权资本成本，R_f 为无风险报酬率，β_i 为该项资产的市场风险系数，R_m 为市场平均风险报酬率，$R_m - R_f$ 为市场风险溢价。

1. 关于无风险报酬率的确定

在我国股市目前的条件下，关于无风险收益率的选择实际上并没有形成统一的标准，但在国际上一般采用短期国债收益率来作为市场无风险收益率，因此，我们采用 2007—2018 年五年期凭证式国债利率平均值 5.02%作为资本资产定价模型中无风险报酬率 R_f 的取值。

2. 关于市场风险溢价的确定

市场风险溢价指市场风险报酬率与无风险溢价的差额，用来衡量投资者因承担风险而获得的报酬率。一般所承受的风险越大，则所要求的市场风险溢价越高。在实践中一般常采用历史市场数据进行估算，但我国是新兴市场，资本市场发展时间短，市场数据有限，对如何确定历史数据的期间也没有统一的标准。我们采用 Damodaran 的计算方式：

某国的市场风险溢价＝成熟市场的风险溢价＋该国股权的国家风险溢价（成熟市场的风险溢价采用的是美国市场风险溢价）

进一步地，中国的股权市场风险溢价计算公式为：

中国的股权市场风险溢价＝美国市场的风险溢价＋中国股权国家风险溢价。

表 6.1　中国股权市场风险溢价

年份	美国市场风险溢价	中国股权国家风险溢价	中国市场风险溢价
2007	4.79%	1.05%	5.84%
2008	5.00%	2.10%	7.10%
2009	4.50%	1.35%	5.85%
2010	5.00%	1.05%	6.05%
2011	6.00%	1.05%	7.05%
2012	5.80%	1.05%	6.85%
2013	5.00%	0.90%	5.90%
2014	5.75%	0.90%	6.65%
2015	6.25%	0.95%	7.20%
2016	5.69%	0.86%	6.55%
2017	5.08%	0.81%	5.89%
2018	5.96%	0.98%	6.94%
2019	5.20%	0.69%	5.89%

3. 关于市场风险系数的确定

市场风险系数 β 值来自国泰安数据服务中心专题研究系列板块的综合市场年 β 值。对于 β 值的估算通常是利用其历史数据进行简单回归，回归方法目前普遍使用最小二乘法。

6.3.3 可持续增长率的估算

依据 Higgins 的可持续增长模型，本文在可持续增长率的估算上选取了五项财务指标，模型中涉及的指标及其定义和指标计算公式如下：

表 6.2 可持续增长率研究变量及界定

变量	符号	界定
销售净利率	P	销售净利率 = 本年净利润 ÷ 本年主营业务收入
总资产周转率	A	总资产周转率 = 本年主营业务收入 ÷ 期末总资产
权益乘数	T	权益乘数 = 期末总资产 ÷ 期初股东权益
利润上缴比例	POR	利润上缴比例 = 每股现金股利 ÷ 基本每股收益
收益留存比率	$1-POR$	收益留存率 = 1 - 利润上缴比例
可持续增长率	SGR	可持续增长率 = 销售净利率 × 总资产周转率 × 权益乘数 × 收益留存率

本章中所涉及的净利润、主营业务收入、期末总资产、期初所有者权益等指标的数据来自国泰安（GTA）数据库服务中心 CSMAR 中国上市公司财务报表数据库，每股现金股利和基本每股收益来自国泰安数据库服务中心中国上市公司财务指标分析数据库。

6.3.4 实证结果分析与检验

1. 第二类样本实证结果分析

2007—2019 年，纳入国有资本经营预算实施范围的第二类中央企业利润上缴比例估算指标股东权益报酬率（ROE）、股权资本成本(K)、可持续增长率(SGR)、实际利润上缴比例(POR)、利润留存比率(L)、可持续利润上缴比例($SPOR$) 的估算结果如表 6.3 所示。由于财政部又先后于 2010 年、2014 年两次发文对中央企业国有资本收益收取比例进行调整，本部分将分为三个阶段对相关指标进行分析。

表 6.3　第二类样本企业利润上缴比例估算结果

（单位：%）

指标	2007	2008	2009	2010	2011	2012	2013	2014	2015	2016	2017	2018	2019	最大值	最小值	平均值	标准差
ROE	9.71	7.83	10.00	8.86	9.25	10.09	9.10	9.59	9.02	6.89	6.00	6.69	6.00	10.09	6.00	8.39	0.015112
K	9.34	11.49	8.79	8.10	10.99	11.50	8.43	9.06	9.92	8.76	8.23	8.24	7.02	11.50	7.02	9.22	0.013865
SGR	4.28	4.57	6.00	4.48	5.99	7.00	4.77	4.42	4.79	4.00	3.00	3.74	3.00	7.00	3.00	4.62	0.011577
POR	57.23	49.45	37.53	51.51	40.35	30.55	44.60	48.02	43.22	35.13	44.40	40.21	44.11	57.23	30.55	43.56	0.071009
L	42.77	50.55	62.47	48.49	59.55	69.45	55.40	51.98	56.78	64.87	55.60	59.80	55.89	69.45	42.77	56.44	0.071013
SPOR	53.91	58.00	31.29	47.55	45.55	40.40	37.78	49.56	51.79	52.46	65.00	54.41	50.00	65.00	31.29	49.05	0.088455

数据来源：课题组计算所得，下同。

（1）第一阶段（2007—2010年）

第一，在2007—2010年，我们发现第二类中央企业的股东权益报酬率（*ROE*）大致能满足股东必要报酬率（*K*）的要求，国家作为最大股东，其股东权益报酬基本能得到满足，这说明在制度实施之后中央企业的盈利能力、营运状况是比较健康、合理的。

第二，这一阶段的股东权益报酬率（*ROE*）与可持续增长率（*SGR*）呈现较为一致的变动趋势，充分反映了*ROE*与*SGR*之间的线性关系，印证了可持续增长理论的相关结论，并且这一阶段的*ROE*与*SGR*大体上呈现上升趋势，这表明中央企业的再投资收益水平与企业可持续增长状况正处于不断改善提高的阶段。

第三，这一阶段中央企业实际利润上缴比例（*POR*）在多个年份大于可持续利润上缴比例（*SPOR*），而且实际利润上缴比例与可持续利润上缴比例波动都比较大，二者之间总体呈正向变动，在2009年二者达到了最低点。这说明在实际利润上缴中，中央企业未能很好地满足企业可持续增长对资金的需求，2009年实际利润上缴比例与可持续利润上缴比例达到最低点，极大可能是因为受到了2008年美国次贷危机的冲击，使得企业经营状况、盈利能力变得比较糟糕。

第四，这一阶段的可持续利润上缴比例*SPOR*的最高点在2008年，最低点在2009年（见图6.1），分别对应了*ROE*小于*K*的年份和*ROE*大于*K*的年份。这正好与前文的理论分析结论一致：当留存收益再投资报酬率*ROE*小于股权资本成本*K*的时候，应该多发放股利；当留存收益再投资报酬率*ROE*大于股权资本成本*K*的时候，应该较多地留存盈利用于再投资。

（2）第二阶段（2011—2014年）

第一，2011—2012年第二类中央企业的股东权益报酬率（*ROE*）小于*K*，并不能满足股东必要报酬率（*K*）的要求，2013—2014年*ROE*大于*K*。这说明中央企业在经过调整国有资本收益收取比例的两年过渡期后，盈利能力、营运状况逐步改善，逐步能够满足国家这一最大股东的股东权益报酬要求。

第二，这一阶段的股东权益报酬率（*ROE*）与可持续增长率（*SGR*）呈现较为一致的变动趋势，充分反映了 *ROE* 与 *SGR* 之间的线性关系，印证了可持续增长理论的相关结论，但二者在 2012 年达到顶峰后开始出现下滑的趋势，*SGR* 波动更大。虽然 *ROE* 在 2013—2014 年开始回落但 *K* 下降更明显，导致 *ROE* 虽然下滑但 *ROE* 大于 *K*，这表明这一阶段经济大环境有所衰退，但企业技术升级节约了资本成本，满足了股东必要报酬率。

第三，2011—2012 年中央企业实际利润上缴比例(*POR*) 小于可持续利润上缴比例(*SPOR*)，2013—2014 年中央企业实际利润上缴比例(*POR*) 大于可持续利润上缴比例(*SPOR*)，这表明在 2011—2012 年根据可持续利润上缴比例估算模型是可以进一步提高中央企业利润上缴比例的，并且提高中央企业利润上缴比例可以降低企业高管人员的过度在职消费行为，有助于降低中央企业代理成本、提升中央企业绩效；2013—2014 年 *ROE* 大于 *K*，股东权益收益得到保障但实际利润上缴比例过高，大于企业可持续发展所要求的利润上缴比例，这样不利于企业兼顾未来的可持续增长。

第四，中央企业可持续利润上缴比例 *SPOR* 在这一阶段波动也较大，2013 年达到最低点，但总体趋势是向上的(见图6.1)，这说明中央企业总体情况是向好的。

(3) 第三阶段(2015—2019 年)

第一，第二类中央企业的股东权益报酬率(*ROE*) 不能满足股东必要报酬率(*K*) 的要求，国家作为最大股东，其股东权益报酬没有得到满足，说明此次调整国有资本收益收取比例后中央企业的盈利能力、营运状况出现了一些问题。

第二，这一阶段的股东权益报酬率(*ROE*) 与可持续增长率(*SGR*) 呈现较为一致的变动趋势，充分反映了 *ROE* 与 *SGR* 之间的线性关系，印证了可持续增长理论的相关结论，但是这一阶段的 *ROE* 与 *SGR* 大体上呈现下降的趋势，这表明中央企业治理情况、经营情况可能出现了问题，不排除全球经济下行给中央企业带来了一定的负面影响。

第三，中央企业实际利润上缴比例(*POR*) 远远小于可持续利润上缴比例(*SPOR*)，结合 *ROE* 普遍小于 *K* 的情况，中央企业应该多发放股利。

总体来看，2007—2019 年的第二类中央企业股东权益报酬率(*ROE*) 没有满足股东必要报酬率(*K*) 的要求，国家作为出资人的权益并没有得到保障。实际利润上缴比例(*POR*) 小于可持续利润上缴比例(*SPOR*) 但大于财政部规定的国有资本收益上缴比例。可见，根据可持续利润上缴比例估算模型第二类中央企业利润上缴比例还有上升的空间。第二类中央企业主要是资源垄断型企业，如果资源垄断型企业处于效率日趋低下、经营情况不佳的状态时，这时应该扩大利润上缴比例，并提高上缴给公共财政的比例，让中央企业收益更多地惠及普通民众，让全民共享国有企业经营收益。

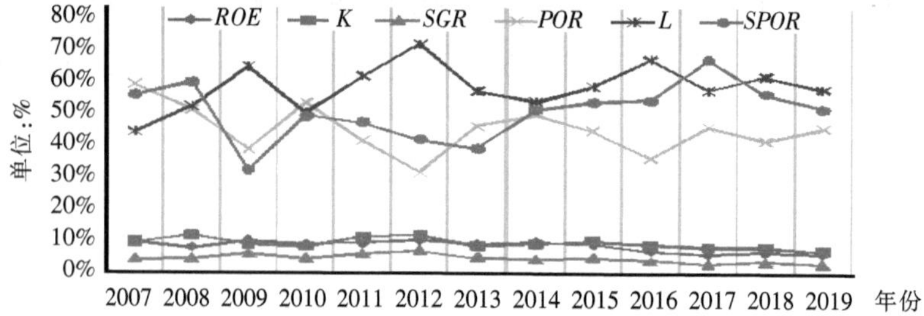

图 6.1　第二类样本企业估算结果

2. 第三类样本实证结果分析

根据资本资产定价模型、可持续增长模型，对 2007—2019 年纳入中央国有资本经营预算实施范围的第三类中央企业利润上缴数据进行实证检验。第三类中央企业利润上缴比例指标的估算结果如表 6.4 所示。

表 6.4　第三类样本企业利润上缴比例估算结果

指标	2007	2008	2009	2010	2011	2012	2013	2014	2015	2016	2017	2018	2019	最大值	最小值	平均值	标准差
ROE	9.57	9.38	5.53	6.19	8.21	8.50	7.15	6.03	7.55	7.10	7.62	7.32	7.10	9.57	5.53	7.48	0.0121
K	9.54	12.21	9.31	9.28	11.58	12.21	9.75	10.13	11.17	9.38	10.68	9.01	8.55	12.21	8.55	10.22	0.012426
SGR	5.49	6.06	3.42	4.61	6.18	6.05	5.08	4.39	5.47	4.49	4.88	5.00	4.25	6.18	3.42	5.03	0.008131
POR	43.51	31.36	37.44	25.65	26.11	30.35	30.35	30.04	31.44	37.21	38.00	37.10	37.35	43.51	25.65	33.53	0.052787
L	56.49	68.64	62.56	74.35	73.89	69.65	69.65	69.96	68.56	62.79	62.00	62.90	62.65	74.35	56.49	66.47	0.052787
SPOR	41.74	50.35	62.91	48.91	46.96	49.22	47.40	56.39	50.68	50.91	53.85	47.84	48.18	62.91	41.74	50.41	0.051279

（1）第一阶段（2007—2010 年）

第一，在这一阶段，第三类中央企业的股东权益报酬率（*ROE*）小于股权资本成本（*K*）不能满足股东最低必要报酬率的要求，尤其在 2008 年之后 *ROE* 大幅下降。2007—2010 年第二类中央企业的股权资本成本平均值为 9.43%，第三类中央企业的股权资本成本平均值为 10.09%。相比来看，第三类中央企业的股权资本成本是大于第二类中央企业的。第二类中央企业主要为资源垄断型企业，依靠其垄断地位经营风险较小，而第三类中央企业多为一般竞争性企业，竞争环境比较激烈，受市场环境影响较大，经营风险较大，所以相比于第二类中央企业，其股权资本成本较大。股权资本成本的计算依据是资本定价模型，股权资本成本与市场风险系数成正比。通过对比第二类中央企业与第三类中央企业的股权资本成本数据，进一步论证了运用资本资产定价模型的正确性。

第二，在这一阶段，可持续利润上缴比例 *SPOR* 的平均值为 50.98%，实际利润上缴比例（*POR*）的平均值为 34.49%，可见第三类中央企业的可持续利润上缴比例（*SPOR*）远大于实际利润上缴比例（*POR*）。企业内部留存收益过多，根据自由现金流量原则，此时应适当提高上缴比例，可以降低企业内部的自由现金流量，减少中央企业盲目投资、在职消费、国有资产流失等问题出现的概率。而这一阶段规定第三类中央企业税后利润上缴国家公共财政的比例仅为 5%。因此，不管是根据可持续利润上缴比例估算模型，还是根据自由现金流量原则，第三类中央企业利润上缴比例都是有较大的上升空间的。

第三，在这一阶段，第三类中央企业实际利润上缴比例 *POR* 平均值为 34.49%，而同阶段的第二类中央企业实际利润上缴比例 *POR* 平均值为 48.93%。通过比较可知，第三类中央企业实际利润上缴比例平均值远低于第二类中央企业实际利润上缴比例平均值。这可能是因为第二类中央企业主要是具有垄断性质的特大型国有企业，比如石油化工、电力、煤炭等行业。该类型的中央企业因为其垄断属性为企业带来较大的利润，其日常经营主要是占用国家公共资源，国家作为企业的最大股东，理应得到更高的利润回报。

因此，第二类中央企业实际利润上缴比例高于第三类中央企业，这也符合股东获得其必要报酬率的理论要求，体现了国家作为最大股东所追求的“股东价值最大化”的理财目标。

第四，这一阶段中央企业可持续利润上缴比例（*SPOR*）和实际利润上缴比例(*POR*）的波动都比较大(见图 6.2)。实际利润上缴比例阶梯状下降而可持续利润上缴比例却在 2009 年达到整个选取样本期间的顶峰。本书认为出现此现象的原因可能是第三类中央企业多是一般竞争性企业，遭受 2008 年美国次贷危机的影响比较大。企业经营情况不佳而导致实际利润上缴不断下降。可持续利润上缴比例最高点所对应的 *K* 大于 *ROE* 的幅度最大，这符合前文的理论分析，当留存收益再投资报酬率 *ROE* 小于股权资本成本 *K* 的时候，应该多发放股利。

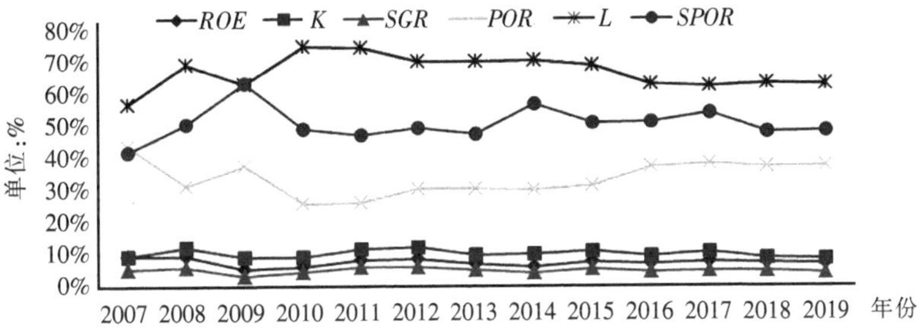

图 6.2　第三类样本企业估算结果

(2) 第二阶段(2011—2014 年)

第一，在这一阶段，第三类中央企业的股东权益报酬率(*ROE*）小于股权资本成本(*K*）依旧不能满足股东最低必要报酬率的要求，这表明在调整国有资本收益上缴比例后，企业的经营状况也没有得到改善。

第二，可持续利润上缴比例 *SPOR* 的平均值为 49.99%，实际利润上缴比例(*POR*）的平均值为 29.21%，可见，这一阶段第三类中央企业的可持续利润上缴比例(*SPOR*）也远大于实际利润上缴比例(*POR*)，但相比于上一阶段，这一阶段的实际利润上缴比例有所下降，本书认为这可能是因为企业内部盲目投资、在职消费等情况变本加厉导致的。这一阶段规定第三类中央企业税后利润上缴国家公共财政的比例为 10%。所以，第三类中央企业利润上缴比例可适度提高。

第三，这一阶段可持续利润上缴比例 *SPOR* 与实际利润上缴比例 *POR* 波动较小，整体表现平稳且有向上升的趋势，说明经济大环境整体向好。

（3）第三阶段(2015—2019 年)

第一，在这一阶段，第三类中央企业的股东权益报酬率(*ROE*)小于股权资本成本(*K*)依旧不能满足股东最低必要报酬率的要求，这表明在调整国有资本收益上缴比例后，企业的经营状况也没有得到改善。

第二，这一阶段第三类中央企业的可持续利润上缴比例(*SPOR*，均值为 50. 29%)要大于实际利润上缴比例(*POR*，均值为 36. 22%)，但相比第二阶段差距逐渐缩小。观察图 6. 2 也可发现可持续利润上缴比例 *SPOR* 与实际利润上缴比例 *POR* 波动较小，整体表现平稳且有向上升的趋势，尤其是实际利润上缴比例 *POR* 曲线上升明显，趋近于可持续利润上缴比例 *SPOR* 曲线，二者差距明显缩小。这表明这一阶段企业发展比上一阶段有较大进步，经营状况有所改善。这一阶段规定第三类中央企业税后利润上缴国家公共财政的比例为 15%。因此，第三类中央企业利润上缴比例可以适度提高标准。

总体来看，第一，2007—2019 年第三类中央企业的股东权益报酬率(*ROE*)始终小于股权资本成本(*K*)，不能满足股东最低必要报酬率的要求，国家作为股东的股权收益没有得到保障。实际利润上缴比例平均值为 33. 53% 小于第二类中央企业的实际利润上缴比例 43. 56%，但鉴于二者企业性质不同，第三类企业多为一般竞争性企业，市场竞争环境激烈，所以这种情况也是可以接受的。第二，第三类中央企业的股东权益报酬率(*ROE*)与可持续增长率(*SGR*)呈现较为一致的变动趋势，充分反映了 *ROE* 与 *SGR* 之间的线性关系，印证了可持续增长理论的相关结论，也表明可持续增长理论的相关结论适用于不同性质的企业，进一步论证了可持续增长理论的有效性。第三，比较第二类与第三类中央企业的可持续利润上缴比例 *SPOR* 估算结果可以发现：第三类中央企业的可持续利润上缴比例 *SPOR* 的标准差 0. 0513 小于第二类中央企业的标准差 0. 0885，这表明第三类中央企业的可持续利润上缴比例的波动小于第二类。从图 6. 2 可发现第三类中央企业可持续利润上缴比例曲线与第二类相比较为平坦。这可能是由于第二类中央企业属于资源垄断型企业样本较少，导致波动更大；第三类中央企业属于一般竞争性企业，所处的竞争环境比较恶劣，企业为了维持自身发展稳定，不断提升自身竞争力而尽可能地降低企业经营相关指标的波动性。这也表明相比于第二类中央企业，第三类中央企业财务指标表现更加优异，经营效率更高。

3. 第四类样本实证结果分析

对 2007—2019 年纳入中央国有资本经营预算实施范围的第四类中央企业利润上缴数据进行实证检验。第四类中央企业利润上缴比例估算指标的估算结果如表 6. 5 所示。由于纳入中央国有资本经营预算实施范围的第四类企业主要是军工企业、科研院所、部门所属企业、文体企业等，与第二类资源垄断型企业和第三类一般竞争性企业的估算结果有相似之处但又有一些自身特点。

第一，在 2007—2019 年，第四类中央企业样本的股东权益报酬率（*ROE*）总是小于股权资本成本(*K*) 不能满足股东最低必要报酬率的要求，根据可持续利润上缴比例模型，这种情况企业可以适当地提高利润上缴比例。第四类中央企业样本的可持续利润上缴比例 *SPOR* 的估算结果平均值为 52. 91%，均大于第二类和第三类可持续利润上缴比例 *SPOR* 的估算结果，这正好与前文的理论分析结论一致，当留存收益再投资报酬率 *ROE* 小于股权资本成本 *K* 的时候，应该多发放股利。目前纳入中央国有资本经营预算实施范围的第四类国有资本收益上缴比例为 10%，所以可以适当提高第四类企业收益上缴比例的标准。

第二，在 2007—2019 年，第四类中央企业样本的实际利润上缴比例 *POR* 总是小于可持续利润上缴比例 *SPOR*，其中在 2010 年 *POR* 与 *SPOR* 相差最小，相对应的 *ROE* 与 *K* 相差也最小。这表明第四类样本中央企业在盈利能力尚佳的情况下，利润上缴比例基本符合可持续利润上缴比例的要求。

表 6.5　第四类样本企业利润上缴比例估算结果

（单位：%）

指标	2007	2008	2009	2010	2011	2012	2013	2014	2015	2016	2017	2018	2019	最大值	最小值	平均值	标准差
ROE	6.48	7.49	7.23	9.30	9.01	7.81	7.01	6.99	5.73	6.84	6.28	5.73	6.09	9.30	5.73	7.08	0.011207
K	8.67	12.26	8.42	9.39	12.32	12.26	10.13	10.43	11.48	9.98	10.47	9.52	8.25	12.32	8.25	10.28	0.014479
SGR	3.45	4.97	4.75	6.23	5.86	5.53	5.00	5.07	4.00	4.88	4.17	3.87	4.15	6.23	3.45	4.76	0.008156
POR	51.72	36.85	36.20	34.13	33.70	30.26	31.37	28.78	31.25	30.63	33.07	29.95	29.74	51.72	28.78	33.67	0.059729
L	48.28	63.15	63.80	65.87	66.30	69.74	68.63	71.22	68.75	69.37	66.93	70.05	70.26	71.22	48.28	66.33	0.059729
SPOR	59.35	59.57	42.95	34.15	52.98	54.74	50.51	51.45	65.35	50.23	58.50	58.70	49.32	65.35	34.15	52.91	0.081025

第三，第四类中央企业样本的股东权益报酬率（*ROE*）平均值为7.08%，均小于第二类和第三类中央企业样本的股东权益报酬率（*ROE*）；第四类中央企业样本的股权资本成本（*K*）平均值10.28%，均大于第二类和第三类中央企业样本的股权资本成本（*K*）。这可能是因为第四类中央企业样本主要是军工企业、科研院所等，这类企业普遍涉及国家公共安全问题和国家机密研究，投资大、周期长、收益见效慢，并且这类企业经营的主要目的并不是盈利，而是保障国家安全，这类企业的资本成本普遍较高、股权回报率较低。正是因为第四类样本中央企业的独特性质，第四类中央企业样本的可持续利润上缴比例（*SPOR*）平均值的估算结果大于第二类和第三类的中央企业样本的可持续利润上缴比例（*SPOR*）平均值，但实际利润上缴比例并不高。这表明根据不同企业性质，分类确定不同上缴比例的做法是正确的。我国财政部颁布的《中央企业国有资本收益收取管理暂行办法》适用于各类中央企业的经营情况、盈利情况。

第四，观察图6.3可以发现，与第二类和第三类中央企业样本的股东权益报酬率（*ROE*）可持续增长率（*SGR*）的关系表现一致，第四类中央企业样本的股东权益报酬率（*ROE*）与可持续增长率（*SGR*）呈现较为一致的变动趋势，充分反映了*ROE*与*SGR*之间的线性关系，印证了可持续增长理论的相关结论，也表明可持续增长理论的相关结论适用于中央企业所有性质的企业，论证了可持续增长理论的有效性。

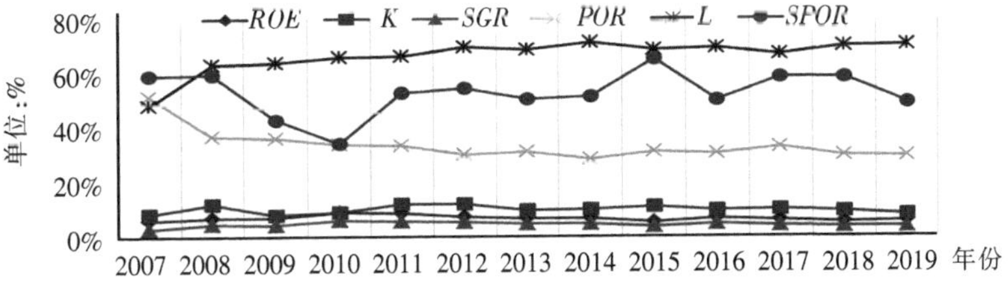

图6.3　第四类样本企业估算结果

6.3.5 小结

第一，通过对比三类中央企业样本的实际利润上缴比例（*POR*）、可持续利润上缴比例（*SPOR*）可得出，从2007—2019年第二类中央企业样本的实际利润上缴比例（*POR*）平均值最大，第三类中央企业样本的实际利润上缴比例（*POR*）平均值最小，这跟两类企业性质不同息息相关。第二类中央企业主要是具有垄断性质的特大型国有企业，比如石油化工、电力、煤炭等行业。该类型的中央企业因为其垄断属性为企业带来较大的利润，其利润来源与占用国家公共资源密不可分，国家是国有企业的出资人，全体人民是国有企业的所有者，理应得到更高的利润回报。要进一步提高其上缴给公共财政的比例，让企业收益更多地普惠全体民众，让全民共享国有企业经营收益。这既符合可持续利润上缴比例估算模型的要求，也符合我国以共同富裕为社会主义的本质和奋斗目标。第三类企业多为一般竞争性企业，企业以盈利为经营目标并且竞争环境激烈，所以实际利润上缴比例较低是符合这类企业的性质和处境的。

第二，通过对比2007—2019年三类中央企业样本的股东权益报酬率（*ROE*）、股东资本成本（*K*）估算平均值可以得出（如表6.6所示），三类企业均无法满足国家股东的股东权益报酬，第二类企业*ROE*与*K*平均值差距最小，基本可以满足；第四类企业差距最大。第二类企业均属资源垄断型企业，其依靠垄断地位可以为企业带来较大收益，应当满足国家股东的最低必要报酬率，应该适当提高企业税后利润上缴比例。第三类企业多为一般竞争性企业，其以盈利为主要的经营目标，没有满足国家股东的最低必要报酬率，说明其自身竞争力不够强，经营过程中出现了一些问题，应不断改进管理经营模式，提高自身竞争力和经营效率。第四类企业*ROE*与*K*平均值差距最大，主要原因是其经营目标不以营利为目的而是要保障国家安全，但也要提高其经营效率、改进管理模式、降低经营成本。

表 6.6　三类中央企业的股东权益报酬率与资本成本情况比较

指标	第二类	第三类	第四类
ROE	8.39%	7.48%	7.08%
K	9.22%	10.22%	10.28%
K-ROE	0.83%	2.74%	3.20%

第三，企业的可持续增长率 $SGR=P\times A\times T\times L$（$P$ 为销售净利率代表企业盈利能力，A 为资产周转率代表企业营运能力，T 为权益乘数、L 为利润留存率）与企业各项财务指标密切相关，是公司经营业绩、资本结构和股利政策等多种因素合力形成的结果，所以制定合理的利润上缴比例政策，参考企业的可持续增长率指标显得尤为重要。根据可持续利润上缴比例模型 $SPOR=1-SGR/K$，可知可持续利润上缴比例与可持续增长率呈反比。企业的可持续增长率越大，企业内部大概率存在净现值大于零的项目，需要较多的现金流用于再投资以实现企业的可持续发展，可持续利润上缴比例可能较小。通过表 6.7 我们可以得知，第三类中央企业样本的可持续增长率平均值最大，第二类中央企业样本的可持续增长率平均值最小，理应第三类在中央企业样本的可持续利润上缴比例平均值最小、第二类最大，但我们计算的结果第二类中央企业样本的可持续利润上缴比例平均值为 49.05%、第三类为 50.41%，第二类比第三类小，这说明应提高第二类中央企业的利润上缴比例。

表 6.7　三类中央企业的可持续增长率情况比较

SGR	最大值	最小值	平均值	标准差
第二类	7.00%	3.00%	4.62%	0.0115
第三类	6.18%	3.42%	5.03%	0.0081
第四类	6.23%	3.45%	4.76%	0.0082

综上所述，整体分析结果表明目前我国对于不同类型企业实施不同利润上缴比例的做法是比较合理的，但应适当提高企业利润上缴比例尤其是第二类中央企业的利润上缴比例。

6.4 本章小结

在社会主义初级阶段，国有企业在分配利润时既要考虑满足股东的权益（公平），也要考虑企业的可持续发展（效率）。国有企业利润上缴比例的估算应在这两种考虑（效率与公平相结合）的基础上最终确定“分多少”。基于此，本章从效率与公平相结合的角度出发，构建了国有企业利润上缴比例估算模型，并对2007—2019年以来中央企业利润上缴比例情况进行检验，发现：第一、三类企业均无法满足国家股东的股东权益报酬，第二类企业 *ROE* 与 *K* 平均值差距最小，第四类企业差距最大。第二类企业属资源垄断型企业，其依靠垄断地位可为企业带来较大收益，应当满足国家股东的最低必要报酬率，应适当提高企业税后利润上缴比例。第三类企业多为一般竞争性企业，其以盈利为主要经营目标，没有满足国家股东的最低必要报酬率，说明其自身竞争力不够强，应不断改进管理经营模式，提高自身竞争力和经营效率。第四类企业 *ROE* 与 *K* 平均值差距最大，主要原因是其经营目标不以营利为目的而是要保障国家安全，但也要进一步提高其经营效率、改进管理模式、降低经营成本。第二，应进一步提高第二类中央企业利润上缴比例，适当提高第三类中央企业利润上缴比例。根据可持续利润上缴比例模型 $SPOR = 1 - SGR/K$，可知可持续利润上缴比例与可持续增长率成反比。企业的可持续增长率越大，企业内部大概率存在净现值大于零的项目，需要较多的现金流用于再投资以实现企业的可持续发展，可持续利润上缴比例可能较小。数据表明，第三类中央企业样本的可持续增长率平均值最大，第二类中央企业样本的可持续增长率平均值最小，按理第三类中央企业样本的可持续利润上缴比例平均值最小、第二类最大，但我们计算的结果第二类中央企业样本的可持续利润上缴比例平均值为49.05%、第三类为50.41%，第二类比第三类小，这说明应提高第二类中央企业利润上缴比例，同时也要适当提高第三类中央企业利润上缴比例。

第 7 章　国际比较视角下国有企业利润全民共享的实践路径

国有企业并非只有社会主义国家独有。在以私有制经济为主的资本主义国家，一些私营经济不愿涉足或无力涉足的领域，政府为了弥补市场失灵和市场缺陷，满足社会需求，通常也会采取建立国有企业的方式。在詹姆斯·米德 1936 年提出的“社会分红”理论的影响下，世界各国越来越多地把国有企业利润全民分红作为“反经济周期”、调节收入差距和贫富差距的工具，比如美国、挪威、新加坡、蒙古等国的国有企业利润全民分红实践越来越普遍，并取得了一定成效。我国作为社会主义国家，国有资产属于全民所有，全民共享国有企业利润是其合法权利。我国国有企业利润全民共享目前尚处于探索阶段，世界其他国家国有企业利润分红的有益实践经验可作为参考和借鉴，丰富我国国有企业利润全民共享的多样化路径，探索出适合我国国情的共享效益最佳的模式和路径。

7.1 国外国有企业利润共享模式

由于世界各国经济体制不同、国情不同、发展现代化的程度不同，各国国有企业利润社会分红的实践模式存在差异，本节先对各国分红模式进行较为系统地分析和总结，然后得出对我国国有企业利润全民共享的路径设计具有借鉴意义的模式和路径。

7.1.1 美国阿拉斯加州：永久基金分红制度

在美国，政府对国有企业的创办和发展的控制极为严格。国会有权决定国有企业的建立、撤销或企业内部管理体制的改革等一系列问题，凡是有关国有资产管理的各种议案必须得到国会的审议后才能实施。其中，美国国有企业的一项重要改革措施是将政府公共事业机构的职能转让给私人企业，目的就是在总体可控制的前提下，在经营方面尽可能地采取灵活的措施，比如出租经营和项目承包等。在一定程度上，这样既能明确责权，又可保证政府目标的实现。对于出租经营方式的国有企业，在出租的几年内，承租方要向国家定期交纳租费。租费一般由折旧费和部分利润构成。在特别情况下，国家只向承租人收取一部分利润，而不收取折旧费，以补偿国有企业部分不动产和设备的损耗。此外，美国法律有公法和私法两类，破产属于私法范畴。由于国家企业属于政府公司，依靠政府税收来兴办。因此，美国法律规定政府公司不纳税、不交利润，还可以接受国会拨款。国有企业利用这些资金实现自我发展、投资新项目和公益事业，但由于美国预算赤字较大，每年政府公司采取自愿的办法要向所在地州政府交一部分钱，用于政府开支。由于美国法律的特殊性，不少州可以利用其公有资产的收益进行直接分红，让该州居民直接受益①。比如 1969 年 9 月，美国阿拉斯加州通过租赁普拉德霍海湾进行石油资源开采，获得了 9 亿多美元的收入。当地立法机构认为，全州的自然资源属于人民，阿拉斯加人民应共享其收益。为了使这笔资产可以保留一部分不至于挥霍殆尽，1975 年众议院法案委员会（CSHB，Committee Substitute for House Bill）第 324 次会议修正了参议院的议案（CSHB 324 am S），决定建立阿拉斯加州矿产资源租赁收入的永久基金。

1977 年，阿拉斯加州以出售石油积累下的 73.4 万美元收入正式成立了阿拉斯加永久基金。该基金赋予所有在阿拉斯加居住六个月以上的居民以平等

① 李光贵．西方国家国有企业分红制度及其启示［J］.财会通讯（综合版），2008（11）：105-106.

享受基金分红的权利，首次分红 1000 美元，以后年度的发放现金数额随油价等因素波动，从每年每人八九百美元到 2000 多美元不等。永久基金收入以五年收入的平均数为基准，将 50%的永久基金收入分配给所有满足资格的阿拉斯加州居民。经过十几年的运作，该基金每年向当地居民的分红金额仍能稳定在 1000 美元左右①，2008 年的人均社会分红达到了 2069 美元②。并且该基金额度每年仍在增长，到 2015 年大约积累了 537 亿美元，给每个人提供了 2072 美元的分红。③ 这一规定不仅打破了“资源诅咒”，使该州居民共享到公有资产带来的收益，该州大部分人尤其是农村家庭收入一度增长超过 10%④，而且并没有出现批评者对该分红模式担忧的潜在“致命”弱点：人们可能因此不愿意工作，从而导致就业减少，以致经济萎靡。研究发现，全民共享国有资源带来的收益并没有打击就业意愿，实际上，这笔分红整体上“对就业毫无影响”，甚至在特定情况下，还增加了兼职工作的参与率。为了验证永久基金分红模式对阿拉斯加州就业率的影响，芝加哥大学经济学家 Damon Jones 和宾夕法尼亚大学经济学家 Ioana Marinescu 选择了一些 1982 年之前就业模式和数据与阿拉斯加近似但没有实施现金发放项目的州，人为合成了一个“阿拉斯加”，并与真实的阿拉斯加进行了对比。从图 7. 1 可以发现，在某些年份阿拉斯加的就业率高于“合成版阿拉斯加”，在少数年份低于后者，但总体上差别不大，属于正常波动。也就是说，现金发放对阿拉斯加就业率影响不大⑤。此外，他们还发现 1982 年后，阿拉斯加的兼职率明显要高（见图 7. 2），这说明现金发放项目增加了兼职的比率。这可能是由于一些人拿到这笔钱后将全职工作换成了短期工作，也可能一些此前没有工作的人开始进入就业市场，因为这笔钱可能帮助他们减少交通、育儿等负担，一定程度上提

① 黄胤英，周建军．阿拉斯加是如何进行石油社会分红的［J］. 中国改革，2006（02）：31-34.

② http：//finance. sina. com. cn/leadership/mroll/20110419/09249713616. shtml

③ http：//www. istis. sh. cn/list/list. aspx？ id = 12969

④ 陈少晖．国有企业利润上缴：国外运行模式与中国的制度重构［J］. 财贸研究，2010，21（03）：80-87.

⑤ Jones D，Marinescu I E . The Labor Market Impacts of Universal and Permanent Cash Transfers：Evidence from the Alaska Permanent Fund［J］. IZA Discussion Papers，2018.

高了居民生活水平，是公有资产收益全民共享的一大成功案例。

表 7.1　1998—2005 年阿拉斯加永久基金分红金额　　（单位：美元）

年份	1998	1999	2000	2001	2002	2003	2004	2005
分红	1540.88	769.84	1963.86	1850.28	1540.76	1107.56	919.84	845.76

资料来源：吴国玖．全民分红理论及实践的国际比较和借鉴［J］.企业家天地下半月刊（理论版），2007（12）：80-81.

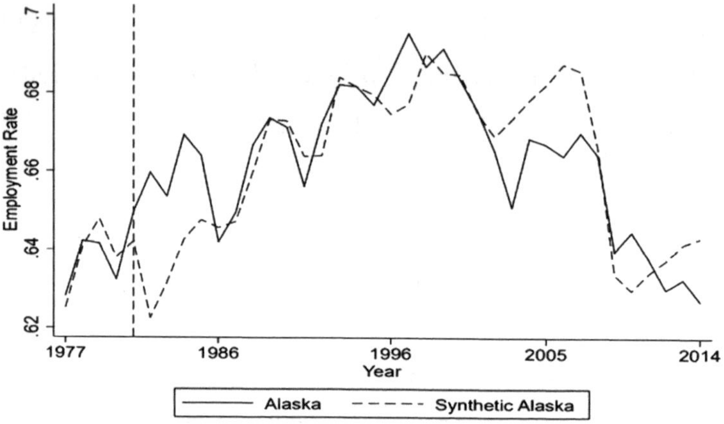

图 7.1　1977—2014 年阿拉斯加（Alaska）与
“合成阿拉斯加”（Synthetic Alaska）就业率的对比图

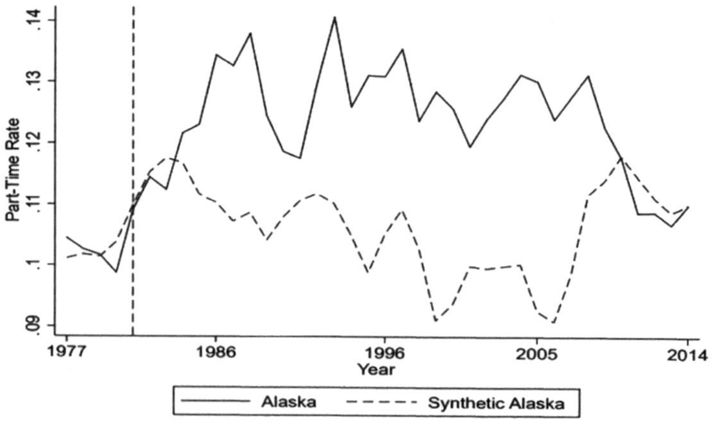

图 7.2　1977—2014 阿拉斯加（Alaska）与
“合成阿拉斯加”（Synthetic Alaska）兼职率的对比图

7.1.2 挪威：社保基金分红模式

挪威政府中央各部委共管理着 80 家公司的国有股。这 80 家公司根据经营目标分成 4 类，其中贸易工业部下设的国有经济司管理着大部分以商业运营为目标的国有企业。挪威政府对国有企业分红的立场如下：国家希望每家企业都制定清晰的分红策略；实行积极的所有权政策，就包括对分红及盈利提出商业性要求，使其符合公司长期价值最大化和行业发展；为了长期保持竞争力，企业不能只考虑短期盈利；公司必须在研发和发展劳动者能力方面充分投资。这样，从长远角度，企业才能够根据市场竞争状况进行必要的调整①。

另外，挪威政府为了保证国有资产的保值、增值，还通过设置基金来监管国有企业。20 世纪 70 年代，位于英国与挪威之间的北海发现了油气田。于是挪威议会于 1972 年通过决议，出资成立挪威国家石油公司，规定该公司上缴 80%石油产出的净利润，并按其利润与资产的合理比例进行分红。1990 年挪威议会以石油资源收入为主要来源出资建立了石油基金。2006 年，该基金与保险计划基金改组并共同出资成立了挪威政府全球养老基金（以下简称"GPFG"）。该基金的资金来源于油气行业的税收及油田许可权收入，并且运用这些资金进行海外投资，深度参与全球财富再分配，借助海外经济增长为本国国民的未来发展提供更高保障。近年来，随着我国资本市场持续稳定发展以及对外开放的逐步深化，GPFG 正不断加大对中国资本市场的投资力度，中国已成为其投资力度最大的单一新兴市场。由于搭上了海外经济体快速发展的列车，GPFG 收益情况非常可观。截至 2020 年一季度末，GPFG 的资产总规模达到 9.998 万亿挪威克朗（约合 9588 亿美元）②，其中约一半市值来自

---

① 张春霖．有效约束、充分自主：中国国有企业分红政策进一步改革的方向［R］.北京，世界银行，2010. https：//documents. worldbank. org/curated/en/963631468011136270/pdf/532540ESW0CHIN00final0Nov27020090Ch. pdf

② NBIM 在 2020 年 4 月 23 日在 GPFG 一季度数据摘要中公布了最新规模，但没有公布美元规模。美元规模按照当日 3 月 31 日挪威克朗和美元汇率估算，可能与 NBIM 最终公布的美元规模存在出入。https：//www. nbim. no/contentassets/7e6a27b0b70b4cc2b9b53dcd2a26a91c/q1-2020-final-figures. pdf

多年积累下的投资回报。按照挪威 2019 年末的人口①估算，人均资产规模逾 180 万挪威克朗（约合 18 万美元）。根据挪威财政部 2020 年初公布的财政预算，GPFG 资产规模的约 2.7%将划入当年财政，占当年财政预算支出的 25%②。虽然退休养老基金并不直接从 GPFG 中划拨，但该基金是挪威社会保障资金的重要资金来源，缓解了政府的财政压力，使挪威人民直接受益，从而提升了全民社会福利③。在我国“老龄化”日益加剧和经济面临下行压力的宏观背景下，我国养老体制也可以适当借鉴 GPFG 的管理办法，为我国养老金资产配置实践提供一定参考。

7.1.3 新西兰：以价格优惠共享国企利润的分红模式

1986 年，新西兰工党政府对国有企业进行改革并颁布了《国有企业法》，规定国有企业必须与私人企业一样，坚持以商业利润率为主，平等参与市场竞争，政府将不再向国有企业提供任何形式的财政补贴。国有企业自行筹集发展资金，政府不给予信贷支持。若企业因经营不善出现重大亏损，政府拒不承担企业债务。但政府也不是对国有企业放任不管，而是通过多种方式进行监管。比如，企业必须每年向国家持股部门提交一份“公司意图声明”，说明企业在下个年度和其后两年的目标、经营活动的性质、范围、对市场情况的分析、企业的结算政策、利润前景、向国家交纳的利润数额以及储备资金等问题，并且在有特殊情况时，政府如果要求公营企业从事商业利益以外的目的，应该用合同明确规定下来，对于由此而产生的损失，企业可以要求政府给予补偿。按照这一原则，国有企业在完成利润指标、红利分配和再投资

① 2019 年末挪威人口合计 5378857 人，Wordometer，https：//www.worldometers.info/worldpopulation/norway-population/

② The National Budget 2019，https：//www.statsbudsjettet.no/upload/Statsbudsjett_2019/dokumenter/pdf/national_budget_2019.pdf

③ 谢伟杰，陈少晖．共享理念视角下国企利润社会分红的国际模式与借鉴价值［J］.亚太经济，2019（03）：106-112.

之后，一般都把收益返还给社会①。其中，新西兰航空管理公司在公司获得丰厚的收益后通过更新设备、向用户提供优质的服务、不断地降低收费等方式带给用户更好的旅行体验，来回报给公民。例如，新西兰邮政公司经过多年的商业化经营，改变了邮政的传统性亏损局面，取得了盈利。并且在公司经营收益增长后，将国内的平信邮费费用下调，让公民间接享受到企业发展带来的红利。在具体的国有企业分红政策上，新西兰国有企业董事会与持股部门先进行协商再决定分红政策。财政部和皇冠公司监督咨询机构（CCMAU）会根据国有企业的资本结构、资本投资计划和盈利能力等因素就分红政策向行业部门提出建议，制定适合各企业的分红策略②。

7.1.4 新加坡：全民分享计划

新加坡政府设立了淡马锡控股公司，该公司是新加坡财政部全资拥有、新加坡最大的一家国有控股公司，其营业额占新加坡国内生产总值的 13%，该公司每年派发股息红利，其股东派息直接纳入新加坡政府的财政收入。③ 由于国有企业每年向政府上缴大量的利润，所以新加坡的财政预算长期保持盈余状态。2006 年新加坡政府以现金的形式将总计 26 亿新元的资金分发给了全体国民。2008 年，新加坡政府公布了“政府盈余全民分享计划”，将 43 亿元人民币分发给国民④。新加坡的全民分红主要包括了“经济增长分红”“就业奖励花红”和“国民服役花红”三种形式。“经济增长分红”面向全体新加坡成年人发放，所有成年人根据自身的不同情况都能享受到 100 到 900 新元不等的“红包”收入。“就业奖励花红”则是针对收入较低人群发放，以鼓励他们继续努力工作。而“国民服役花红”则分配给那些完成了兵役的新加

① 汪平，李光贵，袁晨．国外国有企业分红政策：实践总结与评述［J］．经济与管理研究，2008（06）：78-86.

② https：//documents. worldbank. org/curated/en/963631468011136270/pdf/532540ESW0CHIN00final0Nov27020090Ch. pdf

③ https：//bbs. pinggu. org/jg/guanli_ qiyeguanli_ 139017_ 1. html

④ 新加坡政府拨 43 亿发红包 21 岁以上每人 2000 元，http：//news. sohu. com/20080303/n255472405. shtml

坡国民，每人可领取400新元。此外，新加坡还有针对公务员和外籍在新工作人员等的分红①。由淡马锡控股的国有企业新加坡航空公司，始终坚持围绕“低成本下的高效率及其卓越服务”的核心战略，以间接分红的方式使新加坡公民享受到国有企业发展带来的优惠。新加坡的分红模式可供我国财政情况比较好的省份和经营状况良好的企业借鉴。简而言之，该模式的主要做法就是：政府以现金的形式直接向全体国民分红，让人们分享经济发展的成果，改善人民的生活条件，或者向某些特殊人群发放现金，以帮助政府实现其政策目标，如消除贫困、提高就业率或鼓励服兵役等，最终会促进经济发展、社会秩序稳定。

7.2 效率与公平相结合下我国国有企业利润全民共享的有效路径

国有企业的全民所有制属性就决定了国有企业利润必须全民共享，但何种共享方式既有利于国有资本保值增值（体现效率），又有利于全体人民更多更公平地共享国有企业发展成果（体现公平），以更好体现社会主义制度的优越性？鉴于中国特色的国有企业的发展现状，全民如何共享国有企业利润，不可直接模仿国外现成的分红模式，只能在我国国有企业目前发展状况的基础上结合我国国情，参考国外国有企业分红模式对我国国有企业分红制度进行创新。

7.2.1 现金分红模式在我国是否可行

美国阿拉斯加州的现金分红方式是最直接的分红方式，也是国有企业利润共享的重要途径，因为现金分红可以直接惠及民生，使公民的收入得到同等增加，在提高公民消费能力方面甚至可以达到立竿见影的效果，并且还可

① 谢伟杰，陈少晖．共享理念视角下国企利润社会分红的国际模式与借鉴价值［J］．亚太经济，2019（03）：106-112.

以提高公民对国有企业经营状况的关注度。现金分红模式目前在我国是否可以全面实施？我们测算了 2012—2019 年全国国有企业利润采取现金分红的各种情况，如表 7.2 所示。

表 7.2　现金分红模式下全民可共享收益情况

年份	2012	2013	2014	2015	2016	2017	2018	2019	2020
国有企业利润总额/亿美元	21959. 6	24050. 5	24765. 4	23027. 5	23157. 8	28985. 9	33877. 7	35961. 0	34222. 7
国有企业净利润/亿美元	16469. 7	18037. 9	18574. 1	17270. 6	17368. 4	21739. 4	25408. 3	26318. 4	24761. 7
国有资本收益/亿美元	1572. 84	1651. 36	2023. 44	2560. 00	2608. 95	2580. 90	2905. 79	3960. 42	4774. 55
国有资本收益用于民生支出/亿美元	73. 52	96. 85	244. 39	256. 21	611. 00	648. 52	898. 21	1458. 96	1917. 13
人口数量/万人	135404	136072	136782	137462	138271	139008	139538	140005	141178
人均国有企业利润/元	1621. 8	1767. 5	1810. 6	1675. 2	1674. 8	2085. 2	2427. 8	2568. 6	2424. 1
人均国有企业净利润/元	1216. 3	1325. 6	1357. 9	1256. 4	1256. 1	1563. 9	1820. 9	1879. 8	1753. 9
人均国有资本收益/元	116. 2	121. 4	147. 9	186. 2	188. 7	185. 7	208. 2	282. 9	338. 2
人均民生支出/元	5. 4	7. 1	17. 9	18. 6	44. 2	46. 7	64. 4	104. 2	135. 8
人均可支配收入/元	16668. 9	18310. 8	20167. 1	21966. 2	23821. 0	25973. 8	28228. 0	30732. 8	30732. 8

续表

年份	2012	2013	2014	2015	2016	2017	2018	2019	2020
人均国有企业利润占比/%	9.7	9.7	9.0	7.6	7.0	8.0	8.6	8.4	7.9
人均国有企业净利润占比/%	7.3	7.2	6.7	5.7	5.3	6.0	6.5	6.1	5.7
人均国有资本收益占比/%	0.7	0.7	0.7	0.8	0.8	0.7	0.7	0.9	1.1
人均民生支出占比/%	0	0	0.1	0.1	0.2	0.2	0.2	0.3	0.4

资料来源：课题组根据财政部官网、国家统计局官网公布的数据整理而成。

我们将现金分红的收益来源分为国有企业利润总额、国有企业净利润、国有资本收益、国有资本收益用于民生支出四类。国有企业利润总额是理论上可分配的最大值，但是国有企业作为市场主体需缴纳企业所得税等税收，因此国有企业净利润是实际上可分配的最大值。2012—2020 年，人均国有企业利润、人均国有企业净利润分别从 1621.8 元、1216.3 元逐步提高至 2424.1 元、1753.9 元，占居民人均可支配收入的比重分别从 9.7%、7.3%变化至 7.9%、5.7%，可见人均国有企业利润和净利润的增速未能赶上居民人均可支配收入增速。

国有资本收益是国有企业上缴的利润收入、股利股息收入、产权转让收入、清算收入、其他收入的总和，是实际收上来的可分配收入，从数据来看，2012—2020 年，我国人均国有资本收益从 116.2 元逐步提高至 338.2 元，占居民人均可支配收入的比重从 0.7%提高至 1.1%，提高了 0.4 个百分点。从现实情况来看，国有资本收益是全民实际共享国有企业利润的理论最大值，即将收上来的国有资本收益全部发放给国民，但国有资本收益在进行支出时并未全部用于民生支出，而是还用于资本性支出、费用性等支出，民生支出只是其中的一部分，其占国有资本收益的支出比重从 2012 年的 4.67%提高至 2020 年的 40.15%，人均民生支出从 5.4 元提高至 135.8 元，其占居民人均可支配收入的比重从几乎为 0 提高至 0.4%。因此，在人口基数大、可共享利润又较少的情况下，现金分红模式当前在我国还难以全面大规模推行。当然，如果将国有企业净利润全部拿来分红，对于居民收入提高还是有较大帮助，而这种分红方式虽然做到了公平，但并没有兼顾效率。因为在国有企业利润使用方式改革中，利润可被用于生产性用途和非生产性用途，“企业内的浪费”认为企业一旦将利润用于非生产性用途，比如国有企业福利房建设，就会影响企业生产率[①]。把国有企业净利润全部发给全体公民，相当于利润在生产性用途方面投入为零，这将严重影响企业的生产率，相当于计划经济时期的“寅吃卯粮”“杀鸡取卵”，不利于国有企业生产效率的提升及其可持续发展[②]。但在现阶段，我国仍处于并将长期处于社会主义初级阶段，还有很大的发展空间，并且在战略领域、新兴领域和国际竞争领域需要国有企业继续发力，保证国有企业发展的可持续性和竞争力仍然非常重要。

虽然在全国范围内实施现金分红方式不能兼顾效率，但可以像类似于美国阿拉斯加州这种有丰富的矿产资源的城市，小范围地实施现金分红，提高当地居民的收入水平和消费能力也有利于当地产业升级，摆脱纯粹依赖资源的困境，可以在一定程度上避免“资源诅咒”的发生。并且根据芝加哥大学经济学家 Damon Jones 和宾夕法尼亚大学经济学家 Ioana Marinescu 的研究，现金分红并未导致就业率下降，反而导致兼职率明显上升，所以有经济实力的城市可以考虑作为试点实施现金分红政策，制定可保证企业可持续发展的分红标准，既让当地百姓分享当地自然资源带来的收益，促进社会公平，同时对当地经济也没有负面影响。

---

① 杨巨，刘长庚，毛章勇．国企利润分配制度改革与资本积累［J］．政治经济学评论，2016，7（04）：66-84.

② 孟建民．完善国有资本经营预算工作 增强中央企业核心竞争力［J］．国有资产管理，2011（01）：9-15.

7.2.2 股票分红模式在我国是否可行

股票分红模式不仅可以使公民获得股息收入，还可以让公民获得资本利得，但前提是进行股票分红的企业一直有良好的经营状况和发展前景。处于竞争性领域的国有企业，由于市场竞争环境比较激烈，商品市场波动较大导致企业很难一直稳赚不亏，甚至可能随时面临改制、技术落后被淘汰的局面、发展状况极不稳定、风险较大，公民可能不会拥有较稳定的收益，因此，该类型国有企业一般不适宜普遍参与股票分红，可以选取那些从长期发展历史来看经营状况相对较稳定的企业来实施股票分红模式。而垄断性国有企业和资源型国有企业因其在某一特定市场占有支配性地位，因而可以享受垄断利润和资源收益，其经营状况比较稳定，具有实施股票分红的优势条件，并且企业分红还有利于抑制投资过热的现象。前已述及，若企业内部拥有过度留存利润则可能会带来盲目投资、过度扩张等诸多弊端，不利于企业的长期可持续发展；而实施股票分红则可能促使国有企业向外部融资，而无论股权融资还是债权融资，企业都面临着更强的约束，虽然增加了融资成本，却大幅降低了代理成本，所以该类型的国有企业进行适当分红有利于提升企业效率①。因此，垄断性国有企业和资源型国有企业进行股票分红既可以使全体公民公平地享受到国有资产所带来的收益，还在一定程度上有利于促进企业提高生产率以保持可持续发展。

综上，现金分红方式目前在我国不适宜大规模开展，而拥有丰富矿产资源城市的地方资源型国有企业由于其体量小、范围小，人口统计等工作也易于开展，可以先行试点，即使试点失败，还可以及时修正，不会产生大范围的影响；股票分红方式可以主要在垄断性国有企业和资源性国有企业中试点，在一些经营相对稳定的竞争性国有企业中也可以进行试点，总的原则是要实现国有企业做强做优做大做久（效率目标）与全民更多更公平更长期地共享其改革发展红利（公平目标）的有机统一。

---

① 魏明海、柳建华：《国企分红，治理因素与过度投资》，《管理世界》2007 年第 4 期

7.2.3 充实社保基金的共享模式在我国是否可行

2017 年 11 月，国务院印发《关于划转部分国有资本充实社保基金实施方案的通知》，最终确定划转范围为中央和地方国有股权的 10%。国家为什么那么重视社保基金，因为社会保障基金（以下简称“社保基金”）是社会保障制度平稳运行与可持续发展的经济基础，并不等同于养老保险金。随着我国人口年龄结构日益老化①，近几年来养老保险金翻倍增长，占政府财政支出比重较高，使得社保基金作为人口老龄化高峰时期对养老保险和其他保险的一个补充作用削弱。而且 2015 年 1 月 14 日，国务院发布了《关于机关事业单位工作人员养老保险制度改革的决定》，标志着存在了近 20 年的养老金“双轨制”的终结。这也意味着原本没有纳入体制之内的工作人员自动享受退休福利，财政将会补贴更多的养老保险金，这会给经济发展造成更大的压力，必须要有相应的措施缓解此次改革对经济环境的政策性冲击。目前我国正处于改革深水区、人口老龄化加速发展、经济转型和新型城乡发展的关键时期，必须科学构建起统筹协调城乡区域利益、代际利益、当前与长远利益的社会保障体系，以应对即将面临的各种挑战和风险。如果将国有企业利润划拨至社保基金，这会在一定程度上解决社保基金所面临的未来老龄化社会的存量问题，拓宽社保基金的资金来源，强化社保基金对各项保险领域的补充作用。② 这样既可缓解政府财政压力，还可以增强基本养老保险制度的可持续性，并且对于国有资本而言，这也有利于优化国有资本收益的支出结构和国有企业法人治理结构，进一步提高国有企业生产率和利润共享的使用效率。目前，我国社会保障的覆盖面每年都在不断扩大，截止到 2020 年末我国参加

① 截至 2019 年底，中国 65 岁及以上老年人口超过 1.76 亿，占总人口的 12.6%，来源于国家统计局官网：http://www.stats.gov.cn/tjsj/zxfb/202002/t20200228_1728913.html，2020 年 11 月 30 日；2026 年 65 岁及以上人口将达 2.1 亿，占总人口的 14.5%，来源于 United Nations：https://population.un.org/wpp/Download/Standard/Population/，2020 年 11 月 30 日。

② 李光贵，邹帅，王洁．国有资本充实社保基金背景下国企分红机制探讨［J］．会计之友，2019，{4}（24）：55-59.

基本养老保险人数为9.98亿，参加基本医保人数为13.6亿,[①] 基本实现全民覆盖。因此，将国有企业利润划拨到社保基金可以较好地实现效率与公平的结合。但目前国有资本经营预算补充社保基金支出占比并不高（表7.3）。

表7.3　2017—2020年全国国有资本经营支出占比情况

年份	2017	2018	2019	2020
国有资本经营预算补充社保基金支出占比	2.00%	0.60%	0.02%	0.01%
解决历史遗留问题及改革成本支出占比	22.80%	30.80%	32.20%	11.68%
国有企业资本金注入占比	29.50%	43.30%	48.40%	54.78%
国有资本经营预算调出资金占比	18.40%	41.10%	63.50%	74.99%

2017年全国国有资本经营支出结构中，国有资本经营预算补充社保基金支出占比为2.00%；2018年全国国有资本经营支出结构中，国有资本经营预算补充社保基金支出占比仅为0.60%；2020年全国国有资本经营支出结构中，国有资本经营预算补充社保基金支出占比更是低至0.01%，但解决历史遗留问题及改革成本支出占比、国有企业资本金注入占比、国有资本经营预算调出资金占比确逐年提升。[②] 可见，国有企业上缴的红利主要用于资本性支出（国有经济布局与企业改制等）、费用性支出（国有企业改革与历史遗留问题的解决等）和其他支出（社会保障方面等），其中国有企业红利多用于资本性支出和费用性支出，而社保支出则较少，这表明现行国有资本经营预算使用的目的在于优化国有企业的治理模式，具有一定的"体内循环"表现。[③] 但目前这种国有资本经营预算管理显然与国有资本全民所有制属性相违背，更与《中共中央关于全面深化改革若干重大问题的决定》提出国有资本收益更多用于保障和改善民生的政策不太一致。应提高具备丰厚盈利并且收益稳定

① http://k.sina.com.cn/article_1749990115_684ebae3020010rii.html

② 数据取自财政部《2017—2019年全国国有资本经营支出决算表》。

③ 陈玲芳，邓理洁．民生导向下国资经营预算支出绩效评价与监管探析［J］．财会月刊，2018（5）：46-50.

的国有企业划拨企业利润充实社保基金。公益类国有企业以保障民生、服务社会、提供公共产品和服务为主要目标，其更加注重社会效益，国有资本收入权较弱，可先保障提供优质的公共产品和服务，如有余力可划拨部分利润充实社保基金；商业类国有企业以增强国有经济活力、放大国有资本功能、实现国有资本保值增值为目标，更加注重经济效益，其国有资本收入权强于公益类国有企业，尤其是金融类国有企业和垄断性国有企业资本回报率高、企业盈利能力强且收益稳定，适宜划拨部分利润充实社保基金。

综上，基于现阶段我国国情，对于大多中央企业来说，目前采取现金分红或股票分红的模式还不能很好地兼顾效率与公平，不如通过充实社保基金这种间接共享利润的方式让全民享受到企业发展效益，尤其是金融类国有企业和垄断性国有企业通过垄断地位获得了丰厚的利润，利润共享不仅不会阻碍企业的发展，还可以进一步优化国有资本收益的支出结构，提高企业生产率。

7.2.4 以价格机制为中介的间接共享模式在我国是否可行

前面列举的新西兰航空管理公司、新西兰邮政公司是通过让消费者花更少的钱得到比市场上同等价位更加优质服务的方式把公司发展所获利润反馈给消费者，在中国这种间接共享利润的方式是否可行？其实，中国部分国有企业已通过提供更优惠的价格、更优质的产品让利给大众。比如，中国国家铁路集团有限公司、中国邮政集团有限公司等国有企业。

（1）火车票价格长期保持相对稳定

铁路旅客运输是当今社会公共交通运输资源非常重要的运输工具，由于铁路行业需要大规模的固定资产投资（一般情况下铁路线路的短期固定成本占总成本的 50%—80%①）。钱德勒在《看得见的手——美国有企业的管理革命》一书中指出铁路的固定成本在 19 世纪 80 年代平均占了总成本的 2/3，具有投资回收期长、资产专用性强、沉淀成本大等特征，造成了严重的进入障

① 李铁男．垄断、竞争与管制：中国铁路体制改革［J］．经济评论，2001（05）：110-114.

碍，因而一直被认为是自然垄断行业。[①] 一般情况下，自然垄断企业在无管制情况下的产出水平低于满足社会利益的产出水平，因而不能实现产品最优效率，但是多个企业的竞争会使生产成本大幅上升，从而偏离生产效率。因此，世界各国大多认为采用价格管制或公共生产可以纠正自然垄断所造成的弊端[②]。这也是《中华人民共和国价格法》与《中华人民共和国铁路法》规定的旅客票价（率）由政府定价的原因，1955 年至 1985 年，基本票价维持 30 年不变。最近的一次客票涨价是 1995 年 10 月 1 日，铁路旅客票价基价率从每公里 0.03861 元调整到 0.05861 元，大约每公里 6 分钱，这一基准票价率一直执行至今，不管经济经历了怎样的发展、国民生活水平得到多大提升、铁路运输硬件设施得到多大改善，铁路票价多年未再变动，[③] 例如，北京西到武昌的火车票价格从 1996 年至今始终保持在 260 元左右。表 7.4 呈现了 1978 年以来我国居民收入的变化情况，从绝对值来看，1978 年至 2019 年，全国居民、城镇居民和农村居民的人均可支配收入分别增长了 179.5 倍、123.4 倍、119.9 倍，以 1978 年为基准的收入增长指数至 2019 年分别达到了 2679.7、1708.4、2066.0，这反映了居民收入长期以来实现了较大幅度地增长，火车票价格即使以低于收入增速的幅度上涨也是合理的。表 7.5 则呈现了 1978 年以来居民消费价格指数、商品零售价格指数、工业生产者出厂和购进价格指数、固定资产投资价格指数等的变化情况，总的趋势是这些指数都不同程度地上涨了。这也意味着各种成本也是在不断上涨，而火车票价格却长期保持相对稳定的状态，进而也就导致长期以来铁路运营基本是亏损的，如表 7.6 所示，中国国家铁路集团下属 18 家子公司 2018 年仅有 6 家盈利，12 家都是亏损的，18 家子公司的净利润之和是负值，虽然国铁集团最终通过其他收入来源实现了净利润 20.45 亿元的盈利，但却不是火车票的贡献。实际上，中国铁路运输一直遵循着不能单纯将企业盈利最大化作为其经营策略的主要目

① 引自小艾尔费雷德·D·钱德勒：《看得见的手———美国企业的管理革命》，商务印书馆，1987 年版。

② 王勇．铁路客运定价制度的经济学分析［J］.财经研究，2003（09）：22-27.

③ http：//news. sina. com. cn/c/2013-12-17/010229000646. shtml

标，在维持企业有序生产的同时，应将社会福利最大化作为企业生产的主要目标的理念。疫情防控期间，中国国家铁路集团有限公司更是推出免费退票措施，积极响应国家疫情防控政策，助力营造健康安全的出行环境。

表 7.4　1978—2019 年居民人均可支配收入和指数

年份	全国居民人均可支配收入		城镇居民人均可支配收入		农村居民人均可支配收入	
	绝对数/元	指数（1978＝100）	绝对数/元	指数（1978＝100）	绝对数/元	指数（1978＝100）
1978	171.2	100	343.4	100	133.6	100
1980	246.8	131.6	477.6	127.0	191.3	139.0
1985	478.6	213.2	739.1	160.4	397.6	268.9
1990	903.9	243.8	1510.2	198.1	686.3	311.2
1995	2363.3	347.6	4283.0	290.3	1577.7	383.6
2000	3721.3	500.7	6255.7	382.3	2282.1	489.6
2001	4070.4	543.8	6824.0	414.1	2406.9	512.3
2002	4531.6	610.4	7652.4	469.1	2528.9	539.2
2003	5006.7	666.3	8405.5	510.6	2690.3	564.9
2004	5660.9	725.1	9334.8	549.0	3026.6	606.1
2005	6384.7	803.4	10382.3	600.9	3370.2	646.6
2006	7228.8	896.2	11619.7	662.5	3731.0	697.6
2007	8583.5	1015.4	13602.5	742.2	4327.0	767.7
2008	9956.5	1112.2	15549.4	803.5	4998.8	833.1
2009	10977.5	1234.8	16900.5	881.0	5435.1	908.3
2010	12519.5	1363.3	18779.1	948.5	6272.4	1012.1

续表

年份	全国居民人均可支配收入		城镇居民人均可支配收入		农村居民人均可支配收入	
	绝对数/元	指数（1978=100）	绝对数/元	指数（1978=100）	绝对数/元	指数（1978=100）
2011	14550.7	1503.3	21426.9	1028.1	7393.9	1127.4
2012	16509.6	1662.5	24126.7	1126.8	8389.3	1248.1
2013	18310.8	1797.1	26467.0	1205.4	9429.6	1364.5
2014	20167.1	1940.5	28843.9	1287.1	10488.9	1490.5
2015	21966.2	2084.4	31194.8	1371.5	11421.7	1602.3
2016	23821.0	2216.1	33616.2	1448.0	12363.4	1702.1
2017	25973.8	2378.4	36396.2	1541.6	13432.4	1825.5
2018	28228.0	2532.1	39250.8	1627.6	14617.0	1945.3
2019	30732.8	2679.7	42358.8	1708.4	16020.7	2066.0
2020	32188.8	2737.3	43833.8	1728.4	17131.5	2144.2

资料来源：《中国统计年鉴 2021》

表 7.5　1978—2019 年各种价格定基指数

年份	居民消费价格指数	城市居民消费价格指数	农村居民消费价格指数	商品零售价格指数	工业生产者出厂价格指数	工业生产者购进价格指数	固定资产投资价格指数
	（1978=100）	（1978=100）	（1985=100）	（1978=100）	（1985=100）	（1990=100）	（1990=100）
1978	100	100		100			
1980	109.5	109.5		108.1			
1985	131.1	134.2	100	128.1	100		
1990	216.4	222.0	165.1	207.7	159.0	100	100
1995	396.9	429.6	291.4	356.1	307.1	222.9	186.9
1996	429.9	467.4	314.4	377.8	316.0	231.6	194.3
1997	441.9	481.9	322.3	380.8	315.0	234.6	197.6

续表

年份	居民消费价格指数（1978=100）	城市居民消费价格指数（1978=100）	农村居民消费价格指数（1985=100）	商品零售价格指数（1978=100）	工业生产者出厂价格指数（1985=100）	工业生产者购进价格指数（1990=100）	固定资产投资价格指数（1990=100）
1998	438.4	479.0	319.1	370.9	302.1	224.7	197.3
1999	432.2	472.8	314.3	359.8	294.8	217.3	196.5
2000	434.0	476.6	314.0	354.4	303.1	228.4	198.6
2001	437.0	479.9	316.5	351.6	299.2	227.9	199.4
2002	433.5	475.1	315.2	347.0	292.6	222.7	199.8
2003	438.7	4794.0	320.2	346.7	299.3	233.4	204.2
2004	455.8	495.2	335.6	356.4	317.6	260.0	215.7
2005	464.0	503.1	343.0	3593.0	333.2	281.6	219.1
2006	471.0	510.6	348.1	362.9	343.2	298.5	222.4
2007	493.6	533.6	366.9	376.7	353.8	311.6	231.1
2008	522.7	563.5	390.7	398.9	378.2	344.3	251.8
2009	519.0	558.4	389.5	394.1	357.8	317.2	245.8
2010	536.1	576.3	403.5	406.3	377.5	347.7	2546.0
2011	565.0	606.8	426.9	426.2	400.2	3793.0	271.4
2012	579.7	623.2	437.6	434.7	393.4	372.5	274.4
2013	594.8	639.4	449.9	440.8	385.9	365.1	275.2
2014	606.7	652.8	458.0	445.2	378.6	357.1	276.6
2015	615.2	662.6	464.0	445.6	358.9	335.3	271.6
2016	627.5	676.5	472.8	448.7	353.9	328.6	270.0
2017	637.5	688.0	478.9	453.6	376.2	355.2	285.7
2018	650.9	702.4	489.0	462.2	389.4	369.8	301.1
2019	669.8	722.1	504.6	471.4	388.2	367.2	308.9
2020	686.5	738.7	519.7	478.0	381.2	358.8	——

资料来源：《中国统计年鉴 2021》

表 7.6　2018 年至 2019 年上半年中国国家铁路集团有限公司及其下属公司的盈利情况

（单位：亿元）

公司	2018 年净利润	2018 年末总资产	2018 年末资产负债率	2019 年 1—6 月净利润
太原铁路局	95.58	4036.90	39.81%	63.57
武汉铁路局	65.49	4029.09	33.82%	38.22
郑州铁路局	54.08	3728.45	29.46%	34.25
上海铁路局	17.09	10061.25	36.95%	77.07
西安铁路局	16.89	3339.70	36.88%	10.87
南昌铁路局	14.27	12970.85	14.96%	-4.42
济南铁路局	-6.72	2633.76	32.38%	1.56
呼和浩特铁路局	-20.05	2431.43	58.14%	-10.21
青藏铁路公司	-23.01	1605.76	27.68%	-12.41
广州铁路局	-26.05	6262.79	38.08%	14.47
南宁铁路局	-35.72	2899.87	45.79%	-14.53
乌鲁木齐铁路局	-42.69	1928.08	39.58%	-14.09
昆明铁路局	-49.49	2670.39	38.09%	-17.00
兰州铁路局	-57.48	4068.95	40.93%	-31.82
北京铁路局	-61.39	5922.30	41.80%	-15.44
沈阳铁路局	-113.56	5890.00	48.35%	-66.95
哈尔滨铁路局	-125.88	2832.60	70.72%	-65.17
成都铁路局	-126.75	9015.00	41.01%	-50.57
国铁集团	20.45	80023.39	65.15%	2.05

资料来源：《全国各铁路局盈利、亏损排名出炉！或赚百亿，或亏百亿!》，搜狐网

（2）中国邮政快递业务坚持质优价廉原则

2021 年 8 月 20 日，国务院颁布《国务院办公厅关于加快农村寄递物流体系建设的意见》①，指出农村寄递物流是农产品出村进城、消费品下乡进村的

① 资料来源：http：//www.gov.cn/zhengce/content/2021-08/20/content_ 5632311.htm

重要渠道之一，对满足农民群众生产生活需要、释放农村消费潜力、促进乡村振兴具有重要意义。中国邮政积极响应党中央号召，充分发挥其在农村市场的双向物流禀赋优势，于 2021 年 9 月 1 日推出快递包裹“村邮达”承诺服务。[①] 市面上的快递公司只有中国邮政集团有限公司的快递业务做到了村村通，并且性价比较高（如表 7.7 所示）。每村都有邮政快递点，极大地方便了村民上网购物，给村民提供了更多挑选优质产品的机会，提升了村民生活的幸福感。并且中国邮政还开通了“惠农专区”[②]，积极响应中央一号文件，服务于乡村振兴战略，为农民合作社、家庭农场等新型农业经营主体，提供金融、寄递、电商等一揽子综合服务。为高品质农产品提供极速鲜寄递服务，给绿色的农产品提供了一条高效、极速的进城通道。没有了中间商赚差价，直接连接了消费者和生产者，既使广大城市居民品尝到各地特色、新鲜、优质的农产品，又可以解决农产品因销售渠道较少而导致滞销的问题，还可以解决农产品因得不到及时收治而腐坏在地的现象，减少了粮食浪费，降低了农民损失。中国邮政开展的极速鲜寄递服务，极大地减少了这种情况的发生，为国家有效解决了全面推进乡村振兴上的物流问题，使城市和农村之间的沟通更加方便和快捷。

表 7.7　三家快递公司配送历程价格比较（单位：元）

韵达快递	地区	浙、沪、苏	其他地区	青、内蒙古、宁、甘、滇	新、藏
	首重 1000g	5	10	15	20
	续重每 500g	1	5	7	10
圆通快递	地区	浙、沪、苏	其他地区	黔、滇	新、藏、青、内蒙古、宁、甘
	首重 1000g	6	12	15	20
	续重每 500g	1	5	7	10

① 《中国邮政正式宣布：推出快递包裹“村邮达”》，https：//www.sohu.com/a/487153278_114760

② 中国邮政速递物流——惠农专区，https：//www.ems.com.cn/huinong_ district

续表

	地区	500公里及500公里以内	2500公里以上至3000公里	4000公里以上至5000公里	6000公里以上
中国邮政EMS	首重1000g	5	10	14	20
	5000g以内续重500g	2	4.5	6.5	9
	5001g以上续重每500g	1	2.5	3.7	6

事实上，根据我国国情，在全国范围内实施现金分红、股票分红并不现实，不仅是部分国有企业和地区目前发展水平不足以支持向全民发放红利，而且目前也缺乏完善的配套措施、法律条令，以价格机制为中介间接与公民共享发展红利是目前适合大部分国有企业的利润共享方式。把产品做好、把服务搞好、把价格放低，把"不能仅以实现企业利润最大化为企业经营发展的主要目标，还应在保障企业可持续发展的情况下把社会福利最大化作为己任"当作企业发展理念，始终牢记国有企业发展的社会属性，毫不动摇地兜底公益性服务，履行好自己的社会责任，发挥带头示范作用，引领私人企业积极履行社会责任。

综上，不管是现金分红模式、股票分红模式、社保基金共享模式还是以价格机制为中介的间接共享模式，都应根据当地经济发展水平、企业发展情况而选择适合自身的共享路径。现阶段来看，这四种共享路径可以有机结合，促进国有企业利润共享稳步推进，真正拉动内需促进消费，提高全民福利水平，为早日实现共同富裕助力。

7.3 本章小结

本章通过梳理和总结世界其他国家国有企业利润分红的有益实践经验，进一步丰富我国国有企业利润全民共享的多样化路径，以期探索出适合我国国情的最佳路径。本章研究发现：现金分红方式目前在我国不适宜大规模开展，而拥有丰富矿产资源城市的地方资源型国有企业由于其体量小、范围小，人口统计等工作易于开展，可以先行试点，即使试点失败，还可以及时修正，不会产生大范围的影响；股票分红方式可以主要在垄断性国有企业和资源性国有企业中试点，在一些经营相对稳定的竞争性国有企业中也可以进行试点；对于大多中央企业来说，目前采取现金分红或股票分红的模式还不能很好地兼顾效率与公平，不如通过充实社保基金这种间接共享利润的方式让全民享受到企业发展效益，尤其是金融类国有企业和垄断性国有企业通过垄断地位获得了丰厚的利润，利润共享不仅不会阻碍企业的发展，还可以进一步优化国有资本收益的支出结构，提高企业生产率；以价格机制为中介间接与公民共享发展红利是目前适合大部分国有企业的利润共享方式，国有企业应把产品做好、把服务搞好、把价格放低当作企业发展理念，强化国有企业发展的社会属性。

第8章　分类改革下国有企业利润全民共享的政策建议

通过前面章节的论述，国有企业在利润全民共享方面的问题主要体现在：一是中央国有资本经营预算实施范围还未实现全覆盖，尤其是还有较多中央金融企业未实质性纳入，导致有较大规模的利润未能纳入国有资本经营预算；二是国有企业利润上缴比例总体较低，上缴利润规模总体偏少，低于上市公司的一般分红水平；三是国有资本收益体制内循环比例总体仍偏高，主要用于解决历史遗留问题、国有企业资本金注入、产业发展规划等；四是国有资本收益中用于民生支出的比重仍然偏低，理论上上缴的国有资本收益应全部用于民生支出；五是国有企业利润全民共享的路径还不够丰富。国有企业作为推进国家现代化、保障人民共同利益的重要力量，理应在促进全体人民共同富裕中发挥更加重要的作用。推进国有企业利润全民共享、让国有企业发展成果更多更公平地惠及全体人民是扎实推进共同富裕的内在要求和重要举措。

8.1 国有企业利润全民共享的分类改革框架

8.1.1 国有企业分类改革的时代背景

2015年8月，中共中央、国务院印发了《关于深化国有企业改革的指导意见》[①]（简称《意见》），明确提出了国有企业分类改革思路。《意见》根据十八届三中全会提出的“准确界定不同国有企业功能”要求将国有企业划分为商业类国有企业和公益类国有企业，其中商业类国有企业是以增强国有经济活力、放大国有资本功能、实现国有资产保值增值为主要目标，更加注重经济效益；公益类国有企业是以保障民生、服务社会、提供公共产品和服务为主要目标，更加注重社会效益。2015 年 12 月，国资委、财政部和国家发展改革委联合印发了《关于国有企业功能界定与分类的指导意见》[②]，对国有企业分类改革提出了进一步的指导意见。从理论上来看，国有企业功能的多样性决定了国有企业利润全民共享需采用分类改革逻辑。实际上，早在 2007 年 12 月中央在恢复国有企业利润全民共享制度时就采用了分类改革思路，《中央企业国有资本收益收取管理暂行办法》将国有企业分为国有独资企业、国有控股企业、国有参股企业，其中国有独资企业又细分为资源型垄断企业、竞争型企业、国防和科研单位等。2010 年 12 月财政部出台的《关于完善中央国有资本经营预算有关事项的通知》将国有独资企业划分为资源型垄断企业、工业企业、国防及科研单位、政策性企业四类，2012 年 2 月财政部出台的《关于扩大中央国有资本经营预算实施范围有关事项的通知》将中国烟草总公司单独列为一类，由此国有独资企业的类别从三类调整为五类。

因此，国有企业利润全民共享采取分类改革从理论上看具有合理性，从实践角度来看具有可行性。目前需要进一步深化研究的是如何完善或细化国有企业利润全民共享的分类改革框架。

8.1.2 分类改革下国有企业利润全民共享的基本框架

当前按功能分类的标准还可以进一步优化。杨瑞龙教授是国内较早研究国有企业分类改革的学者之一，杨瑞龙（1995）[③]、杨瑞龙（1997）[④] 论证了

① 资料来源：http：//www.gov.cn/zhengce/2015-09/13/content_ 2930440.htm

② 资料来源：http：//www.gov.cn/xinwen/2015-12/29/content_ 5029253.htm

③ 杨瑞龙．国有企业股份制改造的理论思考［J］.经济研究，1995（02）：13-22.

④ 杨瑞龙．论国有经济中的多级委托代理关系［J］.管理世界，1997（01）：107-116.

国有企业实施分类改革的合理性，并提出了国有企业分类改革的原则及路径。杨瑞龙教授所带领的团队从产品性质和行业性质两个维度分析了国有企业分类改革的逻辑与路径，如图 8.1、图 8.2 所示①。他们认为公益类与商业类的分类标准与垄断性与竞争性的分类标准并无本质性差别，只是侧重点不同。从经济学理论角度来看，行业性质一般是从垄断与竞争来划分的，绝大多数学者在研究企业性质时一般也是将企业分为垄断性企业和竞争型企业。因此，笔者也将适当借鉴这一研究成果的划分标准，从垄断与竞争这一维度来划分国有企业。

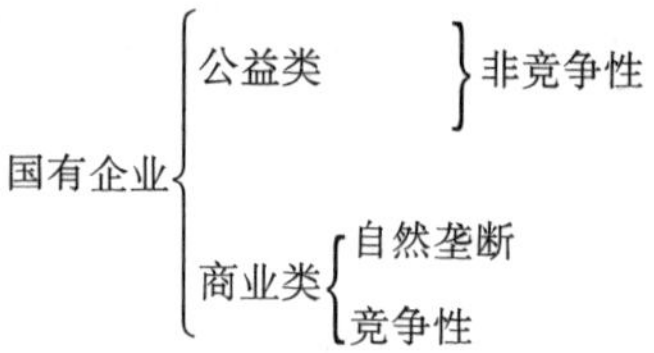

图 8.1　国有企业两种分类标准的比较

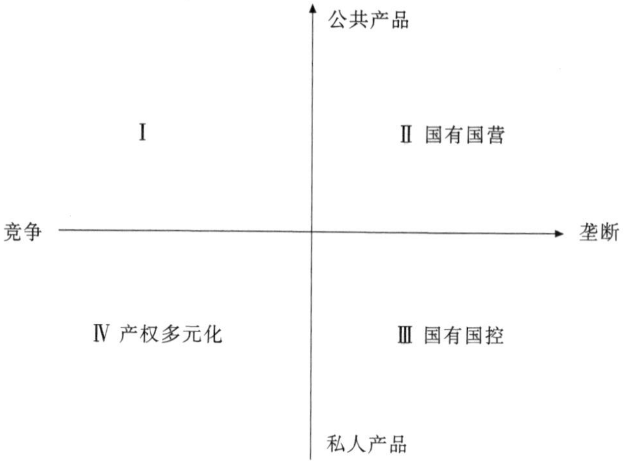

图 8.2　产品与行业性质两维空间下的国有企业分类改革模式

国有企业利润全民共享是国有企业收入分配制度改革的重要内容，而国

① 中国宏观经济分析与预测课题组，杨瑞龙．新时期新国企的新改革思路——国有企业分类改革的逻辑、路径与实施［J］．经济理论与经济管理，2017（05）：5-24.

有企业收入分配制度创新本质上是国有资本权利配置的创新（刘长庚等，2020）[①]。这里面涉及三项权利的配置，第一是国有企业和国有资本以什么样的方式参与市场竞争，涉及国有企业和国有资本的参与权问题，是以垄断的方式或竞争的方式参与市场竞争；第二是国有企业和国有资本的收入权，包括三个层面的收入权，第一个层面是国有企业自身的收入权，而该收入权在很大程度上又取决于国有企业和国有资本的参与权，第二个层面是国家对国有企业的收入权，即国有企业的盈利要上缴一定比例给国家财政，第三个层面是全民对国有企业的收入权，即全民作为国有企业的终极所有者，享有对国有企业发展红利的索取权，全民对国有企业的收入权是由国家作为全民代理人实施的，国家将国有企业的发展红利收上来，然后再通过某种形式让全民共享国有企业发展红利。由于目前全民共享国有企业发展红利的方式是间接性的，为此我们将全民对国有企业的收入权归结为保障权，即国有资本收益用于保障和改善民生。

目前财政部公布的《全国国有及国有控股企业经济运行情况》年度报告或月度报告中所包含的国有企业都是不包含金融类企业的，在马克思主义政治经济学中，产业资本和商业资本统称为职能资本，借贷资本则是属于金融资本，因此我们在对国有企业进行分类时将增加一个维度：金融类国有企业与非金融非国有企业。此外，在经济全球化背景下，我国一直强调企业要走出去，参与国际市场竞争，这对于国有企业的分类也会产生一定影响，例如某些国有企业在国内处于相对垄断的地位，但是在国际竞争时却又处于相对竞争的地位，即垄断国有企业会随着国内国际市场的变化，其垄断性质又会向竞争性质转变，因此在划分国有企业类别时还需考虑国内市场与国际市场的维度。

根据参与权与收入权要匹配的原则（刘长庚等，2020）[②]，例如垄断性国有企业的国有资本参与权属于强势参与权，竞争性国有企业的国有资本参与

① 刘长庚等．新视域：共享发展与收入分配改革［M］．湘潭：湘潭大学出版社，2020：133.
② 刘长庚等．新视域：共享发展与收入分配改革［M］．湘潭：湘潭大学出版社，2020：137.

权属于弱势参与权，强势参与权必然要与强势收入权（国家层面）相匹配，弱势参与权必然要与弱势收入权（国家层面）相匹配，这是制定国有企业利润分配方案的重要依据。综合以上因素，笔者构建了一个多维的国有企业利润全民共享的分类改革框架，具体情况如表 8.1 所示。

表 8.1　分类改革下国有企业利润全民共享的理论框架

<table>
<tr><th rowspan="3">类型</th><th colspan="8">权利配置维度</th></tr>
<tr><th colspan="5">国有资本参与权</th><th colspan="2">国有资本收入权</th><th rowspan="2">全体居民保障权</th></tr>
<tr><th>指标 1</th><th>指标 2</th><th>指标 3</th><th>指标 4</th><th>综合评价</th><th>强度</th><th>收益之和</th></tr>
<tr><td rowspan="9">行业性质维度</td><td>公益类</td><td>——</td><td>——</td><td>——</td><td>——</td><td>低</td><td rowspan="9">国有资本收益池</td><td rowspan="9">全民更多更公平共享国有企业发展红利</td></tr>
<tr><td rowspan="8">商业类</td><td rowspan="4">非金融类</td><td rowspan="2">垄断性</td><td>国内</td><td>强</td><td>高</td></tr>
<tr><td>国际</td><td>中</td><td>中</td></tr>
<tr><td rowspan="2">竞争性</td><td>国内</td><td>中</td><td>中</td></tr>
<tr><td>国际</td><td>弱</td><td>低</td></tr>
<tr><td rowspan="4">金融类</td><td rowspan="2">垄断性</td><td>国内</td><td>强</td><td>高</td></tr>
<tr><td>国际</td><td>中</td><td>中</td></tr>
<tr><td rowspan="2">竞争性</td><td>国内</td><td>中</td><td>中</td></tr>
<tr><td>国际</td><td>弱</td><td>低</td></tr>
</table>

资料来源：笔者自行整理所得。

一方面，公益类国有企业是以保障民生、服务社会、提供公共产品和服务为主要目标，更加注重社会效益，其国有资本收入权要弱于商业类国有企业。从本质上说，公益类国有企业在全民共享其发展红利方面已经做出了不少贡献，因此公益类国有企业的国有资本收入权应适当减弱，其利润上缴比例适合从低征收原则，一般不再考虑公益类国有企业的其他行业属性，如垄断性和竞争性、国内与国际。另一方面，商业类国有企业是以增强国有经济活力、放大国有资本功能、实现国有资产保值增值为主要目标，更加注重经济效益，其国有资本收入权要强于公益类企业。结合现实，商业类国有企业可依次细分为金融类和非金融类、垄断性和竞争性、国内与国际市场。具体地，金融类国有企业的资本回报率一般要高于非金融类国有企业的资本回报率，前者的国有资本收入权应大于后者；垄断性国有企业的国有资本参与权要强于竞争性国有企业，前者的国有资本收入权应大于后者；国有企业在国际市场的竞争程度一般比国内市场的竞争更激烈，国有资本的收入权也要有所不同。国有资本收入权实现之后就会形成国有资本收益池，通过国有资本经营预算管理实现全体居民的保障权，国有资本收益应主要用于社会保障和民生支出。

总的来看，要在分类改革的指导思想下处理好利润全民共享（公平）与国有企业和国有资本发展壮大（效率）的关系，同时探索出国有企业利润全民共享的多种路径，使各类国有企业既能确保自身长远发展，又能让人民群众更多更公平地共享其发展成果，实现效率与公平的有机统一。

8.2 权利配置下国有企业利润全民共享的分类改革思路

根据前面的分析框架，国有企业利润全民共享的分类改革框架可进一步转化为国有企业和国有资本的参与权、收入权和全民保障权的配置，要更好地实现国有企业利润全民共享就是要实现各类权利的相互匹配。

8.2.1 国有企业的参与权要与国家的收入权相匹配

强势参与权要与强势收入权相匹配，弱势参与权要与弱势收入权相匹配。垄断性国有企业的“超额垄断收益”不完全是企业凭借自身的竞争优势获取，而主要是国家从行政层面赋予的“垄断特权”，因此，国家有权要求获得这种“超额垄断收益”的绝大部分，要进一步提高垄断性国有企业的利润上缴比例，建议提高到50%以上。竞争性国有企业的收益主要依靠自身竞争优势获得，其利润上缴比例可适当降低，建议要逐步提高至30%左右。金融类国有企业的收益与国家对金融业实施较为严格的监管有关系，金融类国有企业的竞争也属于不完全竞争，其资本回报率一般要大大高于非金融类国有企业，要加快将金融类国有企业的利润实质性纳入国有资本经营预算范围，尽早实现国有资本经营预算实施范围全覆盖，其利润上缴比例应参照垄断性国有企业，为防止经济脱实向虚，金融类国有企业的利润上缴比例应高于50%。

8.2.2 国有企业员工的参与权与其收入权相匹配

我国要在21世纪中叶基本实现共同富裕目标，国有企业资产规模和利润规模都要足够大，这样全民才能更多更公平地共享国有企业发展红利，这也就意味着必须有一大批具有世界一流水平的国有企业作支撑，国有企业必须做强做优做大。从长期来看，企业之间的竞争归根结底是人才的竞争，企业的持续发展要以大量的、源源不断的人才作支撑。对于国有企业而言，拥有和培养一大批优秀人才是其做强做优做大的有效支撑。对于人才而言，有效的激励是培养和留住优秀人才的重要路径，这就需要将国有企业员工的参与权与其收入权相匹配。由于不同类型国有企业的参与程度是不一样的，在制定员工的收入权配置方面也会有差异。例如，公益类国有企业的收入权与商业类国有企业是不一样的，公益类国有企业应更加强调员工的责任心和使命感，同时给予适当的物质和精神奖励，商业类国有企业则要更加强调员工为企业创造价值的能力和贡献，突出国有资本保值增值、国有企业竞争力提高等因素；垄断性国有企业的收入权配置与竞争性国有企业的是不一样的，垄断性国有企业本身的参与具有政府管制的因素，企业所获利润并非完全取决于企业自身竞争优势的打造，员工的收入权不能过分膨胀，而竞争性国有企业所获收益则与其自身竞争优势紧密相关，要采取灵活的、有效的激励机制，以稳定的人才队伍打造企业持续竞争优势；金融类国有企业的收入权配置与非金融类国有企业也不一样，要更加强化非金融类国有企业员工收入权的配置，金融类国有企业员工的收入权配置尤其是福利收入要进行有效规范。在国有企业员工的参与权与收入权的配置方面，总的原则是要建立企业自身发展需要与人才发展需要相协调的激励机制。

8.2.3 国家对国有企业的收入权与全民保障权相匹配

国有企业的收益取之于民，自然也要用之于民。在共同富裕与共享发展的新时代背景下，国有企业理应发挥关键作用，让全民更多更公平地共享国有企业发展红利。一方面，国家要根据新发展阶段对国有企业的战略安排进行统筹，适时适量地分类提高对国有企业的收入权；另一方面，要积极探索全民共享国有企业利润的多种路径，更好地发挥国有企业持续保障和改善民生的重要作用。为此，在国有资本经营预算支出中，一是要进一步提高国有资本支出中调入公共财政的比重，至 2035 年逐步提高至 60%以上，至 2050 年应提高至 100%；二是进一步提高调入公共财政中用于保障和改善民生的比重。原则上调入公共财政的收益应全部用之于民，尤其是加大对养老、医疗、失业、贫困等支出；三是成立专门机构用于解决国有企业发展中的历史遗留问题，所需费用由公共财政统一调配，充分让国有企业专注于经营事项。

8.3 构建体现效率、促进公平的国有企业利润全民共享制度

处理好效率与公平的关系是改革开放以来中国收入分配体制改革的一条重要逻辑主线①。在不同发展阶段，我国对效率与公平的关系也做出了不同的描述，从“效率优先、兼顾公平”到“效率与公平相协调”，再到“发展成果全民共享”，体现了随着经济效率的不断提升，对社会公平的重视程度也日益增加。2018 年 1 月 30 日，习近平总书记在中共中央政治局第三次集体学习时提出要“建设体现效率、促进公平的收入分配体系，实现收入分配合理、社会公平正义、全体人民共同富裕，推进基本公共服务均等化，逐步缩小收入分配差距”②，《中共中央关于党的百年奋斗重大成就和历史经验的决议》指出新时代在保障和改善民生方面我们党一直“努力建设体现效率、促进公平的收入分配体系”③，这为收入分配制度改革指明的方向就是要“体现效

① 洪银兴．兼顾公平与效率的收入分配制度改革 40 年［J］．经济学动态，2018（04）：19-27.

② 深刻认识建设现代化经济体系重要性　推动我国经济发展焕发新活力迈上新台阶［N］．人民日报，2018-02-01（001）．

③ 中共中央关于党的百年奋斗重大成就和历史经验的决议［N］．人民日报，2021-11-17（001）．

率、促进公平”。国有企业利润分配是收入分配制度改革的重要内容，构建体现效率、促进公平的国有企业利润全民共享制度也是收入分配制度改革的内在要求，符合党中央当前强调的“扎实推进共同富裕”的政策导向，也符合新发展理念中的“共享发展”要求。

8.3.1 进一步做强做优做大国有企业和国有资本

要让全体人民更多更公平地共享国有企业发展成果，前提仍然是进一步做强做优做大国有企业和国有资本，提高国有企业发展质量和效益，并努力使国有企业利润达到足够的规模。如果没有足够规模的利润，那么全民也只能是低水平地共享国有企业利润，难以全面满足人民日益增长的美好生活需要。2015 年 7 月，习近平总书记在吉林考察时提出要“坚持把国有企业搞好、把国有企业做大做强做优不动摇”①；2016 年 7 月，习近平总书记在全国国有企业改革座谈会上作出了“理直气壮做强做优做大国有企业”② 的重要指示；2016 年 10 月，习近平总书记在全国国有企业党建工作会议上强调要“坚定不移把国有企业做强做优做大”③。从“不动摇”到“理直气壮”，再到“坚定不移”，充分体现了习近平总书记持续推进国有企业改革发展的决心和定力，也明确了国有企业“做强做优做大”的改革发展目标。2021 年 8 月 17 日，习近平总书记在中央财经委员会第十次会议上讲话中指出，要“大力发挥公有制经济在促进共同富裕中的重要作用”④，2023 年中央经济工作会议强调国有企业要增强核心功能。⑤ 国有企业作为公有制经济的主导力量，理应在促进共同富裕中发挥重要作用。尤其是随着人民日益增长的美好生活需要的内涵不断扩大，不管是公益类国有企业还是商业类国有企业都要具有强大的物质文

---

① 习近平．国有企业改革怎么搞？[EB/OL].人民网，(2015-07-20)．http：//cpc. people. com. cn/xuexi/n/2015/0720 /c385474-27330659. html

② 理直气壮做强做优做大国有企业尽快在国企改革重要领域和关键环节取得新成效 [N].人民日报，2016-07 -05 (01)．

③ 十八大以来重要文献选编（下）[M].北京：中央文献出版社，2018：394.

④ 习近平．扎实推动共同富裕 [J].求是，2021 (20)：4-8.

⑤ 中央经济工作会议在北京举行 [N]．人民日报，2023-12-13 (001)．

化产品和服务，尤其是基础性民生产品和服务的供给能力，在满足人民生活需要的同时实现国有企业和国有资本的持续做强做优做大。结合前面提出的理论分析框架，我们从参与权与收入权两个维度来提出做强做优做大国有企业和国有资本的改革发展思路。

（1）分类改革国有企业的参与权

进一步优化垄断性国有企业的参与权配置。垄断性国有企业要明确控制国家经济命脉的重要作用。国家赋予垄断性国有企业在相关行业的垄断地位，不是为了垄断而控制，也不是为了获取高额利润，而是为了国民经济稳定、自主持续发展。国有企业在垄断行业的参与权是相对垄断的，不是完全的、绝对的垄断，不能完全限制非国有资本进入垄断行业的参与权。一是非国有资本具有参与直接投资生产的权利。国有企业在垄断行业具有控制地位，但并非可以独立完成行业内所有经营。非国有资本可直接投资垄断行业进行生产经营，成为垄断国有企业的有益补充。二是非国有资本可通过资本市场间接参与垄断行业的经营。垄断性国有企业的控制地位是基于产品市场，但资本市场却是可以开放的。非国有资本可通过资本市场进入垄断行业，适当分享垄断行业的资本收益。

进一步优化竞争性国有企业的参与权配置。第一，竞争国有企业可根据自身发展需要相对自由地进入或退出某一行业，既可实现专业化发展，也不排斥多元化发展。第二，国有企业可根据实际情况兼并非国有企业。当国有企业发展到一定规模的时候，为寻求进一步的发展，可能需要通过兼并重组非国有企业来壮大，只要这种兼并重组符合国家的相关法律法规，那么国家就要允许这种行为。当然，如果国有企业发展到被兼并重组的地步，只要这种行为合理合法，并且不会影响社会的稳定，那么国家也应当允许这种行为。

进一步优化金融类国有企业的参与权配置。金融行业市场准入未完全放开是我国企业融资难、融资贵问题的重要原因之一。一方面，银行有闲置资本但却不愿意把资金贷给中小企业，主要是考虑到风险较高；另一方面，尽管民间闲置资本也较多，但民间融资成本非常高，高成本融资可能会增加企业破产风险。融资难、融资贵问题得不到解决不仅会影响实体经济发展，而且会影响我国经济增长。要适当放开金融业市场准入，让更多民营资本合法合规地参与金融业市场竞争，倒逼金融类国有企业创新投融资模式，更大程度解决我国融资难、融资贵问题，促进我国实体经济与金融经济的更好结合。

（2）完善竞争性国有企业内部激励机制：建立员工利润分享制度

竞争性国有企业的持续发展要以大量的、源源不断的人才作支撑，建立灵活的、有效的激励机制是竞争性国有企业打造核心竞争优势的重要途径。在不改变国有企业既有框架的前提下，可探索实施企业内利润共享制度，为员工提供较为充足的激励。通过利润共享，一方面，员工不仅能获得相当于劳动力价值的工资，还可以分享到一部分剩余价值，使得员工和企业形成利益共同体，有利于调动劳动者的生产积极性，降低企业的劳动力转换率，保证企业平稳发展，有助于企业生产率的整体提高，对企业绩效也将产生有利影响；另一方面，利润共享并未影响到国有企业的产权变化，但实施利润共享却很有可能有力地促进国有资本保值增值、国有经济竞争力的提高。

第一，现代国有企业应确立劳动力产权，赋予劳动者对利润的收益权。劳动力产权与物质财产产权都是基于产权范畴界定的概念，后者主体是自然资源和生产资料，前者主体则是劳动力①。劳动力产权实现使劳动力要素和资本要素进行联合生产，形成了劳动者与资本所有者利润共享、风险共担的利益共同体②，促使企业与员工共同进步、共同发展，让企业做到“发展依靠职工、发展成果由职工共享”。确立劳动力产权，有利于有效建立激励与约束相容的分配机制，充分调动劳动者的积极性、主动性与创造性，增强劳动者的主人翁意识，破除劳资对立的零和博弈思维，使劳动者更加注重长远利益和长远投资，克服短期机会主义行为，减少企业的管理成本、组织成本等，提升企业全员创新能力和持续改进动力，培育企业核心竞争优势，增强企业的凝聚力和向心力，最终实现劳动者和企业共赢。自 20 世纪 70 年代西方国家

---

① 王珏．关于劳动力产权的几个基本问题［J］．南方经济，2004（10）：5-9.

② 周建锋，杨继国．劳动生产率与劳动报酬能否同步提高——基于马克思经济学的分析［J］．经济学家，2019（10）：36-45.

发生滞胀危机以来，西方主流经济学家提出了利润分享制[①]及其不同形式[②]，并指出利润分享制有助于企业员工与股东的目标达成一致，使员工提供更为有效的责任，因相互监督而减少偷懒行为，提高组织效率，最终促进企业绩效的增长[③]。从现实来看，随着企业规模不断发展壮大，企业有能力、有条件、有意愿拿出一部分利润与员工分享，古今中外不少企业早已推行员工持股制度或让员工参与企业分红，例如我国晋商很早就实行了身股制，越来越多的现代企业也建立了员工持股制度，华为总裁任正非只持有公司 1.4%的股份，剩下的股份都是员工持有，极大增强了企业的凝聚力和竞争力。实践表明，这种分配方式不仅未损害企业利益，而且还促进了企业进一步做强做大。

第二，创新劳动者共享竞争性国有企业利润的多种实现方式，多渠道提高劳动者的收入权和发展权。要建立劳动报酬与劳动贡献更加匹配的薪酬机制，企业既要考虑劳动力市场供求状况、劳动者人力资本高低等因素，也要充分考核劳动者的真实贡献，尤其是团队协作所产生的合作剩余，在劳动者与资本方之间探索实行企业利润共享的多种方式。结合现实来看，劳动者共享企业利润要根据国有企业的不同性质、不同行业类型、不同发展阶段等特征而有所不同，而利润的共享也不是越多越好，必须以企业的持续发展壮大为基本前提。例如，对于资本密集型与技术密集型的国有企业，要建立相对稳定的剩余价值分享机制，确保企业留住优秀人才；对于劳动密集型产业的国有企业，例如中低端制造业企业和服务业企业，可建立以新增收益为基础的动态分享制，分享形式可以平均奖为主，同时适当拉开差距，确保国有企业的活力和动力；对于初创型企业，利润应更多转化为积累基金，但是要对企业做出重要贡献的劳动者赋予一定的股权或期权，在企业做大做强的过程中逐步分享到企业发展成果，等等。劳动者的收入权和发展权提高了，就能够带动整个社会劳动者素质和能力的普遍提升，就能稳步、扎实地推进共同

---

① 马丁．威茨曼．分享经济［M］．林青松等，译．北京：中国经济出版社，1984.

② 詹姆斯·米德，冯举．分享经济的不同形式［J］．经济体制改革，1989（1）：114-123.

③ FitzRoy，F. R.，Kraft K.. Cooperation，productivity and profit sharing［J］. Quarterly Journal of Economics，1987（1）：23-35.

富裕。

（3）完善垄断性国有企业内部激励机制：规范员工福利分配

垄断性国有企业的内部员工要获得公平合理的收入。垄断性国有企业在实现上缴比例上调的同时，要进一步提升企业内部的运营效率。企业内部的激励制度要把握现代经济知识含量高、国际化程度高、对专业人才依赖程度高的特点，突出对人力资本的充分激励。一是专业技术、管理人员要取得和市场价值相一致的收益。二是公平的激励制度。基层员工对企业产品的质量起到关键作用，特别是在缺乏竞争的情况下，产品质量更多取决于员工的自觉。要实施同工同酬的分配制度，避免剥削临时工和底层员工，造成企业内部矛盾，影响产品质量的提高。同时，要避免平均主义的倾向。三是激励制度要区分国内和国际市场。垄断性国有企业在国际上更多表现为竞争性，而不是垄断性。国际市场要实施强度相对大、方式相对灵活的激励制度，才能使垄断性国有企业立足于国际市场。

8.3.2 分类提高国家对国有企业的收益权

垄断性国有企业的利润上缴水平要大幅提高。通过加大利润上缴比例来强化国有资本的收入权，使垄断国有资本的强势参与权和收入权相匹配。大量利润留存在企业内可能会带来盲目投资和腐败倾向，给国有资本带来风险的同时，也加大了监督成本。为此，建议将垄断国有企业的利润上缴提高至50%以上。同时，对于垄断性国有企业还要尝试区分国内和国际市场，在国内市场所赚利润按照50%以上的比例进行征收，在国际市场所赚利润则可以按照竞争性国有企业30%左右的水平进行征收，提高垄断性国有企业参与国际竞争的优势。

竞争性国有企业的利润上缴比例要适度。一是利润分配方案要与企业发展阶段相适应。在企业发展初期，利润是一种资本积累，可以帮助企业不断发展壮大。在企业发展稳定期，利润分配则需更加注重对不同要素的吸引力。二是利润分配方案要与地域特征相适应。国有企业在不同的地域会有不同的发展方式，为吸引当地的资本、技术和人才，其利润分配方案也需适应当地化特征。三是利润分配方案要与行业特征相适应。不同行业的竞争程度不同，要根据行业特征来制定与之相适应的利润分配方案。为此，建议将竞争性国有企业的利润上缴比例设定在 30%—40%。

金融类国有企业的利润上缴比例要保持较高水平。金融业属于寡头竞争型行业，其资本回报率通常保持在较高水平，并且其回报率一般而言都要高于国有工业企业回报率。要加快将所有国有金融企业利润纳入国有资本经营预算，参照国有独资企业利润上缴办法，并制定高于实体经济部门国企利润上缴比例。金融部门企业利润率过高是国家对金融行业实现严格管制的结果，其利润来源具有较大程度的垄断性质，而超过正常利润水平的垄断收益的较大部分都应上缴国家财政。为此，建议将金融类国有企业的利润上缴比例设定在 50%以上。

8.3.3 创新国有企业利润全民共享的多样化路径

要充分发挥国有企业和国有资本增加人民福祉的基础性作用，充分构建体现效率、促进公平的国有企业利润全民共享机制，就要积极探索国有企业利润全民共享的多种实现形式，不断拓宽利润共享路径。目前，国有企业主要有利润上缴公共财政、划转国有股权至社保基金等形式，而在实践中并未普遍意识到的两种共享模式分别是价格机制与提供公共产品和服务。我们根据利润产生与利润实现将国有企业利润全民共享路径分为事前调节与事后调节两大类。事前调节指的是利润最终形成之前的调节，即利润产生与利润实现是不一致的，利润产生的量要大于利润实现的量，两者的差额被让利给消费者和其他市场主体了；事后调节指的是利润产生与利润实现是一致的，对最终实现的利润进行调节，拿出一定比例的利润用于全民共享。根据这种分类标准，国有企业利润上缴公共财政与划转国有股至社保基金均属于事后调节，即国有企业的利润已经形成，然后从形成的利润中拿出一定比例上缴公共财政，上缴收益由公共财政统筹到民生支出当中。需要指出的是，划转国有股至社保基金从形式上看属于事前调节，但从分红的角度来看则又属于事后调节，即划转国有股只有在企业年终分红时才能获得一笔收益，而分红的部分则属于从已经形成的利润中拿出一部分进行分红。而发挥国有企业的价格调节作用与直接提供公共产品和服务则属于事前调节。

共享路径一：上缴一定比例净利润至公共财政的共享路径的适用范围主要是公益类国有企业和大多数商业类国有企业。由于公益类国有企业和处于垄断行业和领域的绝大多数商业类国有企业以及少量竞争性领域的商业类国有企业是国有独资企业或国有全资企业，符合现有的利润上缴政策要求，采取上缴一定比例净利润至公共财政的共享路径是比较合适的，且目前也正在推行。从实际情况来看，这种共享路径还将长期存在下去。而实行混合所有制的国有企业则一般是采取利润分红或划转国有股至社保基金的形式。

共享路径二：划转国有股至社保基金的共享路径的适用范围主要是国有控股的混合所有制企业。划转部分国有资本充实社保基金的共享路径不适合向所有国有企业推广，也不宜在公益类国有企业中实施，应主要集中在商业类国有企业中经营状况和利润收入比较稳定的企业，例如混合所有制企业由于产权多元化就可采用这种方式。实际上，对于国有控股企业不能仅停留在收取一定股息或利润分红，而应充分参照国有独资企业的利润上缴办法。按照企业发展的一般规律，规模越大的企业更多体现为股份制企业，独资企业大多表现为中小微企业，而经历过抓大放小、股份制、混合所有制等一系列改革后的国有企业大多是国有控股企业，国有独资企业数量较为有限，因此加快修改完善国有控股企业利润上缴相关法律法规是新时代完善国有资本经营预算制度的内在要求。

共享路径三：股票分红方式应以垄断性和资源型国有企业为主、以竞争性国有企业为辅，目前主要体现为国有股划转社保基金的形式。进行股票分红的前提是企业一直有良好的经营状况和发展前景。处于竞争性领域的国有企业，由于市场竞争环境比较激烈，商品市场波动较大导致企业很难一直稳赚不亏，甚至随时面临技术落后被淘汰的局面，发展状况极不稳定、风险较大，全民可能不会拥有较稳定的收益，因此该类型国有企业一般不适宜普遍参与股票分红，可以选取那些从长期发展历史来看经营状况相对较稳定的企业来实施股票分红模式。垄断性国有企业和资源型国有企业因其在某一特定市场占有支配性地位，因而可享受垄断利润和资源收益，其经营状况比较稳定，具有实施股票分红的优势条件，并且企业分红还有利于抑制投资过热的现象。

共享路径四：国有企业要充分利用价格机制对宏观经济和居民生活发挥积极的促进作用。物价稳定是政府宏观调控的重要目标之一，也是保持居民生活质量稳步提升的重要路径。价格机制是指直接将国有企业提供的产品或服务价格保持在一个低于市场均衡价格的水平，这相当于直接让利于民，对于稳定物价、维持民众实际生活水平不下降等将发挥基础性作用，又或者国有金融企业在给居民和实体经济中的企业发放贷款时实施较低利息政策，大幅降低居民和企业融资成本，使金融回归服务实体经济的本质，进而增加居民和企业收益，这不仅可以促进居民消费，还能增强经济内生发展动力和市场主体活力，使就业和税收都能得到更好保障。具体地，国有企业至少要在以下两个方面发挥价格机制的调节作用：一是在关系民生的基础性行业和领域，国有企业要在物价稳定方面发挥基础性作用，例如在粮食、电力、通信、交通、住房等影响劳动力再生产和企业再生产的领域还可进一步降低成本；二是要重点发挥中央国有银行对实体经济的融资价格让利功能，创新企业投融资模式，进一步降低实体经济企业投融资成本。

共享路径五：直接提供公共产品和服务是国有企业当前和今后需要进一步加强的重点领域。公益类国有企业以保障民生、服务社会、提供公共产品和服务为主要目标，不以盈利为目标，而是强调企业的社会效益，这与商业类国有企业及非公有制企业的以经济效益为主要目标的要求有着重大区别。当前我国社会主要矛盾已转化为人民日益增长的美好生活需要和不平衡不充分发展之间的矛盾，这也意味着人民对公共产品和服务的需求也会更多，而非公有制企业由于要追求经济效益，这与公共产品和服务的非盈利性目标是冲突的，因此非公有制企业是不会直接提供公共产品和服务的，而这一重任自然就落在了公益类国有企业的肩上，当然商业类国有企业也要适当加大公共产品和服务的供给力度，增强两类企业的协同效应。例如，当前党中央反复强调的“房住不炒”理念，实际上是注意到了住房的准公共产品属性，国有企业可以在实现居民住有所居方面积极作为，提供更多廉租房和保障性住房，进一步降低居民的居住成本或购房成本。另外，那些发展不充分的落后地区也很难得到以盈利性为目标的非公有资本的“关照”，而国有企业则可以通过完善落后地区的基础设施、帮助农村因地制宜发展产业，进而吸引更多资本来投资，缩小地区之间、城乡之间的发展差距。

共享路径的多元化组合。上面我们列举了国有企业利润全民共享的五种主要路径，这五种路径不是相互替代的关系，而是相互补充、相互完善的关系，在条件允许的情况下同一国有企业可以同时采取其中的两种或多种共享路径，总的方向就是要让全民更多更公平地共享国有企业发展成果，扎实推进共同富裕。

8.3.4 完善国有企业利润全民共享的评价体系

我们在本节提出了国有企业利润全民共享的多样化路径，尤其是提出了长期以来被人们所忽视的价格机制调节与直接提供公共产品和服务的共享路径，这两种共享路径实际上对有效稳定和发展国民经济、提高广大人民群众的获得感、幸福感和安全感的影响可能比利润上缴公共财政与划转国有股至社保基金这两种共享路径的作用还要更显著，但目前还鲜有学者对其进行研究或评价。因此，我们很有必要进一步完善国有企业利润全民共享的评价体系，讲好国有企业利润全民共享的好故事、发出国有企业利润全民共享的好声音。国有企业为中国经济整体发展和人民普遍福祉增加做出了卓越贡献，但社会上对国有企业的整体印象还需进一步改善，这与国有企业未能充分利用社会主流媒体向社会大众讲好国有企业故事、发出国有企业声音有紧密的内在关联，进而易出现片面否定国有企业贡献的舆论，不利于国有企业进一步改革发展。

8.3.5 建立国有企业利润全民共享的保障措施

第一，坚持党对国有企业利润全民共享的领导。实际上，坚持党对国有企业利润全民共享的领导是确保国有企业改革发展方向不偏离、不动摇的根本保证，也是扎实推进共同富裕的重要保障。深化国有企业利润分配制度改革涉及重大利益调整，既得利益者可能会进行阻挠或激烈的讨价还价，妨碍改革深入推进，因此，必须发挥党“总揽全局、协调各方”的领导核心作用。

第二，要逐步建立国有企业财务公开制度。长期以来，除了上市的国有企业之外，很少有国有企业公布自身财务信息，这就有可能导致某些企业弄虚作假，或通过暗箱操作提供虚假的利润信息，这会直接影响国有企业利润征缴。国有企业是全民所有制企业，公众对于国有企业的财务收支情况理应具有知情权和监督权。为此，应加快把财务信息公开工作纳入国有企业工作日程，定期公布企业利润上缴情况，若未定期公布，需作出相关情况说明以及给出合理的解释。

第三，要进一步加强监督、监管体系建设。为防止国有资产流失以及腐败滋生，应将国有企业审计纳入日常工作。中共十八届三中全会以来，政府加强了对国有企业的财务审计，主要包括国有企业的会计核算、人事任免、投资经营、薪酬福利等方面的投资，取得了较好效果。未来还应通过绩效审计、经济责任审计、财务审计等方面来完善国有企业审计，对国有资产的运作情况进行监督并适时公布，对企业管理人员福利、薪酬和职权进行监督，查处企业违规行为，并进行相应的惩罚。

8.4 本章小结

在前面章节的基础上，本章对处于分类改革时代背景下的国有企业利润全民共享提出了相关政策建议。首先，本章从权利配置与行业性质两个大的维度提出了国有企业利润全民共享的分类改革框架，并从权利配置要匹配的原则出发提出了国有企业利润全民共享的分类改革思路，最后提出了构建体现效率、促进公平的国有企业利润全民共享制度框架。本章提出了国有企业利润全民共享的多样化路径，尤其是提出了长期以来被人们所忽视的价格机制调节与直接提供公共产品和服务的共享路径，这两种共享路径实际上对有效稳定和发展国民经济、提高广大人民群众的获得感、幸福感和安全感的影响可能比利润上缴公共财政与划转国有股至社保基金这两种共享路径的作用更显著，但这五种路径不是相互替代的关系，而是相互补充、相互完善的关系，在条件允许的情况下同一国有企业可以同时采取其中的两种或多种共享路径，总的方向就是要让全民更多更公平地共享国有企业发展成果，扎实推进共同富裕。

第9章 结论与展望

随着“共同富裕”一词反复被党中央提及，学术界和政策界对共同富裕的研究逐渐丰富起来。习近平总书记提出，要“大力发挥公有制经济在促进共同富裕中的重要作用”，国有企业作为公有制经济的重要组成部分及主导力量，属于全民所有，是推进国家现代化、保障人民共同利益的重要力量，是我们党和国家事业发展的重要物质基础和政治基础。共享是中国特色社会主义的本质要求，共享发展是实现共同富裕的必然路径，国有企业作为践行共享发展理念和推进共同富裕的重要力量，推进国有企业利润全民共享是实现全民共同富裕的必然选择。本书在分类改革原则下研究国有企业利润全民共享的逻辑与路径，以期为“扎实推进共同富裕”提供一定的参考。

9.1 主要研究结论

本书研究分类改革下国有企业利润全民共享的逻辑与路径，要解决的核心问题主要是三个：一是论证国有企业利润全民共享的逻辑，包括了理论逻辑、历史逻辑与实践逻辑三个维度，核心是要论证国有企业利润全民共享的合理性、必然性和可行性；二是梳理和总结国有企业利润全民共享的路径，包括现有路径及其效果，存在的问题有哪些，还可以从哪些路径去拓展；三是在分类改革下如何推进国有企业利润全民共享，包括如何进一步细化国有企业的分类标准，在此基础上提出不同类型国有企业采取不同的利润共享路径。本书的核心思想是构建体现效率、促进公平的国有企业利润全民共享制度，既要持续做强做优做大国有企业和国有资本（体现效率），又要让全民更多更公平地共享国有企业改革发展红利（促进公平），实现效率与公平的有机统一。本书得出的主要结论如下：

第一，实现利润创造主体与利润分配主体的有机统一是国有企业利润全民共享的理论逻辑。根据劳动价值理论和剩余价值理论，价值和剩余价值都是由劳动者创造的，利润和剩余价值是一回事，当剩余价值被看作是全部预付资本的产物时，剩余价值转化为利润，因此利润也是由劳动者创造的。根据生产社会化理论，由于生产资料的社会化使用和劳动过程的社会化必然是劳动成果的社会化，即产品是由参与生产的劳动者共同完成的，这也就意味着企业利润或剩余价值是由劳动者共同创造的。根据所有制决定分配理论，在资本主义制度下，商品生产所有权规律转变为资本主义占有规律，即资本家占有了劳动者生产的产品；而在社会主义制度下，商品生产所有权规律就转变为社会主义占有规律，即全社会共同占有劳动者生产的产品。这也就意味着社会主义国有企业的利润应由全体劳动者共同占有、共同享有。根据社会扣除理论，社会扣除（国有企业上缴利润或通过其他形式让全民共享其利润）的主要是满足人民群众日益增长的公共利益需要，这也就为国有企业利润全民共享的路径指出了方向。

第二，利润在国家—企业—居民之间的交替运动构成了国有企业利润全民共享的历史逻辑。从历史发展阶段来看，国有企业利润全民共享只有相应条件逐步趋于成熟时才能实现全民共享。在计划经济时期（1949—1978 年），国有企业是重工业优先发展战略的最有力执行者，为减少企业与国家讨价还价的成本，我国对国有企业实现了统收统支政策，国有企业利润为我国加快建立相对完整的现代化工业体系做出了重要的历史贡献。在改革突破时期（1979—2007 年），由于国有企业亏损问题非常突出，在以经济建设为中心的发展战略指导下，我国开始了一系列以搞活国有企业为核心的体制机制变革，经历了放权让利、两权分离、建立现代企业制度、抓大放小、成立国资委等改革后的国有企业逐步迈入经营正轨，经营管理不断改善，盈利能力不断提高。在改革完善时期（2008年至今），由于利润留存带来了国有企业普遍的良性发展，国有企业利润总额2007年首次突破万亿元，社会各界对国有企业利润长期不上缴国家财政以实现全民共享普遍存在争议和质疑，财政部和国资委经过统筹考虑后出台了相关文件，恢复了国有企业利润上缴制度，并且国有资本收益上缴公共财政用于保障和改善民生的比重不断提高，国有企业利润全民共享进入了制度化常态建设。

第三，分类处理好国有企业自身发展与全民共享国有企业发展红利是国有企业利润全民共享的实践逻辑。国有企业利润全民共享的基本前提是国有企业盈利并且达到了一定规模。国有企业利润如果不能达到一定规模，那么它对保障和改善民生所能发挥的作用是非常有限的。国有企业推进利润全民共享进程是一个长期的过程，必须把握和遵循渐进共享原则。渐进共享原则要求国有企业上缴的利润不应影响国有企业自身正常发展，在不好把握“度”的条件下，国有企业利润一开始应采取“从低”征收原则，随着试点经验的不断累积再逐步提高。国有企业目前分布于不同的行业和领域，而不同行业和领域的国有企业的差异性是较大的，不能采取简单的“一刀切”做法，必须进行分类改革。

第四，上缴利润至公共财政与调整国有股至社保基金是国有企业利润全民共享的现行主要路径，目前其发挥的作用比较有限。一方面，通过将部分国有资本收益划归公共财政，再由公共财政统筹到民生支出。国有企业利润上缴比例在不断提升，国有资本收益不断增加，由最初的116亿元（2006年）提高至当前的4774.55亿元（2020年），国有资本收益用于民生支出的比重从较低水平逐步提高至40.15%（2020年），超过了十八届三中全会提出的30%目标比例。总的来看，全国国有资本收益调入资金对全国财政社会保障支出的贡献率在不断提升，贡献率从2010年的0.11%提升至2020年的5.89%，但不到6%的贡献率还是偏低。另一方面，通过将减持国有股所获收益充实社保基金或将国有股划转至社保基金，划转国有股的收益主要是根据企业盈利情况而享受利润分红，然后将其利润充实到社保基金，再由全国社保基金理事会统筹资金用途。从实际情况来看，减持国有股充实社保基金的金额较少且不稳定，截至2022年末累计国有股减持收益为971.59亿元，转持境内外国有股累计金额为1872.54亿元，两者合计2844.13亿元，对社保支出的贡献率比较低。当前，这两种路径所能发挥的作用还比较有限，远不能满足社保支出需要。今后一是需进一步扩大利润上缴规模和转持国有股规模，二是需进一步拓宽其他共享渠道。

第五，“一不全、二不高、路径少”是国有企业在利润全民共享方面存在的主要问题。“一不全”是指中央国有资本经营预算实施范围还未实现全覆盖，尤其是还有较多中央金融企业未实质性纳入，导致有较大规模的利润未能纳入国有资本经营预算，例如仅五大国有银行2018年至2020年拨备后的净利润之和均超过了1万亿元，利润相当可观。“二不高”，一是国有企业利润上缴比例总体不高，按照净利润作为分母来计算的利润上缴比例则从2012年的9.5%提高至2020年的19.28%，低于上市公司30%—40%的分红比例；二是国有资本收益中用于民生支出的比重不高，2012年至2020年，该比重从4.67%提高至40.15%，完成了国家提出的30%目标比例，但原则上上缴的国有资本收益都应用于民生支出。“路径少”是指国有企业利润全民共享的路径还不够丰富，目前普遍认同的主要是上缴利润至公共财政与调整国有股至社保基金，今后还需要进一步拓宽全民共享国有企业利润的多样化路径。

第六，三类企业均无法满足国家股东的股东权益报酬，第二类企业ROE与K平均值差距最小，第四类企业差距最大。第二类企业属资源垄断型企业，其依靠垄断地位可为企业带来较大收益，应当满足国家股东的最低必要报酬率，应适当提高企业税后利润上缴比例。第三类企业多为一般竞争性企业，其以盈利为主要经营目标，没有满足国家股东的最低必要报酬率，说明其自身竞争力不够强，应不断改进管理经营模式，提高自身竞争力和经营效率。第四类企业ROE与K平均值差距最大，主要原因是其经营目标不以营利为目的而是要保障国家安全，但也要进一步提高其经营效率、改进管理模式、降低经营成本。

第七，应进一步提高第二类中央企业利润上缴比例，适当提高第三类中央企业利润上缴比例。根据可持续利润上缴比例模型 $SPOR=1-SGR/K$，可知可持续利润上缴比例与可持续增长率成反比。企业的可持续增长率越大，企业内部大概率存在净现值大于零的项目，需要较多的现金流用于再投资以实现企业的可持续发展，可持续利润上缴比例可能较小。数据表明，第三类中央企业样本的可持续增长率平均值最大，第二类中央企业样本的可持续增长率平均值最小，理应第三类在中央企业样本的可持续利润上缴比例平均值最小、第二类最大，但我们计算的结果第二类中央企业样本的可持续利润上缴比例平均值为49.05%、第三类为50.41%，第二类比第三类小，这说明应进一步提高第二类中央企业的利润上缴比例，同时也要适当提高第三类中央企业利润上缴比例。

第八，人口基数大、利润规模小等因素决定了现金分红模式目前还不宜普遍推行。根据数据测算结果，2012—2020年，人均国有企业利润、人均国有企业净利润、人均国有资本收益、人均民生支出分别从1621.8元、1216.3元、116.2元、5.4元逐步提高至2424.1元、1753.9元、338.2元、135.8元，占居民人均可支配收入的比重分别从9.7%、7.3%、0.7%、0变化至7.9%、5.7%、1.1%、0.4%。在人口基数大、可共享利润规模又不大的情况下，现金分红模式当前在我国还难以大规模推行。如果强行将国有企业净利润全部拿来分红，对于居民收入提高还是有一定帮助，这种分红方式虽然做到了公平，但难以体现效率。把国有企业净利润全部发给全体公民，相当于利润在生产性用途方面投入为零，这将严重影响企业生产率，不利于国有企业生产效率的提升及其可持续发展。但在现阶段，我国仍处于并将长期处于社会主义初级阶段，还有很大的发展空间，并且在战略领域、新兴领域和国际竞争领域需要国有企业继续发力，保证国有企业发展的可持续性和竞争力仍然非常重要。

第九，股票分红方式应以垄断性和资源型国有企业为主、以竞争性国有企业为辅，目前主要体现为国有股划转社保基金的形式。进行股票分红的前提是企业一直有良好的经营状况和发展前景。处于竞争性领域的国有企业，由于市场竞争环境比较激烈，商品市场波动较大导致企业很难一直稳赚不亏，甚至可能随时面临技术落后被淘汰、发展状况极不稳定、风险较大等局面，全民可能不会拥有较稳定的收益，因此，该类型国有企业一般不适宜普遍参与股票分红，可以选取那些从长期发展历史来看经营状况相对较稳定的企业来实施股票分红模式。垄断性国有企业和资源型国有企业因其在某一特定市场占有支配性地位，因而可享受垄断利润和资源收益，其经营状况比较稳定，具有实施股票分红的优势条件，并且企业分红还有利于抑制投资过热的现象。不过目前直接采取股票分红方式的条件还不成熟，而当前推行的划转国有股至社保基金与股票分红的逻辑较为相似，即全国社保基金理事会代表全民持有国有企业股票，并享有所持股票的分红权，最后再将分红收益用于保障和改善民生。

第十，划拨国有股充实社保基金模式主要适用于经营相对稳定的商业类国有企业。公益类国有企业以保障民生、服务社会、提供公共产品和服务为主要目标，其更加注重社会效益，国有资本收入权较弱，可先保障提供优质的公共产品和服务，如有余力可划拨部分利润充实社保基金。商业类国有企业以增强国有经济活力、放大国有资本功能、实现国有资本保值增值为主要目标，更加注重经济效益，其国有资本收入权强于公益类国有企业，尤其是金融类国有企业和垄断性国有企业资本回报率高、企业盈利能力强且收益稳定，适宜划拨部分国有股充实社保基金。

第十一，以价格机制为中介让全民共享发展红利是目前适合大部分国有企业的利润共享方式。物价稳定是政府宏观调控的重要目标之一，也是保持居民生活质量稳步提升的重要路径。价格机制是指直接将国有企业提供的产品或服务价格保持在一个低于市场均衡价格的水平，这相当于直接让利于民，对于稳定物价、维持民众实际生活水平不下降等将发挥基础性作用，又或者国有金融企业在给居民和实体经济中的企业发放贷款时实施较低利息政策，大幅降低居民和企业融资成本，使金融回归服务实体经济的本质，进而增加居民和企业收益，这不仅可以促进居民消费，还能增强经济内生发展动力和市场主体活力，使就业和税收都能得到更好保障。具体地，国有企业至少要在以下两个方面发挥价格机制的调节作用：一是在关系民生的基础性行业和领域，国有企业要在物价稳定方面发挥基础性作用，例如在粮食、电力、通信、交通、住房等影响劳动力再生产和企业再生产的领域还可进一步降低成本；二是要重点发挥中央国有银行对实体经济的价格让利功能，创新企业投融资模式，充分发挥大数据技术的授信功能，进一步降低实体经济企业投融资成本，增强经济内生发展动力。把产品做好、把服务搞好、把价格放低，把“不能仅以实现企业利润最大化为企业经营发展的主要目标，还应在保障企业可持续发展的情况下把社会福利最大化作为己任”当作企业发展理念，始终牢记国有企业发展的社会属性，毫不动摇地兜底公益性服务，履行好自己的社会责任，发挥带头示范作用，引领私人企业积极履行社会责任。

第十二，直接提供公共产品和服务是国有企业当前和今后需要进一步加强的重点领域。公益类国有企业以保障民生、服务社会、提供公共产品和服务为主要目标，不以盈利为目标，而是强调企业的社会效益，这与商业类国有企业及非公有制企业的以经济效益为主要目标的要求有着重大区别。当前我国社会主要矛盾已转化为人民日益增长的美好生活需要和不平衡不充分发展之间的矛盾，这也意味着人民对公共产品和服务的需求会更多，而非公有制企业由于要追求经济效益，这与公共产品和服务的非盈利性目标是冲突的，因此非公有制企业是不会直接提供公共产品和服务的，而这一重任自然就落在了公益类国有企业的肩上，商业类国有企业也要适当加大公共产品和服务的供给力度，增强两类企业的协同效应。例如，当前党中央反复强调的“房住不炒”理念，实际上是注意到了住房的准公共产品属性，国有企业可以在实现居民住有所居方面积极作为，提供更多廉租房和保障性住房，进一步降低居民的居住成本或购房成本。另外，那些发展不充分的落后地区也很难得到以盈利性为日标的非公有资本的“关照”，而国有企业则可以通过完善落后地区的基础设施、帮助农村因地制宜发展产业，进而吸引更多资本来投资，缩小区域之间、城乡之间的发展差距。

9.2 研究展望

当前，我国已完成全面建成小康社会的历史任务，并已开启全面建设社会主义现代化国家的新征程。共同富裕是社会主义的本质要求，是中国式现代化的重要特征，党的十八大以来，我国把逐步实现全体人民共同富裕摆在更加重要的位置上。这也就意味着深入推进国有企业利润全民共享、实质性推动共同富裕今后仍然具有重要的研究价值，尤其是要深入研究国有企业在促进共同富裕中的重要作用。根据本书的研究，今后可以在以下几个方面深化研究：

第一，深入研究国有企业在促进共同富裕中的重要作用。习近平总书记提出，要“大力发挥公有制经济在促进共同富裕中的重要作用”，国有企业作为公有制经济的主导力量，理应要在共同富裕中发挥举足轻重的作用，而具体在哪些领域发挥重要作用，以及通过什么方式发挥重要作用，当前发挥作用的领域主要是哪些，其效果如何，如何进一步优化等问题都值得进一步深化研究。

第二，深入研究国有经济适度规模与共同富裕的内在关系。要实现共同富裕，国有经济必须达到适度的规模，社会主义初级阶段条件下国有经济的规模太小或规模太大可能都不是最优选择。要坚持“两个毫不动摇”，既要发挥公有制经济的主体作用，也要发挥非公有制经济的重要作用，如何通过进一步优化国有经济布局和结构，以实现国民共存共荣是今后仍需要重点关注的议题。

参考文献

[1] Bhattacharya S. Imperfect Information, Dividend Policy and "The Bird in the Hand" Fallacy [J]. Bell Journal of Economics, 1979, 10 (1): 259-270.

[2] Brennan M J. Taxes, Market Valuation and Financial Policy [J]. National Tax Journal, 1970, 23: 417-429.

[3] FitzRoy F R, Kraft K. Cooperation, Productivity and Profit Sharing [J]. Quarterly Journal of Economics, 1987 (1): 23-35.

[4] Gordon M J. Optimal Investment and Financing Policy [J]. Journal of Finance, 1963 (18): 264-272.

[5] Jones D , Marinescu I E . The Labor Market Impacts of Universal and Permanent Cash Transfers: Evidence from the Alaska Permanent Fund [J]. IZA Discussion Papers, 2018.

[6] Modigliani M F . Dividend Policy, Growth, and the Valuation of Shares [J]. The Journal of Business, 1961, 34 (4): 411-433.

[7] Rozeff M S. Growth, Beta and Agency Costs as Determinants of Dividend Payout Ratios [J]. The Journal of Financial Research, 1982 (3): 249-259.

[8] 白重恩 . 综合实施 合理促进民间投资 [J]. 经济界, 2016 (05): 7-10.

[9] 陈玲芳, 邓理洁 . 民生导向下国资经营预算支出绩效评价与监管探析 [J] . 财会月刊, 2018 (5): 46-50.

[10] 谢伟杰, 陈少晖 . 共享理念视角下国企利润社会分红的国际模式与借鉴

价值［J］. 亚太经济，2019（03）：106-112.
［11］陈少晖，廖添土等. 国有资本经营预算收入征缴与支出结构民生化研究［M］. 北京：经济科学出版社，2020.
［12］陈少晖. 国有企业利润上缴：国外运行模式与中国的制度重构［J］. 财贸研究，2010，21（03）：80-87.
［13］陈志武. 该将国有资产股份分给公民，实现“全民所有”了［J］. 上海国资，2009（03）：84.
［14］程恩富，刘伟. 社会主义共同富裕的理论解读与实践剖析［J］. 马克思主义研究，2012（06）：41-47+159.
［15］池若梅. 国企利润分红向养老保险倾斜探析——基于全民分红视角［J］. 莆田学院学报，2016，23（06）：41-47.
［16］高路易，高伟彦，张春霖. 国企分红：分多少？分给谁？［J］. 中国投资，2006（04）：47-49.
［17］高泽华. 生产社会化理论的本源与分析框架——对于马克思主义经典作家相关论述的总结和阐释［J］. 政治经济学评论，2017，8（06）：9-38.
［18］龚云. 论邓小平共同富裕理论［J］. 马克思主义研究，2012（01）：46-55.
［19］国务院印发《划转部分国有资本充实社保基金实施方案》［J］. 预算管理与会计，2018（01）：5-7.
［20］洪银兴. 兼顾公平与效率的收入分配制度改革 40 年［J］. 经济学动态，2018（04）：19-27.
［21］黄胤英，周建军. 阿拉斯加是如何进行石油社会分红的［J］. 中国改革，2006（02）：31-34.
［22］纪新伟. 国有企业合理分红比例研究［D］. 南开大学，2012.
［23］江剑平，何召鹏，刘长庚. 论习近平国有企业改革发展思想的内在逻辑［J］. 经济学家，2020（06）：5-15.
［24］江剑平. 中国国有企业收入分配制度改革效果评估研究［D］. 湘潭大学，2016.

[25] 匡贤明，梅东海．公共产品短缺时代国有企业合理分红比例研究［J］．中南财经政法大学学报，2011（04）：46-52.

[26] 李常青．西方现代股利政策理论的演进与评价［J］．财会通讯，2004（12）：59-61+40.

[27] 李光贵，邹帅，王洁．国有资本充实社保基金背景下国企分红机制探讨［J］．会计之友，2019，{4}（24）：55-59.

[28] 李光贵．西方国家国有企业分红制度及其启示［J］．财会通讯（综合版），2008（11）：105-106.

[29] 李学通．国有企业利润全民合理共享的社会福利效应分析［J］．山西财政税务专科学校学报，2014，16（05）：10-14.

[30] 李燕，唐卓．国有企业利润分配与完善国有资本经营预算——基于公共资源收益全民共享的分析［J］．中央财经大学学报，2013（06）：7-12.

[31] 李铁男．垄断、竞争与管制：中国铁路体制改革［J］．经济评论，2001（05）：110-114.

[32] 李政、彭华岗等著．中国国有经济发展报告 2013—2019［M］．北京：经济科学出版社，2020.

[33] 李政．中国国有经济 70 年：历史、逻辑与经验［J］．社会科学辑刊，2020（01）：11-18.

[34] 李重华，李真男．国企分红纳入国家财政预算问题研究［J］．经济经纬，2008（05）：129-131.

[35] 理直气壮做强做优做大国有企业尽快在国企改革重要领域和关键环节取得新成效［N］．人民日报，2016-07 -05（01）.

[36] 廖添土．国企红利“全民分红”的改革探析［J］．湖北经济学院学报，2012，10（05）：77-81.

[37] 林岗，张晨．关于进一步推进国有经济改革发展的一些意见［J］．经济理论与经济管理，2013（02）：5-15.

[38] 林裕宏．民生财政视角下国企红利征缴和流向问题探析［J］．上海金融学院学报，2012（01）：110-117.

［39］刘春波，韩丽．基于公平的国有企业利润分配问题研究［J］. 上海商学院学报，2008（01）：63–65.
［40］刘长庚等．新视域：共享发展与收入分配改革［M］. 湘潭：湘潭大学出版社，2020.
［41］刘长庚，韩雷．市场经济的性质［J］. 湘潭大学学报（哲学社会科学版），2012，02：68–72.
［42］刘钟元．国有资本收益上缴比例研究［D］. 复旦大学，2013.
［43］卢馨，丁艳平，唐玲．国有企业利润去哪儿了？［J］. 经济与管理研究，2016，37（05）：41–49.
［44］罗宏，黄文华．国企分红、在职消费与公司业绩［J］. 管理世界，2008（09）：139–148.
［45］马丁．威茨曼．分享经济［M］. 林青松等，译．北京：中国经济出版社，1984.
［46］马克思恩格斯文集（第 2 卷）［M］. 北京：人民出版社，2009.
［47］马克思恩格斯文集（第 5 卷）［M］. 北京：人民出版社，2009.
［48］马克思恩格斯文集（第 7 卷）［M］. 北京：人民出版社，2009.
［49］马克思恩格斯文集（第 8 卷）［M］. 北京：人民出版社，2009.
［50］马克思恩格斯选集（第 3 卷）［M］. 北京：人民出版社，2012.
［51］马克思主义基本原理概论［M］. 北京：高等教育出版社，2015.
［52］孟建民．完善国有资本经营预算工作增强中央企业核心竞争力［J］. 国有资产管理，2011（1）：7.
［53］孟建民．完善国有资本经营预算工作 增强中央企业核心竞争力［J］. 国有资产管理，2011（01）：9–15.
［54］綦好东，王斌，王金磊．非上市国有企业信息公开披露：逻辑与事实［J］. 会计研究，2013（07）：20–27+96.
［55］乔丽．国有企业利润分配的理论与实践研究［D］. 福建师范大学，2016.
［56］深刻认识建设现代化经济体系重要性　推动我国经济发展焕发新活力迈

上新台阶［N］. 人民日报，2018 -02-01（001）.
［57］十八大以来重要文献选编（下）［M］. 北京：中央文献出版社，2018.
［58］苏贵斌. 现行国有资本经营预算制度的现状及缺陷［J］. 内蒙古农业大学学报（社会科学版），2015，17（02）：25-29.
［59］唐任伍. 习近平精准扶贫思想阐释［J］. 人民论坛，2015（30）：28-30.
［60］汪立鑫，付青山. 转型期国有资本收益的公共福利性支出［J］. 财经科学，2009（01）：103-110.
［61］汪立鑫，刘钟元. 竞争性行业中央企业利润最优上交比例：内部代理成本与外部融资成本的权衡［J］. 中国工业经济，2014（02）：84-96.
［62］汪平，李光贵，袁晨. 国外国有企业分红政策：实践总结与评述［J］. 经济与管理研究，2008（06）：78-86.
［63］汪平，李光贵. 资本成本、可持续增长与国有企业分红比例估算——模型构建及检验［J］. 会计研究，2009（09）：58-65+97.
［64］汪平. 基于现代财务理论的中国国有企业利润分红问题研究［J］. 首都经济贸易大学学报，2008（02）：9-16.
［65］王娟. 我国国有企业分红比例问题探讨［D］. 西南财经大学，2009.
［66］王珏. 关于劳动力产权的几个基本问题［J］. 南方经济，2004（10）：5-9.
［67］王勇. 铁路客运定价制度的经济学分析［J］. 财经研究，2003（09）：22-27.
［68］王雨飞，丁浩. 国有企业全民分红对国内需求的影响分析［J］. 经济问题探索，2012（03）：98-102.
［69］王元芳，马连福. 国有企业党组织能降低代理成本吗？——基于“内部人控制”的视角［J］. 管理评论，2014，26（10）：138-151.
［70］卫兴华. 共享发展：追求发展与共享的统一［N］. 人民日报，2016-08-17（06）.
［71］魏明海，柳建华. 国企分红、治理因素与过度投资［J］. 管理世界，

2007（04）：88-95.
［72］文宗瑜．国有资本经营预算管理改革的继续深化［J］. 地方财政研究，2011（04）：9-11+23.
［73］吴国玖．全民分红理论及实践的国际比较和借鉴［J］. 企业家天地下半月刊（理论版），2007（12）：80-81.
［74］吴海民．国有企业红利上缴：理由、原则与制度设计［J］. 中外企业家，2007（08）：67-71.
［75］习近平．在省部级主要领导干部学习贯彻党的十八届五中全会精神专题研讨班上的讲话［N］. 人民日报，2016-05-10（02）.
［76］习近平．关于《中共中央关于全面深化改革若干重大问题的决定》的说明［N］. 人民日报，2013-11-16（01）.
［77］习近平．扎实推动共同富裕［J］. 求是，2021（20）：4-8.
［78］谢伟杰，陈少晖．共享理念视角下国企利润社会分红的国际模式与借鉴价值［J］. 亚太经济，2019（03）：106-112.
［79］徐传谌、彭华岗等著．中国国有经济发展报告 1949—2002［M］. 北京：经济科学出版社，2012.
［80］徐传谌、彭华岗等著．中国国有经济发展报告 2003—2012［M］. 北京：经济科学出版社，2015.
［81］闫甜．上市公司与国有企业资本成本估算及对比分析——基于 CAPM 的资本成本估算［J］. 财会通讯（综合版），2008（04）：86-89.
［82］杨巨，刘长庚，毛章勇．国企利润分配制度改革与资本积累［J］. 政治经济学评论，2016，7（04）：66-84.
［83］杨兰品，郑飞．我国国有垄断行业利润分配问题研究——以电力行业为例［J］. 经济学家，2013（04）：66-73.
［84］杨瑞龙．国有企业股份制改造的理论思考［J］. 经济研究，1995（02）：13-22.
［85］杨瑞龙．论国有经济中的多级委托代理关系［J］. 管理世界，1997（01）：107-116.

[86] 詹姆斯·米德，冯举．分享经济的不同形式［J］. 经济体制改革，1989（1）：114-123.

[87] 张晨，张宇．“市场失灵”不是国有经济存在的依据——兼论国有经济在社会主义市场经济中的地位和作用［J］. 中国人民大学学报，2010，24（05）：38-45.

[88] 张春霖．有效约束、充分自主：中国国有企业分红政策进一步改革的方向［R］. 世界银行，2010.

[89] 张涛，曲宁．基于股东报酬率的国有企业分红问题研究［J］. 山东财政学院学报，2009（03）：25-29.

[90] 张涛．国有企业利润分配问题思考：理论与实践［J］. 会计之友，2015（16）：2-7.

[91] 张宇．论公有制与市场经济的有机结合［J］. 经济研究，2016，51（06）：4-16.

[92] 张卓元．中国国有企业改革三十年：重大进展、基本经验和攻坚展望［J］. 经济与管理研究，2008，10：5-19.

[93] 中共中央关于党的百年奋斗重大成就和历史经验的决议［N］. 人民日报，2021-11-17（001）.

[94] 中共中央关于全面深化改革若干重大问题的决定［N］. 人民日报，2013-11-16（001）.

[95] 中共中央关于制定国民经济和社会发展第十四个五年规划和二〇三五年远景目标的建议［N］. 人民日报，2020-11-04（01）.

[96] 中共中央国务院关于深化国有企业改革的指导意见［N］. 人民日报，2015-09-14（006）.

[97] 中国宏观经济分析与预测课题组，杨瑞龙．新时期新国企的新改革思路——国有企业分类改革的逻辑、路径与实施［J］. 经济理论与经济管理，2017（05）：5-24.

[98] 周放生．利润共享制：一个国企改革的可行方案［R］. 中国人民大学国家发展与战略研究院政策简报，2018 年 12 月第 24 期 . http：//

nads. ruc. edu. cn/upfile/file/20181226085717_ 235343_ 25671. pdf

［99］周建锋，杨继国．劳动生产率与劳动报酬能否同步提高——基于马克思经济学的分析［J］. 经济学家，2019（10）：36-45.

［100］周炜，宋晓满，白云霞．国有企业利润分配制度研究［J］. 财会月刊，2011（22）：3-5.

［101］周新城．中国社会主义建设中生产关系一定要适应生产力的发展［J］. 改革与战略，2018，34（03）：1-5.

［102］朱南苗．我国上市公司股利政策研究［D］. 西南财经大学，2008.

致　谢

本书是国家社科基金青年项目“分类改革下国有企业利润全民共享的逻辑与路径研究”（项目批准号：18CJL021，结题编号：20221433）的最终研究成果。该项目从前期申报立项到后期研究得到了很多专家学者的大力支持、指导和帮助，借此机会向大家表达谢意。

特别感谢恩师刘长庚教授。在硕博连读期间，刘老师对我的影响非常大，这里重点谈谈科研方面的影响。刘老师专业知识渊博，治学态度严谨，他思考的问题有高度、有广度，不局限于问题自身所涉及的区域性，而是将问题放置于全国或全球范围来思考，通过科学的比较分析进而得到更具全局性、系统性、整体性的认识；他研究的问题有深度，不局限于问题的表象，而是能很快抓住事物深层次的本质。之所以能做到这样，是因为刘老师始终从“道”出发，并将“专”与“通”有机结合。刘老师虽然从事经济学专业，但是平常涉猎的内容却非常广泛，视野很开阔。刘老师经常教导我们做任何研究、写任何论文之前都要先“悟道”，并要求我们用简单的一两句话阐明自己的观点，以此判断我们是否抓住了事物的本质。刘老师提出了学术研究要遵循“观点要明确、逻辑要清晰、结构要合理、论证要充分、文字要流畅”的基本原则，我在撰写课题申请书与课题结题报告时始终坚持这些基本原则，课题能顺利立项和结项与这有着密切联系。

感谢谭燕芝教授的关心和指导，谭老师从金融学视角对课题研究提供了重要思想启发。感谢韩雷教授的关心、指导和帮助，韩雷教授在课题选题的最终确定与课题论证中提供了关键性意见，在课题研究过程中的经常性讨论给予了我很多启发。感谢杨瑞龙教授、黄少安教授、欧阳峣教授、王耀中教授、冉光和教授、臧旭恒教授、龚志民教授、卓越教授、李勇辉教授等在课题论证中提供的宝贵指导意见。感谢杨巨教授、何召鹏副教授、许明教授、张松彪教授、周亚霆博士、张磊教授、张晓鹏副教授、唐文娟副教授、毛章勇博士、姚海琼博士、申丽媛老师、刘亮博士、王玉喜副教授、侯新烁教授、周静副教授、刘一蓓博士、柏园杰博士、钟静芙博士等提供的重要帮助和指导。感谢葛晨晓、朱雪纯、周文超、金毓哲、校伟杰等在撰写结题报告中给予的支持与帮助。

感谢我的父母，他们对我的成长无私付出，对我的选择大力支持，而我至今能够回报给他们的却非常少，非常惭愧。感谢雷琼嫦一直以来的关心、陪伴、支持和鼓励。感谢玥玥和熠熠，你们的成长和陪伴增添了生活的乐趣！还要感谢一路走来的所有亲朋好友所给予的关心、支持和帮助！

还要感谢湖南省普通高等学校哲学社会科学重点研究基地——湘潭大学社会主义经济理论研究中心、湖南省“双一流”培育学科——湘潭大学理论经济学学科项目、国家一流本科专业——湘潭大学经济学专业、湖南省普通高校青年骨干教师培养对象培养项目对本书出版提供的资助。在本书出版过程中，湘潭大学出版社工作人员付出了大量心血和努力，衷心感谢！

当然，本书在研究过程中难免存在不足和缺点，敬请各位专家学者批评指正。

江剑平